秦汉长史研究

万 雷◎著

汕頭大學出版社

图书在版编目(CIP)数据

秦汉长史研究 / 万雷著. — 汕头:汕头大学出版社,2021.7

ISBN 978-7-5658-4406-5

Ⅰ. ①秦… Ⅱ. ①万… Ⅲ. ①中国历史–研究–秦汉时代 Ⅳ. ①K232.07

中国版本图书馆 CIP 数据核字(2021)第 162685 号

秦汉长史研究

QINHAN CHANGSHI YANJIU

著　　者:	万　雷
责任编辑:	黄洁玲
责任技编:	黄东生
封面设计:	郭宝鹰
出版发行:	汕头大学出版社
	广东省汕头市大学路 243 号汕头大学校园内　邮政编码:515063
电　　话:	0754 – 82904613
印　　刷:	蚌埠市广达印务有限公司
开　　本:	850mm×1168mm　1/16
印　　张:	11.25
字　　数:	281 千字
版　　次:	2021 年 7 月第 1 版
印　　次:	2023 年 10 月第 1 次印刷
定　　价:	39.80 元

ISBN 978-7-5658-4406-5

前　言

秦汉时期的"史"职是一种重要的吏员，在政治活动中起着非常重要的作用。因此，以秦汉"史"职为研究对象，总结前贤与时彦的研究成果，梳理"史"职范畴，分析秦汉"史"职的选用方式、政治生活及社会生活状况等，无疑具有十分重要的意义。

众所周知，职官研究历来是我国历史研究的重要课题之一，前人对于秦汉时期的职官制度展开了深入研究并取得了丰硕的研究成果。如安作璋、熊铁基先生合著的《秦汉官制史稿》（齐鲁书社，1984 年）、左言东的《中国古代官制》（浙江古籍出版社，1985 年）、陈仲安与王素合著的《汉唐职官制度研究（增订本）》（中西书局，2018 年）、陈松长与邹水杰合著的《秦代官制考论》（中西书局，2018 年）等论著，均从各方面对秦汉官制作了勾勒与探究。

不过"长史"一职并未引起学者的足够重视。通过对史料的梳理，我们可以知道秦汉时期的中央官署和地方官署均设有丞或长史，二者既有联系又有区别。丞的地位较长史低，其秩虽同，内涵却有差异。丞与长史的职能有类似之处，但长史职能的特殊性显然更加引人注目。在中央，丞相、御史大夫、太尉、太傅、将军等官职均有长史，这是为了显示这些官员的特殊地位。在地方，内郡只设有丞，但是边郡却既有长史又有丞，这种特殊性决定了长史的职能较丞更加广泛，政治能量更为丰富。此外，还有西域长史、将兵长史、属国长史、校尉长史等，无一不是随机因事而设，其特殊性可见一斑。要之，长史较丞为尊，其职能拓展的空间亦较丞广。本书研究对象即是"长史"这一官僚群体，这一群体在秦汉官制史上占有一席之地，同时也在秦汉王朝的政治机构中扮演重要角色。

通过对秦汉时期的长史进行较为系统的考察，可以看到长史在先秦时期萌芽，在秦汉时期得到发展、完善。对长史这一官职的研究，是秦汉职官制度研究的一个重要组成部分。

本书以传世的秦汉文献为依托，结合金石材料、简牍材料及相关的玺印资料，运用两重证据法对秦汉时期长史的起源、种类、建置、职能、演变、迁转情况作了较为详细的考证和分析。

限于时间仓促，作者水平有限，对于书中的疏漏、错误之处，敬请广大读者和有关专家学者不吝批评指正。

作　者

2021 年 4 月

目 录

第1章　秦汉长史的起源及种类 ·········· 1

1.1　长史的起源 ·········· 1

1.2　长史的种类 ·········· 2

第2章　秦汉边郡相关问题 ·········· 21

2.1　秦汉边郡的概念、范围与特征 ·········· 21

2.2　秦汉边郡的设置、废弃、侨置与重建 ·········· 37

2.3　边郡在秦汉结构中的地位与作用 ·········· 52

第3章　秦汉史职的探究 ·········· 58

3.1　秦汉史职的选用方式 ·········· 58

3.2　秦汉史职的限制条件 ·········· 64

3.3　秦汉史职的政治生活 ·········· 66

3.4　秦汉史职的经济收益 ·········· 71

第4章　秦汉官史品位结构 ·········· 78

4.1　品位结构的框架 ·········· 78

4.2　秦汉冠服体制的特点 ·········· 89

4.3　品位结构中的士阶层 ·········· 98

4.4　官本位与一元化 ·········· 111

第5章　秦汉中央长史的建置与职能 ·········· 124

5.1　丞相长史 ·········· 124

5.2　御史长史 ·········· 134

5.3　太尉长史 ·········· 136

5.4　太傅长史 ·········· 138

5.5　将军长史 ·········· 139

第6章　秦汉地方长史的建置与职能 ························· 147

　6.1　郡国长史 ··· 147

　6.2　西域长史 ··· 158

　6.3　将兵长史 ··· 162

　6.4　属国长史 ··· 164

参考文献 ··· 170

第1章 秦汉长史的起源及种类

◇ 1.1 长史的起源

秦汉时期的长史在帝国内部发挥着极为重要的作用，但关于长史的始置时间还无法确定。

据文献记载，"长史"一名最早出现在《史记·李斯列传》，史载："秦王乃拜斯为长史，听其计，阴遣谋士齎持金玉以游说诸侯。"[1] 由此可知，至迟秦王嬴政时，秦国已设有长史。

另一处关于秦代"长史"的记载还见于《史记·秦始皇本纪》："二世益遣长史司马欣、董翳佐章邯击盗，杀陈胜城父，破项梁定陶，灭魏咎临济。"[2]

由此可知，秦王嬴政时期就已经设置了长史这一官职，那么始置时间应该在此之前。

关于长史的起源，需要进一步追溯先秦时期的史官制度。《周礼》所载官制颇详，但学界对其反映的时代颇有争议。目前学术界最有影响力的说法以顾颉刚先生《周公制礼的传说和周官一书的出现》、杨向奎先生《周礼的内容分析及其著作年代》为代表，他们都主张《周礼》是战国时期的作品。即便《周礼》成书于战国时期，但是不可否认的是，其中有许多材料来自西周春秋时期，有许多官员之名与出土的西周金文资料常常吻合，因此，研究西周官制可以参考《周礼》一书。但是，我们从《周礼》中亦未发现有关于长史的记载。

虽然《周礼》无关于"长史"的明确记载，但是值得我们关注的是，该书记载了众多的关于"史"的官职，如内史、外史、大史、小史、御史、太史、左史、右史等。

王国维在《释史》中说："持算为史事者，正由持笈为史事故也。古者书笈皆史掌之。……史为掌书之官，自古为要职。殷商以前，其官之尊卑虽不可知，然大小官名及职事之名多由史出，则史之位尊地要可知矣。"[3]

劳榦先生《史字的结构及史官的原始职务》一文认为："卜筮之事是史官最重要的职务，而记事为后起。"[4]

黄留珠先生认为："史官固然以记事为其本务，……但其职掌，并不仅仅限于编史。……

---

[1] ［汉］司马迁：《史记》卷87《李斯列传》，中华书局1959年版，第2540页。

[2] ［汉］司马迁：《史记》卷6《秦始皇本纪》，中华书局1959年版，第270页。

[3] 王国维：《观堂集林》（外二种），河北教育出版社2001年版，第162—163页。

[4] 劳榦：《史字的结构及史官的原始任务》，载于《史学通论》，史学丛书第一辑第一册，大陆杂志社1960年印行，第168页。

这样，'史'便成了从事文字工作官员的统称。秦汉时，'史'虽然已经不再享有《尚书·酒诰》所记载的被国王称'友'的崇高地位，但由于'史'之所职全是起草文书一类机要性工作，因此，'史'不仅'父子畴官，世世相传'，而且'史子'从小要受读写文字的教育，以便更好地继承'史'的职务。这就是所以要设立'学室'以培养'史'的缘由。"①

徐复观先生认为："史的原始职务是与'祝'同一性质，本所以事神的，亦即原系从事于宗教活动的。其他各种的'记事'职务，都是关联着宗教，或由宗教衍变而来。"②

阎步克先生指出："早期称'史'之官，承担着主书主法的重要职责，并对古代官僚政治的演生和发达，也曾有过不宜低估的推动作用。"③

贾俊侠也在对先秦史官做了系统的研究后指出："就史官群体的整体而言，先秦史官的职能可归纳为四大种类：1. 文书事务类，指从事政府机构中的文字、文书工作。2. 礼职事务类，指从事历法、宗教、礼仪活动的职务。3. 记事、存档、藏书类，指从事记事、史料收集、保存典藏档案文献及图书的职务。4. 武职事务类，指从事征伐战争的职务。由于这四种职能在性质上有着不同的内容，在执行与操作过程中也会有不同的时空要求，因此在史官群体内部广泛存在着职事上的分工，而且从史料记载看，即使周代，其史官也并无一个完整严密的职官系统，而是在不同层次不同地点分别为周王群臣以及整个王朝的政治乃至整个社会服务。"④

由以上梳理可知，史官最初的职能并非以记事为主，而是经历了从巫史同源—'掌官书以赞治'—记事之史—撰史之史的漫长过程。很明显的，这整个过程以史官记事职能的加强为线索。随着"史"记事职能的逐渐强化，史官掌管文书的现象变得普遍，这为长史具有负责文案这一权限埋下伏笔。长史源于史官，后来掌管文书行政的职能不断发展，最终脱离了史官系统，转化为行政系统的官吏。

◇ 1. 2　长史的种类

通过对传世文献、简牍、金石、封泥、玺印等材料的梳理以及相关研究成果的归纳，我们可以发现，秦汉时期存在中央官署和地方官署两个系列的长史。下面我们将按这两大种类，结合金石文献、简帛文献以及相关研究成果等对秦汉时期的长史进行系统梳理与探究。

1. 2. 1　中央官署长史

根据相关研究，中央官署长史有丞相长史、御史长史、太尉长史、太傅长史、将军长史、

---

① 黄留珠：《秦汉历史文化论稿》，三秦出版社2002年版，第51—52页。
② 徐复观：《两汉思想史》第三卷，华东师范大学出版社2001年版，第134页。
③ 阎步克：《史官主书主法之责与官僚政治之演生》，收入阎步克著：《乐师与史官：传统政治文化与政治制度论集》，北京三联书店2001年版，第33—82页。
④ 贾俊侠：《先秦史官研究》，陕西师范大学硕士学位论文，2002年，第42—43页。许兆昌先生也认为史职的早期发展过程，主要有天官功能、记事功能、文书功能。（参见许兆昌著：《先秦史官的制度与文化》，黑龙江人民出版社2006年版，第21—29页。）胡淀咸先生认为："'史'字就是'事'字，所谓史这种官，最初只是掌庶事的，而不是记事的。"（参见胡淀咸著：《释史》，收入《中国古代史论丛》编委会编：《中国古代史论丛》第一辑，福建人民出版社1981年版，第210—224页。）

五官将长史、都官长史、陵长史等。现将有关中央官署长史的资料列表说明如下：

表 1-1　中央官署长史表

官职	姓名	时代	职能	出处	备注
1. 丞相长史					
丞相长史	阙名	西汉初	不详	《张家山汉墓竹简〔二四七号墓〕》（释文修订本）（简称《张家山》，下同）444 简	秩八百石
相国长史	阙名	西汉初	不详	《张家山》444 简	秩八百石
长史	阙名	汉文帝	不详	《史记·张丞相列传》《汉书·申屠嘉传》	丞相申屠嘉长史
二千石丞相长史	田仁	汉武帝	不详	《史记·田叔列传》《汉书·田叔传》	丞相长史秩级为千石，此为二千石，当属特例。
丞相长史	阙名	汉武帝	管理宗室	《史记·魏其武安侯列传》《汉书·灌夫传》	田蚡长史
丞相长史	任敞	汉武帝	出使匈奴	《史记·匈奴列传》《汉书·匈奴传》	
守长史	郑庄	汉武帝	不详	《史记·汲郑列传》《汉书·郑当时传》	免官后重新启用为守丞相长史
长史	吕步舒	汉武帝	持节决狱	《史记·儒林列传》《汉书·儒林传》	
长史	朱买臣	汉武帝	出谋划策	《史记·酷吏列传》《汉书·五行志》、《汉书·张汤传》、《汉书·朱买臣传》	
长史	王朝	汉武帝	出谋划策	《史记·酷吏列传》《汉书·五行志》《汉书·张汤传》	
长史	边通	汉武帝	出谋划策	《史记·酷吏列传》《汉书·五行志》《汉书·张汤传》	
丞相长史	阙名	汉武帝	镇压民变	《汉书·酷吏传》	
丞相长史	阙名	汉武帝	不详	《汉书·刘屈氂传》	
丞相长史	阙名	汉武帝	不详	《汉书·刘屈氂传》	

官职	姓名	时代	职能	出处	备注
行（守）丞相长史事、丞相长史	黄霸	汉宣帝	朝议时维持秩序	《史记·建元以来侯者年表》《汉书·夏侯胜传》《汉书·循吏传》	
丞相长史	阙名	汉成帝	镇压民变	《汉书·成帝纪》	与御史中丞共同负责
丞相长史	阙名	汉哀帝	治狱	《汉书·王嘉传》	廷尉、御史中丞、丞相长史共同负责
丞相长史	阙名	西汉	治狱	《汉书·景十三王传》《汉书·文三王传》《汉书·武五子传》	
长史	郑兴	更始	劝谏	《后汉书·郑兴传》《后汉纪·后汉光武皇帝纪》	行丞相事李松长史
司徒长史	吴良	汉明帝	参加群臣大议	《后汉书·吴良传》	西汉哀帝改丞相为大司徒，东汉光武帝改称司徒。可见司徒长史由丞相长史所改。下同。
司徒长史	皋徽	汉明帝	不详	《后汉书·桓荣传》《后汉纪·后汉孝明皇帝纪》	
司徒长史	刘宽	汉桓帝	受诏备询	《后汉书·刘宽传》《隶释》卷11《太尉刘宽碑》	
司徒长史	宛	汉桓帝	不详	《隶释》卷17《州辅碑阴》	
司徒长史	桥玄	汉桓帝	不详	《后汉书·桥玄传》《风俗通义校释·怪神》	
司徒长史	冯巡	汉灵帝	不详	《后汉书·五行志》	
相国长史	何颙	汉献帝	不详	《后汉书·荀爽传》《后汉书·党锢列传》《后汉书·董卓传》	董卓长史
长史	刘艾	汉献帝	不详	《后汉书·董卓传》《后汉纪·后汉孝献皇帝纪》	董卓长史
长史	万潜	汉献帝	劝谏	《三国志·魏书·武帝纪》	建安十八年

续表

官职	姓名	时代	职能	出处	备注
丞相长史	王必	汉献帝	将兵	《三国志·魏书·武帝纪》	
居府长史	国渊	汉献帝	统留事	《三国志·魏书·国渊传》	
丞相长史、留府长史	徐奕	汉献帝	镇抚西京、统留事	《三国志·魏书·徐奕传》	
行军长史	刘晔	汉献帝	不详	《三国志·魏书·刘晔传》	丞相行军长史
丞相长史	陈矫	汉献帝	不详	《三国志·魏书·陈矫传》	
留府长史	杜袭	汉献帝	镇守长安	《三国志·魏书·杜袭传》	丞相留府长史
丞相长史	辛毗	汉献帝	不详	《三国志·魏书·辛毗传》	
司徒长史	段辽叔	东汉	不详	《风俗通义校释·过誉》	
司徒长史	不详	汉	不详	《集古官印考》卷三 B. 2	司徒长史印
司徒长史	阙名	汉	辅佐司徒	《后汉书·百官志》《汉官六种》	司徒长史
三府长史	阙名	汉	不详	《后汉书·舆服志》	
东门长史	阙名	汉	不详	《汉官六种》	属丞相
西门长史	阙名	汉	不详	《汉官六种》	属丞相
相国长史	蒋济	魏文帝	不详	《三国志·魏书·蒋济传》	
丞相长史	杨仪	蜀后主	统率全军	《三国志·蜀书·后主传》《三国志·蜀书·杨仪传》《三国志·蜀书·费祎传》	
长史	蒋琬	蜀后主	署留府事	《三国志·蜀书·后主传》《三国志·蜀书·吕凯传》《三国志·蜀书·魏延传》《三国志·蜀书·陈震传》	丞相留府长史
丞相长史	向朗	蜀后主	不详	《三国志·蜀书·廖立传》《三国志·蜀书·向朗传》	
领丞相长史	王连	蜀后主	不详	《三国志·蜀书·王连传》	领丞相长史
领留府长史	张裔	蜀后主	不详	《三国志·蜀书·张裔传》《三国志·蜀书·蒋琬传》《三国志·蜀书·刘张宗杨传》	领丞相留府长史
丞相长史	钟离牧	吴大帝	不详	《三国志·吴书·钟离牧传》	
司徒左长史	阙名	三国	不详	《集古官印考》卷十 B. 6	司徒左长史印
2. 御史长史					
御史长史	阙名	西汉初	不详	《张家山》441 简	
大司空长史	阙名	汉成帝	辅佐大司空	《汉书·百官公卿表》	大司空由御史大夫所改

官职	姓名	时代	职能	出处	备注
御史长史	阙名	汉哀帝	辅佐御史大夫	《汉书·百官公卿表》 《后汉书·百官志》	
司空长史	令狐略	汉光武帝	不详	《后汉书·冯衍传》	东汉刘秀将大司空去"大"字，改称司空。
司空长史	江革	汉章帝	不详	《后汉书·江革传》 《后汉纪·后汉孝章皇帝纪》	
司空长史	刘岱	汉献帝	从征伐	《三国志·魏书·武帝纪》	
御史长史	阙名	汉献帝	佐助御史大夫	《三国志·魏书·武帝纪》	
司空长史	阙名	汉	不详	《后汉书·百官志》 《汉旧仪》	
3. 太尉长史					
太尉长史	阙名	西汉初	佐助太尉	《汉书·百官公卿表》	汉武帝时省
大司马长史	阙名	汉哀帝	辅佐大司马	《汉书·百官公卿表》	改太尉为大司马
太尉长史	刘班	汉顺帝	班宣风化、举实臧否	《后汉书·孝顺孝冲孝质帝纪》 《后汉书·周举传》	
太尉长史	郭祥	汉桓帝	不详	《三辅决录》卷2	
太尉长史	鲁峻	汉桓帝	不详	《隶释》卷9《司隶校尉鲁峻碑》	
太尉长史	阙名	汉	署诸曹事	《汉书·百官公卿表》 《后汉书·百官志》 《汉官六种》	
太尉长史	张敏	东汉	不详	《隶释》卷20《张敏碑》	
4. 太傅长史					
太傅长史	阙名	汉	辅佐太傅	《后汉书·百官志》 《汉官六种》	
5. 将军长史					
长史	司马欣	秦二世	出谋划策	《史记·秦始皇本纪》 《史记·六国年表》 《史记·秦楚之际月表》 《汉书·高帝纪上》 《汉书·异姓诸侯王表》 《汉书·陈胜项籍传》	
卫将军长史	阙名	西汉初	不详	《张家山》444简	秩八百石

官职	姓名	时代	职能	出处	备注
军长史	阙名	汉武帝	不详	《汉书·匈奴传》	密谋捉拿贰师将军李广利，投降匈奴，事败被杀。
大将军长史	阙名	汉武帝	司军法	《史记·李将军列传》《汉书·李广传》	大将军卫青长史
车骑将军长史	赵充国	汉武帝	不详	《汉书·赵充国传》	
大将军长史	公孙遗	汉昭帝	不详	《汉书·昭帝纪》	大将军长史与外人勾结，欲杀大将军霍光。
大将军长史	杨敞	汉昭帝	不详	《汉书·武五子传》《汉书·霍光传》	此人为大将军霍光长史，虽无功劳却升任搜粟都尉。
大将军长史	田延年	汉昭帝	不详	《汉书·酷吏传》	此人曾为大将军霍光长史，后出为河东太守。
大将军长史	丙吉	汉昭帝	举荐权	《汉书·丙吉传》《汉书·萧望之传》	时任大将军霍光长史。
军长史	阙名	汉宣帝（元康五年）	用传舍	《敦煌悬泉汉简释粹》	
幕府长史	阙名	汉宣帝	谏净	《汉书·张汤传》	大司马车骑将军张安世长史迁往他处任官之前，对张安世进行谏净。
车骑将军长史	张翁	汉宣帝	治狱	《汉书·西域传》	
长史	董通年	汉宣帝	参议军务	《汉书·赵充国传》	赵充国任后将军，董通年为其长史
长史	任宣	汉宣帝	谏净	《汉书·霍光传》	霍禹长史

官职	姓名	时代	职能	出处	备注
长史	严延年	汉宣帝	随军出征	《汉书·酷吏传》	强弩将军许延寿长史
右将军长史	姚尹	汉成帝	出使匈奴	《汉书·成帝纪》	
大将军长史	陈咸	汉成帝	举荐贤能	《汉书·陈咸传》《汉书·朱博传》	大将军王凤长史
长史	房凤	汉成帝	不详	《汉书·儒林传》	
长史	谷永	汉成帝	不详	《汉书·谷永传》	大司马车骑将军王音长史
车骑将军长史	阙名	西汉晚期	出使大宛	《敦煌悬泉汉简释粹》	
大将军长史	阙名	西汉	不详	《秦汉南北朝官印征存》	大将军长史印玺
将军长史	阙名	西汉	不详	《秦汉南北朝官印征存》	印玺
前将军长史	阙名	西汉	不详	《汉书·百官公卿表》《汉官六种》	
后将军长史	阙名	西汉	不详	《汉书·百官公卿表》《汉官六种》	
左将军长史	阙名	西汉	不详	《汉书·百官公卿表》《汉官六种》	
右将军长史	阙名	西汉	不详	《汉书·百官公卿表》《汉官六种》	
长史	陈俊	更始	辅佐将军	《后汉书·陈俊传》	刘嘉为太常将军，陈俊为其长史
长史	刘钧	汉光武帝	诣阙奉贡	《后汉书·窦融传》《后汉书·梁统传》	河西五郡大将军长史
将军长史	马严	汉明帝	将兵屯田、卫护单于	《后汉书·马援传》	
骠骑长史	阙名	汉章帝	不详	《后汉书·光武十王列传》	
大将军长史	阙名	汉和帝	不详	《后汉书·窦宪传》	秩中二千石，属特例。
大将军长史	谢宓	汉安帝	不详	《后汉书·皇后纪》	

官职	姓名	时代	职能	出处	备注
车骑将军长史	陈禅	汉安帝	不详	《后汉书·陈禅传》《后汉书·崔骃传》	
大将军长史	杨伦	汉顺帝	谏诤	《后汉书·儒林传》	
大将军长史	吴祐	汉桓帝	谏诤	《后汉书·吴祐传》《后汉纪·后汉孝桓皇帝纪》	
长史	赵岐	汉灵帝	屯兵	《后汉书·赵岐传》	
将军长史	杨淮	汉灵帝	不详	《汉碑集释·杨淮表纪》	
将军长史	仲定	汉灵帝	不详	《隶释》卷20《廷尉仲定碑》	
司马长史	曹炽	汉灵帝	不详	《隶释》卷20《曹炽碑》	
大将军长史	王谦	汉少帝	不详	《后汉书·王畅传》	何进长史
车骑将军长史	乐隐	汉少帝	不详	《三国志·魏书·牵招传》	何苗长史
大将军长史	王谦	汉献帝	不详	《三国志·魏书·王粲传》	
大司马长史	郭昕	汉献帝	上表	《三国志·魏书·公孙度传附公孙渊传》	
车骑将军长史	全柔	汉献帝	不详	《三国志·吴书·全琮传》	
长史	梁衍	汉献帝	劝谏	《后汉书·皇甫嵩传》《后汉纪·后汉孝献皇帝纪》	左将军皇甫嵩长史
左将军长史	陈矫	汉献帝	上表	《三国志·蜀书·先主传》《三国志·蜀书·许靖传》	
长史	陈矫	汉献帝	守城	《三国志·魏书·曹仁传》	征南将军曹仁长史
长史	公仇称	汉献帝	将兵，督促军粮	《三国志·吴书·孙破虏讨逆传》	破虏将军孙坚长史
长史	张昭	汉献帝	掌文武之事	《三国志·吴书·吴主传》《三国志·吴书·张昭传》《三国志·吴书·周瑜传》	孙策长史，孙策时为行殄寇将军
长史	诸葛瑾	汉献帝	不详	《三国志·吴书·诸葛瑾传》	殄寇将军长史
长史	张纮	汉献帝	从征合肥	《三国志·吴书·张纮传》	殄寇将军长史
镇西长史	郭淮	汉献帝	领兵	《三国志·魏书·郭淮传》	
长史	杨弘	汉献帝	将兵	《三国志·吴书·孙破虏讨逆传》	袁术长史

官职	姓名	时代	职能	出处	备注
长史	阙名	汉献帝	议军事	《三国志·魏书·任城陈萧王传》	北中郎将、骁骑将军曹彰长史
立节将军长史	不详	东汉	不详	《秦汉南北朝官印征存》	立节将军长史印
辅国将军长史	不详	汉	不详	《集古官印考》卷五B.3	辅国将军长史
度辽将军长史	阙名	汉	不详	《后汉书·百官志》《汉官仪》	
大将军长史	阙名	汉	不详	《后汉书·百官志》	
长史	阙名	汉	不详	《三国志·魏书·王基传》	征东将军王基长史
留府长史	阙名	魏明帝	守城	《三国志·魏书·满宠传》	征东将军满宠长史
大将军长史	孙礼	魏明帝	谏净	《三国志·魏书·孙礼传》	
长史	吴纲	魏高贵乡公	不详	《三国志·魏书·诸葛诞传》、《三国志·魏书·三嗣主传》	征东大将军诸葛诞的长史
长史	杜预	魏元帝景元三年	不详	《三国志·蜀书·姜维传》	钟会长史，钟会刚由镇西将军进位司徒，但钟会留在蜀地，并未到中央任职，其长史仍应属于将军长史。
镇军大将军长史	薛综	吴大帝	外掌众事内授书籍	《三国志·吴书·薛综传》	
照武将军长史	阙名	孙吴	不详	《秦汉南北朝官印征存》	照武将军长史印
6. 其他官署长史					
五官将军长史	凉茂	汉献帝	不详	《三国志·魏书·凉茂传》	
五官将长史	邴原	汉献帝	不详	《三国志·魏书·邴原传》	

官职	姓名	时代	职能	出处	备注
都官长史	阙名	汉	不详	《后汉书·百官志》	
陵长史	阙名	汉和帝	不详	《后汉纪·后汉孝和皇帝纪》	
7. 不明所属的中央官署长史					
长史	李斯	秦始皇	出谋划策	《史记·李斯列传》	
长史	李基	汉桓帝	不详	《后汉书·李固传》《后汉纪·后汉孝桓皇帝纪》	并未交代何种长史
长史	李兹	汉桓帝	不详	《后汉书·李固传》《后汉纪·后汉孝桓皇帝纪》	未交待属于哪一官署

根据上表的统计，我们可以发现，秦代（含秦国时期）的长史仅有 3 例，其余的长史大都属于两汉时期。从西汉开始，长史的数量不仅增多，而且在种类与职能方面也较之秦代有很大发展。依据现有数据来看，中央官署长史共出现 137 例，其中丞相长史 49 例、御史长史 8 例、太尉长史 7 例、太傅长史 1 例、将军长史 65 例、五官将长史 2 例、都官长史和陵长史均只有 1 例。经进一步核算可知，在目前已知长史的统计中，丞相长史约占 36%，将军长史约占 47%，二者共占总数的 83%。这就说明了丞相长史和将军长史这两个群体在长史中所占比重最大，他们也相当活跃，这表明他们与其他中央官署长史角色与地位的差异。当然，根据文献的记载，丞相长史的名称曾变动不定，有时候称相国长史，有时候称司徒长史，也有时候称东门长史、西门长史、留府长史、居府长史等；而将军长史则包括了大将军长史、骠骑将军长史、车骑将军长史、卫将军长史、前后左右将军长史以及杂号将军长史等名目。之所以会出现如此现象，其原因即在于秦汉时期职官的变迁，如宰相在不同时期有不同的名号等。

1.2.2　地方官署长史

秦汉时期在地方上大力推行郡县制，这是中国古代地方行政制度史发展的重要时期。虽然"封建论"时有出现，但是郡县制的精神却贯彻始终。在地方行政建制中，郡是一级非常重要的行政区划，起着承上启下的重要作用，具体负责沟通中央、县及县以下的基层社会之间的联系。秦汉时期的郡可分为边郡和内郡两种，二者存在着一定的差异，这一差异突出体现在边郡的特殊性上。毋庸置疑，对于秦汉中央政府而言，边郡虽然地处偏远，经济不如内郡发达，人口也相对稀少，但关键的是边郡战略位置突出，无论是在政治上还是在军事上。因此，中央在边郡实行了很多特殊政策，而特设掌兵马的长史即是其中之一。除此之外，西域长史、将兵长史、属国长史、校尉长史均是中央政府为强化对边境地区的控制而设的。

但是传统史籍对地方官署长史的记载十分有限，我们不得不将目光转移至考古文献资料方面，尤其是汉简。根据目前学界对汉简的释读与整理，可供我们参考的汉简著作相对比较丰富，如《居延汉简考释·释文之部》（简称《考释》）、《居延汉简释文合校》（简称《合校》）、《居延新简：甲渠候官与第四隧》（简称《新简》）、《居延新简释粹》（简称《释粹》）、《额济纳汉简释文校本》(简称《额简》)、《疏勒河流域出土汉简》(简称《疏勒》)、《敦煌悬泉汉简释粹》(简称《悬泉》)、《敦煌汉简》(简称《敦煌》)、《散见简牍合辑》(简称《合辑》)、《汉简研究文集·甘谷汉简考释》(简称《甘谷》)、《安徽天长西汉墓发掘简报》(简称《天长》)、《尹湾汉墓简牍》(简称《尹湾》)。现参考已有研究成果,将秦汉时期地方官署长史相关资料列表说明如下:

表 1-2　地方官署长史表

官职	姓名	时代	职能	出处	备注
1. 郡国长史:①简牍所见边郡长史					
长史	阙名	汉武帝太初三年至东汉建武六年	不详	《合校》10·16A	公元前 102 年至公元 30 年
相国长史	阙名	西汉初	不详	《张家山》444 简	秩八百石
长史丞	旗	同上	副署	《考释》16·4(面)《合校》16·4A	张掖长史丞
长史	阙名	同上	不详	《合校》31·15	可用传车二辆
长史	阙名	同上	祭祀	《合校》59·40,220·12	简文作"祭长史君百石吏十二人斗食吏二人佐史八十八人钱万二"案:这是汉代边郡社祭兑钱的记录,共 102 人,收钱 10200,合每人 100 钱。
长史	阙名	同上	巡行	《合校》254·12,58·7	绥和元年六月
长史	阙名	同上	不详	《合校》265·37A	长史可称卿,卿为汉代称谓中的美称。
长史	阙名	同上	不详	《合校》308·40B	
守郡司马行长史事	阙名	同上	副署	《合校》505·3	
长史	阙名	同上	统计人数	《考释》503·17,303·15	

续表

官职	姓名	时代	职能	出处	备注
长史	阙名	同上	封藏	《考释》213·15	边塞士卒衣物皆取之于官，但迫于生活清苦，士卒常倒卖衣物，此简是对这种现象的禁令。
张掖长史	延	同上	代理太守	《考释》10·33	始元年间
行长史事	阙名	同上	副署	《考释》505·3	
长史	阙名	同上	巡行	《考释》254·12，58·7	
长史	阙名	同上	不详	《考释》206·17	
长史	阙名	同上	不详	《考释》10·16（背）	
长史	阙名	同上	不详	《考释》265·37（面）	
行长史事	焉	汉武帝天汉二年至东汉建武八年	副署	《新简》E. P. T43：86	公元前 99 年—公元 32 年
长史	监	同上	不详	《新简》E. P. T48：127	
长史	谭	同上	问讯	《新简》E. P. T48：140	
行长史事	如昌	同上	发文书	《新简》E. P. T51：202	
张掖长史	威	同上	副署	《新简》E. P. T52：99	建始元年九月辛酉
张掖长史	定	同上	副署	《新简》E. P. T52：627	神爵年间
长史	史奉	同上	不详	《新简》E. P. T53：21A	永光年间
长史	长寿	同上	副署	《新简》E. P. T52：96	
行张掖长史事	阙名	同上	下发文书	《新简》E. P. T52：104	
长史丞	阙名	同上	副署	《新简》E. P. T59：160	
行张掖长史事	武	同上	副署	《新简》E. P. T59：338	
长史	阙名	同上	不详	《新简》E. P. T61：407A	
长史	阙名	同上	训练士卒	《新简》E. P. W：84	
行张掖长史事	宗	汉成帝	副署	《释粹》74. ETF16	
张掖长史	横	西汉中晚期—东汉早期	副署	《额简》2000ES7S：4A	
长史	不详	不详	检查装备	《额简》2000ES9SF3：15B	汉宣帝神爵三年（公元前 59 年）至东汉光武帝建武四年（公元 28 年）

官职	姓名	时代	职能	出处	备注
敦煌长史	布□	汉武帝天汉三年至东汉顺帝永和二年	副署	《疏勒》217	
文德长史	阙名	同上	副署	《疏勒》357	新莽始建国元年
敦煌长史	阙名	同上	副署	《疏勒》501	
敦煌长史	布施	汉武帝元鼎六年至东汉安帝永初元年	副署	《悬泉》Ⅱ90DXT0314②：315；Ⅰ90DXT309③：236A	公元前111年—公元107年
敦煌长史	章	同上	副署	《悬泉》Ⅱ90DXT0216②：869	
敦煌长史	奉宪	同上	副署	《悬泉》Ⅱ90DXT0213②：136	初元二年四月庚寅
长史	庆	同上	发过所	《悬泉》Ⅱ90DXT90DXT0215S：84	
长史	福	同上	副署	《悬泉》Ⅱ90DXT0314②：220	建始四年闰月癸酉
行敦煌长史事	强	同上	副署	《悬泉》Ⅱ90DXT0114②：291	建始二年八月丙辰
敦煌长史	渊	同上	代行太守	《悬泉》Ⅱ90DXT0215③：46	建昭二年九月庚申
敦煌长史	章	同上	副署	《悬泉》Ⅱ90DXT0216②：243	建昭二年三月癸巳
长史	阙名	同上	用传舍	《悬泉》Ⅱ90DXT0112②：113，117	元康四年长史可称君
长史	阙名	同上	副署	《悬泉》Ⅰ90DXT0114①：11	长史亦可称夫子
敦煌长史	充国	同上	代理太守	《悬泉》Ⅱ90DXT0214②：78；Ⅱ90DXT0214②：385	鸿嘉三年正月壬辰
敦煌长史	章	同上	副署	《悬泉》Ⅱ90DXT0115②：16，Ⅱ90DXT0216②：882	
敦煌长史	奉熹	同上	副署	《悬泉》Ⅴ92DXT1312③：44	

官职	姓名	时代	职能	出处	备注
长史	阙名	同上	以私印下发文书	《悬泉》Ⅱ90DXT 0216②：80	
敦煌长史	护	同上	代理太守	《泥墙题记西汉元始五年〈四时月令诏条〉》272	元始五年八月戊辰
长史	阙名	汉宣帝本始三年至新莽始建国地皇上戊三年	不详	《敦煌》724A	
长使（史）	阙名	同上	不详	《敦煌》965	
长史	阙名	西汉昭帝始元七年至新莽时期	副署	《敦煌》1375	
敦煌长史	阙名	同上	副署	《敦煌》1447，《合辑》17	元嘉二年九月廿日
敦煌长史	布施	西汉武帝天汉三年至东汉顺帝永和二年	副署	《敦煌》1755	公元前 98 年—公元 137 年
文德长史	阙名	同上	副署	《敦煌》1893	始建国元年十月辛未
长史	阙名	同上	副署	《敦煌》2233	
汉阳长史	亿	汉桓帝延熹二年四月	副署	《甘谷》第二十三简	公元 159 年
广陵长史	阙名	汉景帝	不详	《天长》	
长史	涂	汉成帝	不详	《尹湾》七正，八反	
长史	许	汉成帝	不详	《尹湾》八正	
②其他文献所见边郡长史					
金城长史	辛庆忌	汉元帝	不详	《汉书·辛庆忌传》	后被举为茂材
庐江长史	何	汉成帝	不详	《汉书·何武传》	何寿称其兄子为扬州长史
上谷长史	景丹	更始	不详	《后汉书·景丹传》	

官职	姓名	时代	职能	出处	备注
行长史	吴汉	更始	领兵	《后汉书·彭宠传》《后汉纪·后汉光武皇帝纪》	渔阳太守彭宠的长史
陇西长史	田飒	汉光武帝	将兵	《后汉书·西羌传》	
西河长史	阙名	汉光武帝	将兵屯田、卫护单于	《后汉书·南匈奴传》	
金城长史	上官鸿	汉章帝	屯田	《后汉书·西羌传》	
敦煌长史	索班	汉安帝	将兵屯田	《后汉书·班超传附班勇传》《后汉书·西域传》《后汉纪·后汉孝安皇帝纪》	
颖川长史	副垂	汉安帝	监造	《汉碑集释·嵩山泰室神道石阙铭》	
代郡长史	阙名	汉顺帝	守城	《后汉书·南匈奴传》	
敦煌长史	武班	汉桓帝	不详	《隶释》卷6《敦煌长史武班碑》、《武氏石阙铭》；《金石萃编》卷8《敦煌长史武班碑》、《武氏石阙铭》	
雁门长史	鲜于晏	汉桓帝	不详	《汉碑集释·鲜于璜碑》	鲜于璜的少子
西河长史	和林格尔东汉壁画墓主	汉桓帝、汉灵帝	不详	《和林格尔发现一座重要的东汉壁画墓》	
故守长史掾	夏光渊	汉灵帝	不详	《隶释》卷9《娄寿碑阴》	
金城长史	曹述	汉灵帝	不详	《金石萃编》卷18《郃阳令曹全碑》	
永昌长史	樊敏	汉灵帝	不详	《隶释》卷11《巴郡太守樊敏碑》；《八琼室金石补正》卷6《巴郡太守樊敏碑》	此碑立于汉献帝建安十年，但据碑文可知樊敏任永昌长史在光和年间，或在此之前。
长史	田	汉灵帝	副署权	《隶释》卷2《西岳华山亭碑》	
长史	夏方	汉灵帝	副署权	《隶释》卷3《三公山碑》	

续表

官职	姓名	时代	职能	出处	备注
长史	曹敏	汉灵帝	不详	《金石萃编》卷18《郃阳令曹全碑》	武威长史
汉阳长史	盖勋	汉献帝	布善化民	《后汉书·盖勋传》《后汉纪·后汉孝献皇帝纪》	
安定长史	杨阜	汉献帝	不详	《三国志·魏书·杨阜传》	长史非其好，遂去官。
长史	薛洪	汉献帝	留守	《三国志·魏书·武帝纪》《三国志·魏书·董昭传》	建安四年河内太守张杨长史
领长史	柳远	汉献帝	诱敌	《三国志·魏书·公孙度传附公孙渊传》	
长史	王烈	汉献帝	不详	《三国志·魏书·王烈传》	辽东太守公孙度长史
行长史事	张恭	汉献帝	治民	《三国志·魏书·张恭传》	
长史	田豫	汉献帝	不详	《三国志·魏书·田豫传》	
长史	程秉	汉献帝	不详	《三国志·吴书·程秉传》	交趾太守长史
长史	吾粲	汉献帝	治民	《三国志·吴书·吾粲传》	
长史	宣仲	东汉末	治民	《后汉书·郡国志》	
安定长史	田威都	东汉	不详	《风俗通义校释·十反》	
府长史	阙名	东汉	不详	《后汉书·百官志》《汉官仪》	
上郡长史	阙名	汉	不详	《封泥汇编》	封泥
长史	阙名	汉	掌兵马	《汉书·百官公卿表》《汉官六种》	
上谷郡长史	阙名	汉	不详	《集古官印考》卷六 B.4	上谷郡长史印
西平郡长史	阙名	汉	不详	《集古官印考》卷六 B.4	西平郡长史印
③王国相长史					
信都相长史	吴尊	汉武帝太初三年至东汉建武六年	不详	《合校》53·7，《考释》33·7	信都王国相长史—《居延汉简考释·释文之部》33·7释作"吴尊"
楚长史	马宫	汉哀帝	不详	《汉书·马宫传》	
河间王厩长史	马融	汉安帝	上书	《后汉书·马融传》	

官职	姓名	时代	职能	出处	备注
常山长史	颜	汉安帝	副署	《金石萃编》卷6《祀三公山碑》	
常山长史	杨统	汉顺帝	不详	《隶释》卷7《沛相杨统碑》《金石萃编》卷12《沛相杨统碑》	此碑立于汉灵帝时期，但观碑文可知其任常山长史的时间应在汉顺帝时期。
鲁相行长史事	卜	汉桓帝	副署权	《隶释》卷1《孔庙置守庙百石孔龢碑》	
长史	李亮	汉桓帝	副署权	《隶释》卷1《韩勑修孔庙后碑》	
北海长史	祝睦	汉桓帝	不详	《隶释》卷7《山阳太守祝睦碑》、《山阳太守祝睦后碑》	
长史	边乾	汉桓帝	教化	《隶释》卷20《王子乔碑》	
常山长史	沐乘	汉桓帝	祭祀	《隶释》卷4《封龙山颂》	
常山长史	刘洪	汉桓帝	上章奏	《后汉书·律历志》	
鲁相长史	李谦	汉灵帝	副署权	《隶释》卷1《鲁相史晨祠孔庙奏铭》	
常山相长史	申屠熊	汉灵帝	副署	《隶释》卷3《无极山碑》《两汉金石记》卷11《白石神君碑》	两碑的常山相均为冯巡，可知两碑所载常山长史为一人。《无极山碑》中载"申屠熊"，《白石神君碑》中为申屠熊，因此常山长史应为申屠熊。
王国相长史	阙名	汉	不详	《后汉书·百官志》	
2. 州牧长史					
长史	耿武	汉献帝	劝谏	《后汉书·袁绍传》《后汉纪·后汉孝献皇帝纪》《三国志·魏书·袁绍传》	冀州牧长史
3. 西域长史					
西域长史	班超	汉章帝汉和帝	领兵屯田、招怀诸国	《后汉书·肃宗孝章帝纪》《后汉书·孝和孝殇帝纪》《后汉书·班超传》《后汉书·西域传》	

官职	姓名	时代	职能	出处	备注
西域长史	王林	汉和帝	将兵	《后汉书·孝和孝殇帝纪》	击杀车师后王
西域长史	赵博	汉和帝	不详	《后汉书·梁慬传》	
西域长史	班勇	汉安帝	将兵屯田	《后汉书·班超传附班勇传》 《后汉书·西域传》	将兵五百人
西域长史	班勇	汉安帝、 汉顺帝	将兵	《后汉书·孝安帝纪》 《后汉书·孝顺孝冲孝质帝纪》 《后汉纪·后汉孝安皇帝纪》 《后汉纪·后汉孝顺皇帝纪》	
西域长史	张晏	汉顺帝	管理西域 少数民族	《后汉书·西域传》	
西域长史	王敬	汉桓帝	处理西域事务	《后汉书·孝桓帝纪》 《后汉书·西域传》	处理民族事务不当被杀
西域长史	赵评	汉桓帝	管理西域事务	《后汉书·西域传》	西域长史王林可处置于阗王
长史	唐	曹魏嘉平四 年至前凉建 兴十八年	不详	《楼兰尼雅文书》 （简称《楼兰》，下同）简2	十月四日
长史	阙名	同上	用印	《楼兰》简40（正面）	
长史	阙名	同上	发书	《楼兰》简296	西晋武帝泰始六年
西域长史	阙名	同上	发书	《楼兰》简320	曹魏嘉平四年至前凉建兴十八年
长史	鸿	同上	不详	《楼兰》简564	
西域长史	李柏	同上	不详	《楼兰》简623， 624，625，651	西晋
长史	苞	同上	下书	《楼兰》简679，683	曹魏嘉平四年至前 凉建兴十八年
4.将兵长史					
将兵长史	邓鸿	汉光武帝	将兵屯边	《后汉书·邓禹传附邓鸿传》	
将兵长史	陈䜣	汉光武帝	将兵平乱	《后汉书·光武帝纪》 《后汉书·卢芳传》	
将兵长史	致恽	汉光武帝	掌管军政	《后汉书·郅恽传》	
将兵长史	田绀	汉光武帝	不详	《后汉书·循吏传》	田绀为武威郡大姓
将兵长史	李调	汉章帝	将兵	《后汉书·马援传》	

官职	姓名	时代	职能	出处	备注
将兵长史	吴棽	汉章帝	不详	《后汉书·天文志》	
将兵长史	班超	汉章帝 汉和帝	领兵权、屯田、招怀诸国	《后汉书·肃宗孝章帝纪》 《后汉书·孝和孝殇帝纪》 《后汉书·班超传》 《后汉书·西域传》	
将兵长史	王辅	汉和帝	将兵	《后汉书·南匈奴传》	
5. 属国长史					
辽东属国长史	公孙瓒	汉献帝	统戎马	《后汉书·公孙瓒传》 《三国志·魏书·公孙瓒传》	
长史	关靖	汉献帝	劝谏	《后汉书·公孙瓒传》 《三国志·魏书·公孙瓒传》	公孙瓒长史
6. 护羌校尉长史					
护羌校尉长史	任尚	汉章帝	将兵	《后汉书·邓禹传附邓训传》	
护羌校尉长史	阙名	东汉	不详	《后汉书·百官志》	
7. 护乌桓校尉长史					
护乌桓校尉长史	阙名	东汉	不详	《后汉书·百官志》 《汉官仪》	

按照上表已经梳理出的数据，值得我们注意的有以下两点：

第一，已有文献中地方官署长史有 139 例，其中边郡长史 96 例、王国相长史 14 例、州牧长史 1 例、西域长史 15 例、将兵长史 8 例、属国长史与护羌校尉长史各 2 例、护乌桓校尉长史 1 例。而边郡长史与王国相长史合计 110 例，约占总数的 79%。

第二，简牍所见的长史大都为边郡长史和西域长史，其中边郡长史占绝大多数，有着极为明显的数量优势。当然导致这一现象出现的原因必然与边郡出土的简牍资料比较丰富密切相关。从上表所列可知，这些汉简大部分出土于我国西北地区的敦煌和张掖，这些地区气候干燥，日光充足，适合木简的保存，所以从简牍材料所见的长史大多是边郡长史或西域长史，尤其以敦煌长史和张掖长史数量最多。边郡长史的设置，本就基于内郡与边郡所面临的不同政治形势采取的特殊措施。所谓边郡，就是汉代在边疆地区设立的郡，如辽东、辽西、右北平、渔阳、上谷等郡，一般距离政治中心较远，时常受到游牧民族的侵扰；内郡的安全较有保障，罕受匈奴等少数民族的侵扰，社会秩序相对稳定。因此，内郡除王国之外一般不设长史，只有丞；边郡地处偏远，中央政府常有鞭长莫及之感，于是在边郡设长史，以求更好地维护中央政府对边境地区的统治。

第2章 秦汉边郡相关问题

◈ 2.1 秦汉边郡的概念、范围与特征

"边郡"是秦汉国家在治理边疆的进程中逐步形成的一种地方行政制度，对后世边疆治理模式产生了深远的影响。长期以来，学者对边郡的划分标准、边郡的范围看法不一，歧义纷出。本章拟对边郡概念的形成、边郡范围的界定、边郡的主要特征等作一系统的探讨。

2.1.1 秦汉时的边疆

1. 秦汉时的"边"与"疆"

"边郡"如果仅从字面上理解则是设在边境或边疆的郡，因此在探讨边郡概念以前，我们有必要先对"边境""边疆"的概念略作辨析。

（1）对于秦汉边疆的几种看法

目前，对于边疆，比较有代表性的有以下两种说法：

1）"地理概念"说

吕一燃先生首先认为，持少数民族定居的地区就是边疆的"民族边疆"说、持凡是汉文化系统以外的地区就是边疆的"文化边疆"说、持凡是未实行郡县制的地区就是边疆的"行政边疆"说，"各自偏执一端，是不可能反映出'边疆'词的真正含义的"。他认为，"'边疆'是地理概念，它与国界线有着密切的关系"。

2）"过渡地区"说

马大正先生认为，边疆是一个政治概念，是由国家政权的统治中心区到域外的过渡区域，即由治向不治过渡的特定区域。同时，马先生又以为，边疆有"军事、经济文化的含义"。

究竟哪种说法比较符合先秦秦汉时的实际情况，我们还是先将"边"与"疆"还原到当时的语境中来探究。

（2）边境、边疆与封略

先秦时期，往往用"边""竟""疆"等来称谓诸侯之间的疆域界限。"边""竟"中，"边"，按《说文》的解释其本义是山崖的边缘，引申为地或物的尽头、四缘；"竟"，疆也。《史记·晋世家》云："当此时，晋强，西有河西，与秦接境，北边翟，东至河内。"《史记·河

· 21 ·

渠书》称齐赵间"以大河为竟"。

"疆"的本意是"界"的意思。《诗·小雅·信南山》有"中田有庐，疆场有瓜"。疆场为田界，进而引申为国界。按《尚书·泰誓》载"我武惟扬，侵于之疆"；《孟子·滕文公下》载："出疆必载质"，"疆"是"国界""边界"的意思。据《左传》桓公十七年："疆场之事，慎守其一，而备其不虞"。疆场作国界讲。《史记·孔子世家》载孔子摄相事，曰："古者诸侯出疆，必具官以从。"这里的"疆"也是国界的意思。

有称"边境"者，《史记·秦本纪》秦孝公下令国中曰："献公即位镇抚边境，徙治栎阳，且欲东伐，复缪公之故地。"

有称"边疆"者，《左传》成公十三年："倾覆我社稷，帅我蝥贼，以来荡摇我边疆"。

又有称"封略"者，《左传》昭公七年："封略之内，何非君土。""封"指堆积土丘作为边界的标志。"略"，指的应当就是这种专门用于划分疆域并作为防御工事的界沟，或者称之为"界壕"。

由此可见，先秦时期各诸侯国开始有了原始的"疆域""领土"概念，而将与其他诸侯国相邻的边界地区称为"边境""边疆"。周振鹤先生以为，"战国时期，边境概念已完全形成，城邦国家已转化为领土国家"。秦统一以后，"边"的概念主要是指与戎狄为界，《史记·秦始皇本纪》载二世曰："凡所为贵有天下者，得肆意极欲，主重明法，下不敢为非，以制御海内……且先帝起诸侯，兼天下，天下已定，外攘四夷以安边竟。"《史记·韩信卢绾列传》信上书曰："国被边，匈奴数人。"这两条材料中的"边"都指与周边民族的界限。两汉时将沿边地区称为"边"，有"南、北边"，《汉书·诸侯王表》："燕、代虽有旧名，皆亡南北边矣。""西边"，《汉旧仪》："分置北边、西边"；有"三边"，《汉旧仪》："三边为道"；有"边境"，《汉书·文帝纪》："汉与匈奴约为昆弟，毋使害边境"；有"边垂"，《汉书·武帝纪》："朕将巡边垂，择兵振旅"。"边""疆"连称，秦汉史料似未见。"边疆"一词至魏晋时再次出现，《晋书·乐志下》："诸葛不知命，肆逆乱天常。拥徒十余万，数来寇边疆。"《晋书·李寿载记》："常自陈边疆寇警，不可旷镇。"综上，"边""边境""边疆"都可指国界或国家的边缘地区。

2. 关塞障徼与边境管理

先秦各国已经普遍在边境地区修筑防御工事。设关塞，首要目的在于保障国家安全，宋人王应麟在谈到关塞作用时曾说："春秋五伯时诸大夫国皆有之（关塞）……关之大小不同，其藩阻险，捍御邦城皆一也。"秦汉于边地设置关塞，根本目的也在于凭险设阻以保障中原的安全和行政管理的顺利实施。

秦汉时期边境地区的防御设施有"塞"、"徼"、"关"、"障"等。

"塞"，《说文》："塞也者，本书填塞也。"其引申含义有三：

第一，多指边界上可以据险固守的地方。《左传》文公十三年："春，晋侯使詹嘉处瑕，以守桃林之塞。"

第二，指边界。《荀子·强国》："今秦……其在赵者剡然有苓而据松柏之塞。"杨倞注："赵树松柏，与秦为界。"

第三，构筑要塞。《书·秦誓序》："秦穆公伐郑，晋襄公帅师败诸崤。"孔传："崤，晋要塞也。"孔颖达疏："筑城守道谓之塞。""塞"又可指在边境地带由天然屏障和人工建筑组成的防线。如《史记·秦始皇本纪》："北据河为塞，并阴山至辽东。"

"徼者，取徼遮之义也。"《史记》索隐引张辑曰："徼，塞也，以木栅、水为蛮夷界。"故"徼"在汉人的语境中指"边界""边塞"应无问题。

"关（關）"，《说文》："關，以木横持门户也。""关"的本义是指门闩，又引申为关口、要塞。古时的"关"多选择在险要之处，且通常位于行人往来的必经之交通要道上，这样才能起到据险控守的效果。汉代的关又有"内关"与"外关"之别。"内关"有函谷关临晋关、武关郧关、打关，"五关形成的区域构成了汉初的中心统治区，汉初的政治地理格局也由此逐步形成"。在西汉初期，内关的作用在于区分关中区域与关东区域，具有国界意义的应该是外关。

汉人称其所筑防边之城为障。《史记》正义引顾胤语云："障，山中小城。"（汉书）武帝太初三年本纪亦载此事，注："师古曰：汉制，每塞要处，别筑为城，置人镇守，谓之候城，此即障也。"又（张汤传）师古注曰：障，谓塞上要险之处，别作为城，因置吏士而为障蔽，以扞寇也。障，后又或称曰坞。

综上，在秦汉人的语境中，"塞""关""徼"都有边界的含义。"塞""关""徼"不仅有军事防御的作用，而且还有行政管理的职能：

其一，限制人员往来。文帝曾向全国下达诏书：

"匈奴大单于遗联书，和亲已定。亡人不足以益众广地，匈奴无入塞，汉无出塞，犯约者，杀之。可以久亲，后无咎，俱便。联已许。其布告天下，使明知之。"

汉与匈奴之间相互约定，都要防止人口逃到对方，对非法越过边塞者，一律处死。

其二，限制战略物资输出。《史记·汲郑列传》说，汉、匈物资交往有严格的关禁制度："及浑邪至，贾人与市者，坐当死者五百余人。"汲黯说："愚民安知市买长安中物而文吏绳以为阑出财物于边关乎？"《史记》集解引应劭曰："阑，妄也。《律》：'胡市，吏民不得持兵器出关。'虽于京师市买，其法一也。"对于汉律"胡市，吏民不得持兵器出关"的条文，《汉书·汲黯传》颜师古注引应劭的解释，指出禁止出关的物资包括"铁"，即"兵器及铁"："《律》：'胡市，吏民不得持兵器及铁出关。'"关于限制物资出境的法律，张家山汉简也有记载：

盗出财物于边关徼，及吏部主智（知）而出者，皆与盗同法；弗智（知），罚金四两，使者所以出，必有符致，毋符致，吏智（知）而出之，亦与盗同法。（《二年律令·盗律》）

盗出黄金边关徼，吏、卒徒部主者智（知）而出及弗索，与同罪；弗智（知），弗索得，戍边二岁。（《二年律令·盗律》）

又有限制在徼外铸钱的法律，《史记·邓通传》："居无何，人有告邓通盗出徼外铸钱。下吏验问，颇有之，遂竟案。"

其三，是行政管理空间的最后界限。用于行政管理的文书最远到关口为止。汉简只记录到边塞最远处的亭燧或关口为止，如居延最北的燧为望远，汉简中就有"以次传行至望远止"，"马任传行至望远止"等。从此出塞即匈奴，但尚未发现出塞以后的记录。出关（玉门关、阳关）的文书前已述及，简文记录到关音夫为止，两关对这类文书只是起个中转作用，以后还要探投，或用其他方法运递。从史篇来看，来往于丝绸之路上的信使不绝于路，但都类似"专使"。可以看出，以边关徼塞为界，以内为正式的行政区域，是政府实施直接管理的地区，正如《汉书·贾山传》所言："昔者，秦政力并万国，富有天下，破六国以为郡县，筑长城以为关塞。"

"关""塞""徼"三字起初含义和功能作用基本相同，三字可互训。《广雅·释诂三》："关，塞也。"《史记》索隐引张辑曰："徼，塞也，以木栅、水为蛮夷界。"《汉书·邓通传》："有人告通盗出徼外铸钱。"颜师古注："徼，犹塞也。东北谓之塞，西南谓之徼，塞者，以障塞为名。"这种以地域区分"徼""塞"的说法不准确，辽东有称"徼外"者，据悬泉置汉简，西北也有称"徼外"者，见下文。可见塞与徼的区别不在地域方面。

在西汉前期"关""徼""塞"边界的含义比较明确，"徼外""塞外""关外"一般都处在行政管理的范围之外。随着西汉边疆治理的深入，"关""塞"与"徼"的含义和功能变得复杂起来。"塞外"也有边城的设置，"徼外"也可以属于郡县行政管理的范围之内，关外也有郡县管辖的机构。

先说"徼外"。在郡县管理的范围之内。《华阳国志》和《后汉书》："至天汉四年，并蜀为西部，置两都尉：一居旄牛，主徼外夷；一居青衣，主汉人。"《续汉书·天文志》："属郡旄牛徼外夷白狼、楼薄种王唐缯率种人口十七万归义内属。"这两处记载都明确表明，"徼外"是属于郡县管理的范围。徼外夷发生纠纷，要告官处置，悬泉置汉简有相关的记载：

"年八月中徙居博望万年亭徼外归草谷，与归何（人名）相近。去年九月中，驴掌（人名）子男芒封（人名）与归何弟封唐（人名）争言斗，封唐以股刀刺伤芒封二所，驴掌与弟嘉良（人名）等十余人共夺归何马四十匹，羊四百头。归何自言官，官为收得马廿匹，羊五十九头。以其归何余马羊以使者条相犯徼外，在赦前不治，疑归何怨恚，诳言驴掌等谋反。羌人逐水草徒……"

从简文看，有人移居到了"徼外"的归蒙谷，看来从"徼内"移居"徼外"没有特别的限制。移居"徼外"的人与归何（人名）相临近。驴掌（人名）子男芒封（人名）与归何弟封唐（人名）的纠纷发生在"徼外"，要告官处理，说明"徼外"的羌人已经归顺为郡县官府管理下的臣民。

在郡县管理的范围之外。《后汉书·祭遵传》："徼人请符以立信。"注曰："徼人谓徼外人偏何等也。"

材料中的鲜卑大人偏何显然不在郡县管辖的范围之内。

"举种内属"与"举土内属"。"徼外"蛮夷内属时有"举种内属"与"举土内属"两种形式，史书分别记载绝不混淆。

《后汉书·光武帝纪》："（建武二十七年）益州郡徼外蛮夷率种人内属。"

《后汉书·安帝纪》："安帝元初三年，越嶲徼外夷举种内属。"

《后汉书·安帝纪》："（永初元年）九真徼外夜郎蛮夷举土内属。（永初二年）癸未，蜀郡徼外羌举土内属"。

同时《后汉书·南蛮传》记曰："九真徼外夜郎蛮夷举土内属，开境千八百四十里。"

可见，"举土内属"者，"徼外"民族居住的区域尚未正式划入郡县管理的范围之内；"举种内属"者，"徼外"民族居住的区域已划入郡县管理的范围之内，但"徼外"民族不向郡县机构著籍，也不缴纳赋税。《后汉书·明帝纪》："（永平）十二年春正月，益州徼外哀牢王相率内属，于是置永昌郡，罢西部都尉。"可见，内属前哀牢王所辖地属蜀郡西部都尉管辖，也属于郡县管理的范围。内属后，由于郡县赋敛繁苛，内属民族也有重新反叛的，《后汉书·安帝纪》载：

"（安帝元初三年），郡徼外夷大羊等八种，户三万一千，口十六万七千六百二十，慕义内属。时郡县赋敛烦数，五年，卷夷大牛种封离等反畔，杀遂久令。"

可见，举种内属后，须向郡县机构著籍纳税。

再说"塞外"。在郡县范围之外。《后汉书·安帝纪》："广汉塞外参狼羌降，分广汉北部为属国都尉。"《后汉书·乌桓传》："徙乌桓于上谷、渔阳、右北平、辽西、辽东五郡塞外，为汉侦察匈奴动静。"

在塞外筑城。《汉书·地理志》："匈归都尉治塞外匈归障，南部都尉治塞外翁龙。"最后说"关外"。玉门关外有伊循都尉，所处区域在部善国。《汉书·西域传》载："国中有伊循城，其地肥美。"伊循都尉位于关外。

这种"关""徼""塞"外设治的政治环境各不相同，可分为两种情况。

其一，是军事缓冲地带的军事前沿据点。汉匈之间的边界在汉武帝后期就已经发生了重要变化，匈奴被逐于大漠以北，漠南无王庭。西汉在北方沿阴山一线利用山川形胜构筑了边防工事，取得了边境防御的优势。为了适应这种变化，汉匈双方都在缓冲地区或者沙漠中的绿洲加强了防御力量。匈奴称这些地区被称为"瓯脱"。昭帝始元五年（前82年），西汉生擒匈奴"瓯脱王"，匈奴远去，不敢南下逐水草，并征发人民屯驻"瓯脱"。本始二年（前72年），居住在东部的西畴部落欲南下归汉，却必须通过"瓯脱"防线，"其君长以下数千人皆驱畜产行，与瓯脱战，所战杀伤甚众，遂南降汉"。其后，郅支单于杀西汉使者谷吉，投降汉朝的匈奴人声称是在"瓯脱"地听到谷吉被杀的消息的。始建国三年（10年），匈奴左右都尉、诸边王大举入侵，其中边王可能即是"瓯脱王"，为统率边境军事力量的将领。西汉则在塞外设置了城障，如上举"匈归障"等。

即便如此，即使是在呼韩邪附汉后，汉匈双方还是有一条共同认可的边界线。围绕这条边界形成了规范双方关系的制度性约束，"自长城以南天子有之，长城以北单于有之。有犯塞，辄以状闻；有降者，不得受"。双方以长城（塞）为界划分了管理范围，由于边界是约定的前提和基础，任何一方试图改变边界的举动都会引起对方的强烈反应。西汉末年的夏侯藩求地事件就是因为西汉欲调整边界而引起的冲突。至于夏侯藩求地的具体时间，《成帝纪》和《哀帝纪》均阙载。据《汉书·匈奴传》，此事载于绥和元年（前8年），乌珠留单于即位以后，时成帝在位，大司马王根执政，"时帝舅大司马骠骑将军王根领尚书事"，以"匈奴有斗人汉地，生奇材木"，"根为上言利，上直欲从单于求之"。据《汉书·百官公卿表》，王根为大司马骠骑将军事在成帝元延元年（前12年）。据《汉书·成帝纪》，绥和元年四月以大司马骠骑将军为大司马，罢将军官。又据《汉书·百官公卿表》，当年七月，王根免官。因此，此事策划于绥和元年四月以前，最初批准该计划的是成帝。因为此事关系到边界问题，成帝害怕遭到拒绝，

"伤命损威"，所以让中郎将夏侯藩出面。绥和二年（前7年）三月，成帝崩，哀帝即位。夏侯藩第二次出使匈奴提出求地事，单于以此上闻皇帝。西汉答复单于诏书称"藩擅称诏从单于求地，法当死，更大赦二，今徙落为济南太守，不令当单于"。据《汉书·哀帝纪》，绥和二年四月，哀帝即位大赦天下，建平元年春正月，赦天下，此为大赦二，因此可以推断，夏侯藩第二次求地事在哀帝即位后。绥和元年十一月，王莽为大司马，绥和二年十一月，王莽免，师丹为大司马。

夏侯藩求地事历三任大司马，成哀两朝，似乎取得了朝廷中枢始终如一的支持，并得到成帝、哀帝的默认，绝不仅仅是想得到一块盛产"奇材木"之地。实质上是此地嵌入张掖郡，"匈奴有斗人汉地，直张掖郡"，与西汉形成了犬牙交错之势，对边境形势不利，"汉三都尉居塞上，士卒数百人寒苦，候望久劳"。此事遭到了匈奴单于的断然拒绝，"且先父地，不敢失也"。匈奴拒绝西汉的要求，不是匈奴此时已经有了与西汉分庭抗礼的决心，而是改变边界涉及了匈奴的核心利益。夏侯藩求地事件以西汉的妥协退让而告终。从上述的事件可以看出，虽然汉匈双方都有在边界外即"塞外"设治的情况，但双方的边界还是存在的，并受到了法律制度的约束。

其二，是区分不同治理方式的界限。西汉在岭南和西南夷地区设置郡县机构后，一些土著居民与中原的生产方式和文化习俗差异太大，所以在郡县范围之内又设置了"徼"，作为不同治理方式的界限。《三国志·吴书薛综传》云：

"汉武帝诛吕嘉，开九郡，设交陆刺史以镇监之。山川长远，习俗不齐，言语同异，重译乃通，民如禽兽，长幼无别，椎结徒跣，贯头左裣，长吏之设，虽有若无。"

可见，在新设置的边那中，虽然领土纳入了郡县管辖的范围之内，土著民众并没有成为内地"编户齐民"那样的居民，所以需要设立"徼"作为不同治理方式的界限。

东汉南匈奴内附以后，北边塞外已经没有统一的游牧政权了，许多游牧民族在边塞内外与汉族错杂居住，到东汉晚期，关禁制度也形同虚设：

"……自匈奴通逃，鲜卑强盛，据其故地，称兵十万，才力劲健，意智益生；加以关塞不严，禁网多漏，精金良铁，皆为贼有，汉人逋逃，为之谋主，兵利马疾，过于匈奴。"

从上面讨论的情况可以看出，秦汉时有比较明确的边界概念，也有围绕边界形成的一系列法律制度。但是，秦汉时期的边界又不同于现代主权国家的边界概念，边界处于不断的变化中，边界内外的情况也比较复杂，需要作具体分析。

3. 秦汉时"边"的文化含义

秦汉时的"边"不仅有制度管理的含义还有文化上的含义。先秦时期，关于中央和地方统治关系，《周礼·夏官司马》有一段描述：

"乃以九畿之籍，施邦国之政制。方千里曰国畿，其外方五百里曰候畿，其外方五百里曰甸畿，又其外方五百里曰男畿，又其外方五百里曰采畿，又其外方五百里曰卫畿，又其外方五百里曰蛮畿，又其外方五百里曰夷畿，又其外方五百里曰镇畿，又其外方五百里曰蕃畿。"

按照这种描述，政治中心是方千里的王畿，然后向外扩展，每隔五百里依次是侯畿、甸畿、男畿、采畿、卫畿、蛮畿、夷畿、镇畿、蕃畿。其中，蛮畿、夷畿、镇畿、蕃畿当为边疆地区。

《国语·周语上》则描绘了所谓五服制的情况：

"夫先王之制，邦内甸服，邦外候服，侯卫实服，蛮夷要服，戎狄荒服。甸服者祭，侯服者祀，宾服者享，要服者贡，荒服者王。日祭、月祀、时享、岁贡、终王，先王之训也。"

这两个模式有一个共同的特点，即政权结构是由一个单一的政治核心为出发点，然后由近及远地推向四方的，距中央越远，政治隶属关系越弱。先秦时期疆域没有这么广大，行政区划也不可能如此整齐划一，华夷之间的界限也不可能如此清楚。因此，彭林先生认为"其出于理想当无可置疑"。因此，"五服"制和"九服"制体现得更多的是文化上的意义。秦王朝结束了中原地区在政治、文化上的分立状态，郡县制取代分封制。中原地区已经逐渐牢固地凝结为一体，"天下"真正形成了由"夏"和"夷"两个行政区域构成的二元结构。

因此，在秦汉人的语境中，又将四夷成为"四裔"，即四边，《后汉书》卷四十下班固《两都赋》："中夏，中国也；四裔，四夷也。"又有缘边四夷之谓，"战阗死亡，缘边四夷所系房"。"边"是与"中""内"对指的概念，西南夷地区虽然设置了郡县，实行了郡县直接统治，有时却又被看作边外之地。《后汉书·西南夷传》：

"灵帝熹平五年，诸夷反叛，执太守雍陟。遣御史中丞朱龟讨之，不能克。朝议以为郡在边外，蛮夷喜叛，劳师远役，不如弃之。"

这里的益州郡就被看成是边外之地，这是以"华夷"不同文化的差异、区域经济开发的强弱等作为划分核心地区与边疆的依据，主要为少数民族居住、经济明显落后于核心地区且距离较远的偏僻之地，通常被认为是边疆甚至边外。可以说，秦汉时的"边"，有制度与文化两种不同的含义。

现在我们回过头来，再来看看秦汉时"边疆"的实际情况。"边界"首先是一个政治概念，表示的是秦汉国家行使权力的空间标志，表示着国家有效管理的范围，边疆的确定必须以一定的边界为基础。按照秦汉边疆治理的情况看，我们可以说，在制度史的含义上，边疆是这样一个地区：以边界以内的边缘地区为主干，包括边界外一些设置行政机构的地区，边疆是行政管辖的范围，是国家可以实际控制的人口及其居住的地域。

那种从文化和民族的标准划分边疆的说法，也有重要的意义，符合秦汉时主流意识形态的看法。秦汉时人认为，天子德化四海，守在四夷，《汉书·司马相如传》："封疆划界者，非为守御，所以禁淫也。"注引郭璞曰："天下有道，守在四夷。立境界者，欲以禁绝淫放耳。"按照这个标准，有少数民族居住的边郡以及与中央政府有藩属朝贡关系的甚至是声威所及的地区都可视为"边疆"。但思想观念和现实政治往往还有一段距离，我们如果仅从地理、文化或民族的标准出发看待秦汉的边疆，就很难从根本上把握秦汉边疆经营的实际情况，至于将边疆放到郡县管理的范围之外，则与秦汉时对"边"和"边境"的实际管理的情况相违背。

2．1．2 边郡概念的形成

1．边郡与内郡的分化

战国时的征城略地，目的就是为了扩大本国的疆域。为了加强防御，各国先后在与敌国或戎狄界边的地区设郡。《史记·春申君列传》：

> "淮北地边齐，其事急，请以为郡便。"

《史记·匈奴列传》：

> "魏有河西、上郡，以与戎界边。……于是秦有陇西、北地、上郡，筑长城以拒胡。而赵武灵王亦变俗胡服，习骑射，北破林胡、楼烦。筑长城，自代并阴山下，至高阙为塞。而置云中、雁门、代郡。……燕亦筑长城，自造阳至襄平。置上谷、渔阳、右北平、辽西、辽东郡以拒胡。"

可见，郡最初大多就是设置在边境地区的。

关于郡的性质，学者多有研究。严耕望先生认为，"郡，其本义即政区之名也"。顾颉刚先生以为，"那在边疆为军区，与内地之为政治区者截然不同"。陈长琦先生主张郡起初是军区而不是政区，以郡统县之制是分区设防的需要。对于郡的性质，笔者以为不宜作机械的理解，尽管郡设立之初，其职能以军事为主，各国的郡守也多为军事将领，但郡级政府也并非完全没有行政职能。秦昭王时河东守王稽"三年不上计"，可见那守有定期将所在郡的行政经济状况定期报告中央的职责。但如果说，战国时期已有内郡与边疆郡不同职责之分，也不确当，蜀为秦之边疆郡，而蜀守李冰兴修水利，履行的也是行政职责。因此，综合各家的看法，笔者以为，郡在设立时确实是出于边境军事防守的需要，同时也与战国以来君主集权加强的趋势有关，郡守为军政一元化的首领。

秦在统一六国的进程中陆续在原六国腹地设郡，天下一统后，在全国范围内实行郡县制，这是一次边地制度内地化的过程。其后，随着秦开疆拓土的进程，郡县制又向新占领的百越等边疆民族地区扩展。

秦及汉初，虽然没有"边郡"一词，但有"边吏""边戍""边臣"：

《淮南子》卷十二《道应训》："秦皇帝得天下，恐不能守，发边戍、筑长城、修关梁、设障塞、具传车、置边吏。"

《史记·孝文本纪》载："捕杀吏卒，驱保塞蛮夷，令不得居其故，陵轹边吏。"

《史记·孝文本纪》后二年，上曰："多杀吏民，边臣兵吏又不能谕吾内志。"

这些记载或许表明，时人已认识到边地官吏的职守与内地有别。西汉初年，贾谊首次将"边"与郡联系在一起：

《汉书·贾谊传》载："今西边北边之郡，虽有长爵不得复，五尺以上不轻得息，斥候望烽燧不得卧，将吏被介胄而睡，臣故曰一方病矣。"

晁错上疏言兵事曰："可赐之坚甲絮衣，劲弓利矢，益以边郡之良骑。"

晁错上疏中出现了明确的"边郡"指称，不过这些"边郡"指称还主要指的是地理方位的概念。七国之乱平定后，缘边之郡皆归西汉中央政府直辖，"及天子支庶子为王，王子支庶为侯，百有余焉。吴楚时，前后诸侯或以適削地，是以燕代无北边郡，吴淮南、长沙无南边郡"。此后，"边郡"与"内郡"也逐渐开始有了制度上的分野。我们知道，西汉实行的是郡国并行制，而且景帝七国之乱前后的制度又有很大的差别。西汉初年，诸侯王国"夸州兼郡，连城数十，宫室百官同制京师"，中央政府面临着诸侯国强大的军事压力，中央直辖郡的主要职能侧重于军事，在制度上并无"内郡""边郡"之别，在地方行政体系中主要是诸侯国与中央直辖郡县的区别。中元二年（前 148 年），"更郡守为太守，郡尉为都尉"，对全国的郡级组织进行了规范。中元三年（前 147 年），"罢诸侯御史大夫官"，开始贬抑王国官制。中元五年（前 145 年），"更名诸侯丞相为相"，开始全面改革诸侯王国制度，剥夺了诸侯王的任吏和治民权，自此以后，诸侯王国的职能已经相当于郡。诸侯王国与中央对立的形势结束后，西汉国内局势趋于缓和，内地郡县的职能开始向管理经济行政职能方向转化。有关记载见于《汉书·景帝纪》：

后元二年（前 142 年）四月，诏曰："……今岁或不登，民食颇寡，其咎安在？或诈伪为吏，吏以货赂为市，渔夺百姓，侵牟万民。县丞，长吏也，奸法与盗盗，甚无谓也。其令二千石各修其职；不事官职耗乱者，丞相以闻，请其罪。布告天下，使明知朕意。"

后元三年（前 141 年）正月，诏曰："农，天下之本也。黄金珠玉，饥不可食……其令郡国务劝农桑，益种树，可得衣食物。吏发民若取庸采黄金珠玉者，坐臧为盗。二千石听者，与同罪。"

相隔一年，景帝连续两次诏命郡国守相，要以澄清吏治和劝务农桑为重。当然，这两次诏命是面对全国郡守相的，其中包括边郡。但是，处于和平形势下的内郡与处在强大外族军事压力之下的边郡，在施政的重点方面不会不逐渐产生差别。此外，景帝后元二年又有"内郡"之称："春，以岁不登，禁内郡食马粟；没人之。"在内郡实行与边郡不同的政策，表明景帝后期已有了对内郡与边郡实行差别化管理的策略。

日本学者饭田祥子先生认为，国内的军事对峙结束于西汉武帝时期，边郡与内郡，因地域差异，"前者以军事活动为主，后者以农业生产为主的统治方式逐渐确立。之所以会出现这样的变化，这与政府认识到了各地域之间，以及各经济阶层之间日益扩大的差异，从而调整统治方式有很大的关系。"饭田祥子将国内军事对峙结束的时段放在武帝时期，似有不妥。正如上文所述，经过景帝三年后的领土削减和景帝中元年间的制度改革，诸侯王国已经不再成为独立的政治势力，其实质已与汉朝中央政府直辖郡无异。西汉地方行政制度结构自此发生了重大变化，以往直辖郡与诸侯王国在制度上的差别不复存在，而"边郡"与"内郡"的分化逐渐明显。因此，西汉开始调整统治方式，对全国的郡县实行差别化管理的时段当在景帝中元年间以后。武帝即位以后，积极开疆拓土，先后北伐匈奴，征南越、朝鲜，治理西南夷，而随着汉朝军队所到之处，边郡的设置达到了高潮。元朔二年（前 127 年），汉收河南地，置朔方、五原。元朔四年（前 125 年），以上郡东部数县及代国诸王子侯国置西河郡，至元鼎三年（前 114 年）分陇西置天水郡，分北地置安定郡。元狩二年（前 121 年）至地节三年（前 67 年），河西四郡酒泉、张掖、敦煌、武威陆续建立。在南越、西南夷地区，先后置初郡十七。边郡设置以后，西汉采取的措施大体有移民戍边、屯田、驻军防守等措施。边郡有部都尉，据《史记·朝鲜列传》，元封二年（前 109 年），"拜（涉何）为辽东东部都尉"，至迟于武帝元封二年，"边郡"已有部都尉的设置。关于属国都尉和农都尉，《汉书·百官公卿表》载："农都尉、属国都尉，皆武帝初置。"可见，农都尉、属国都尉都设置于武帝时期。

武帝以后，具有制度含义的诏书、法令将设在边地的郡称为"边郡"。《汉书·昭帝纪》：元封二年（前 79 年）六月，诏曰："朕闵百姓未赡，前年减漕三百万石。颇省乘舆马及苑马，以补边郡三输传马。其令郡国毋敛今年马口钱，三辅、太常郡得以叔粟当赋。"

见之于汉简的记载又有：

1 令曰：卒戍边郡者或以（《新简》EPT52：388）

2 （垦）田以钱器为本。北边郡毋钱官，印器内郡。令郡以时博卖予细民。毋令豪富吏民得多取贩卖细民。（《新简》EPT52：15）

简 2 的记载，以边郡与内郡并称，并分别实行不同的政策，表明边郡不仅仅是一个习称，而是一种制度化的设计。文中并未指出何郡为边郡，当时执行者已经很清楚其意何指，这也是边郡制度化的一种反映。

两汉时，对设在边地的郡除边郡外又有"远郡""外郡""初郡""营郡"等指称，与边郡含义不同。

"远郡"见于《后汉书·第五伦传》："擢自远郡（伦为蜀郡太守），代牟融为司空。"

"初郡"见于《史记·平准书》："汉连兵三岁，诛羌，灭南越。番禺以西至蜀南者置初郡十七。"《汉书·食货志下》所载与此略同。

"外郡"见于《汉书·宣帝纪》注引韦昭曰："中国为内郡，缘边有夷狄障塞者为外郡"。

"营郡"见于《后汉书·陈龟传》："匈奴数攻营郡。"注曰："谓郡有屯兵者，即护羌校尉屯金城，乌桓校尉屯上谷之类。"

初郡只是新设郡之意，其后西南边疆的郡也被称为边郡。《东观汉记》卷十三《王阜传》："为益州太守，边郡吏多放纵。阜以法绳正吏民，不敢犯禁，政教清净，百姓安业。"

"外郡""远郡"显然不是一个正式的指称，只表示了地理位置的远近。关于"营郡"，光武帝鉴于北方边郡动乱之后人口稀少，设置了"营"的组织。边郡的"营"有渔阳营、夫犁营甲、敦煌营中。《后汉书·南匈奴传》顺帝永和五年冬，"遣中郎将张耽将幽州乌桓、诸郡之营兵……"可以推断，幽州、凉州的边郡可能普遍设立了"营"，因此在东汉又以营郡指代北方边郡，但营郡无法涵盖整个边郡。

综上所述，笔者以为，边郡与内郡的分化始于汉景帝中元年间，在汉武帝设置新郡的过程中，边郡的管理机构进一步完善，内郡与边郡在制度上的差异逐渐明显，东汉以后，内郡和边郡之间的差异有进一步强化的趋势。因此，从地理位置的角度，可以说边郡是设在边疆或边境的郡，但边郡与内郡的差异不仅体现在地理位置上，更体现在制度设计上，边郡是具有法律制度含义的正式指称，指是在统一郡县制的前提下实行特殊制度的地区。

东汉时述及武帝以后边郡与内郡的差别时，也是着重强调二者在制度设计上的不同。如《汉旧仪》所载，边郡有"部都尉、千人、司马候、农都尉"，但"皆不治民，不给卫士"。终西汉之世，部都尉、属国都尉是特殊机构，还不是特殊政区。光武帝于建武七年（31年）以后，属国都尉开始向特殊政区转变，《续汉书·百官五》曰："中兴建武六年，省诸郡都尉，并职太守，无都试之役。省关都尉，唯边郡往往置都尉及属国都尉，稍有分县治民比郡。"至东汉安帝时，属国都尉治民比郡，正式成为郡级特殊政区。

2. 边郡与边县、边州、边疆

（1）边郡与边县

春秋时期，各国的县最初可能以设于边地者居多。杨宽先生曾经做过一个统计，春秋时期楚国可考的17县中，其中7个是灭掉毗邻的小国而设，另外17个是利用边境上的别都或小国的旧都而建成的，没有一个设在内地。晋国的县后来由边地延伸到内地，但在边地设县也一直未停。战国时期，各国普遍设县，此后设在内地的县和边县的制度可能有所分化。西汉的晁错曾回顾了古时边县的制度：

> "古之制边县以备敌也，使五家为伍，伍有长；十长一里，里有假士；四里一连，连有假五百；十连一邑，邑有假候。"

晁错指边县而不笼统地称县，可能表达的是县与边县制度分化以后的情况。具体的边县制度可能并没有晁错描述的这么规范，这段叙述无疑掺杂了理想化的成分，不过，边境地区的居民组织具有军事化的成分是不错的。杜正胜先生以为，这种组织国家公民的方式可称为"以军领政"，这种制度在春秋中晚期已有些端倪。郡的普遍设置当晚于县，春秋时有关郡的文献记载只有两条。一是《晋语》所载："君实有郡县，且人河外列城五。"二是《左传·哀公二年》："克敌者，上大夫受县，下大夫受郡，士田十万，庶人工商遂，人臣隶圉免。"清代顾炎武在《日知录》认为郡县之别是：在腹里繁华之地称为县，在边鄙之地称为郡，并非两者间有统属关系。姚鼐以为："郡远而县近，县成聚富庶，而郡荒陋，故以美恶异等，而非相统属也。"冉光荣先生推测郡之长官即为守，则郡最先可能设在原戎狄之区，以为羁縻措施：仍以其部落酋长统治，而以军队镇守之。行政上暂归邻近的县所辖（故《逸周书》说县有四郡），待统治加强后，再以郡守取代戎狄君长治理政务，成为正式地方行政机构。陈长琦先生主张，"从战国时期各国设郡的情况看，一般都是根据地理条件和军事斗争的需要划若干县为一郡，而不是先设郡，等边地繁荣起来之后，再从郡下分设若干县"。综合各家之说，笔者以为，郡有设在原戎狄地区的，如云中；有设在两国交界的边境地区的，如河西；其核心是与边有关。郡对边县的制度可能有所继承。秦汉以后仍有边县一称：

《史记·平准书》："于是诛北地太守以下，而令民得畜牧边县。"

《后汉书·明帝纪》："屯朔方、五原之边县；妻子自随，便占著边县。"

《后汉书·章帝纪》："（元和元年）郡国中都官系囚减死一等，勿笞，诣边县；妻子自随，占著在所。"

《后汉书·百官五》："边县有障塞尉。"

从上述记载可知，东汉时期关于边县的记载较西汉普遍，而且从明帝和章帝诏书的情况看，边郡范围内可能又有边县与内县之别。

（2）边郡与边州

东汉时边郡又有边州之称，《后汉书·西羌传》云："并、凉之士，特冲残……或以边州难援，宜见捐弃。"两汉时期有州的设置。关于西汉初年州制产生的渊源和背景，以及新莽、东汉时期的州制建置，顾颉刚先生和谭其骧先生先后做过研究。近年来，辛德勇先生又对州制产生的背景及其职能的演变作了深入的探讨，他认为"西汉的州制是在汉文帝十二年时作为视察区而出现的"，灵帝中平四年以后瘴州之设"州已切实转变成为统管诸郡的高一级政区"。周振鹤先生也认为，"东汉大部分时间里，州一直是以监察区域的形式存在"。笔者赞同两位先生的意见，在两汉绝大部分时间里实行的是郡县二级制，州只是一个监察区或视察区，不是严格意义上的行政区域。因此，边州的说法不是规范的地方行政制度意义上的概念。

而且，也并不是边州范围内的郡都可称为边郡。凉州所属的陇西、天水（汉阳）、金城、安定、武威、张掖、酒泉、敦煌都可视为边郡，但是并州的上党、太原无论从制度设计上还是从地理位置上看，都不能视为边郡。和帝永元十三年，颁布了针对北方边郡官吏察举的优惠政策：

"幽并凉州户口率少，边役众剧，束修良吏，进仕路狭。抚接夷狄，以人为本。其令缘边郡口十万以上岁举孝廉一人，不满十万二岁举一人，五万以下三岁举一人。"

仔细辨别上面这段话，可以发现，即使在幽、并、凉三州，仍有内郡与缘边郡之别，因此将并凉二州境内所有的郡都视为边郡的说法是不准确的。

（3）边郡与边疆

上面我们已经讨论了边疆的问题，指出秦汉时期似未见"边"与"疆"联称之例。但是，秦汉边疆是一个被学术界广泛使用的概念。

边郡与边疆不是一个等同的概念。

其一，边疆除了制度上的含义外，还有文化上的含义，而边郡是一个行政制度上的概念。

其二，在制度的含义上，边郡与边疆也不是等同的，边疆还包括不属于边郡系统的军事领护机构。

2.1.3　边郡范围的界定

秦及西汉初年并无确定的"边郡"概念，我们确定这两个时段的"边郡"范围只能根据"沿边"这一地理位置标准。我们可以尝试初步确定秦代边郡的范围。北方边郡：辽东、辽西、右北平渔阳、上谷、代、雁门、云中、九原、北地、陇西。西南及南方边郡：蜀、黔中、象、桂林、南海、闽中。共17郡。

景帝三年以前，边郡有的处于中央政府的管辖之下，有的在王国境内。属中央直辖的边郡有：云中、上郡、北地、陇西、蜀郡、广汉。在代国境内的边郡有定襄、雁门、代郡；在燕国境内的边郡有辽东、辽西、右北平、渔阳、上谷；由于有东海、闽越、南越国的存在，庐江国的豫章郡、长沙国的桂阳郡、吴国的会稽郡也可视为边郡。

在明确的边郡概念出现后，边郡与内郡逐渐出现了制度上的分野，边郡已不完全等同于沿边之郡。史料中明确提出划分"边郡"标准的，如下述所举：

1《汉书·百官公卿表》："又边郡六牧师苑令，各三丞。师古曰：'汉官仪云牧师诸苑三十六所，分置北边、西边，分养马三十万头。'"

2《汉旧仪》："内郡为县，三边为道。"

3《汉旧仪》："边郡太守各将万骑，行障塞烽火追虏。置长史一人，掌兵马。丞一人，治民。当兵行，长史领。置部都尉、千人、司马候、农都尉，皆不治民，不给卫士。"

《汉官仪》："边郡太守各将万骑，行障塞烽火追虏。置长史一人，丞一人，治兵民。当兵行长领。置部尉、千人、司马、候、农都尉，皆不治民。"

4《汉书·宣帝纪》，本始元年，诏内那国举文学高第。注引书昭曰："中国为内郡，缘边有夷狄障塞者为外郡。"

5《汉书·王莽传中》莽下书曰："常安西都曰六乡，众县曰六尉。义阳东都曰六州，众县曰六队。粟米之内曰内郡，其外曰近郡。有障徼者曰边郡。"

6《续汉书·百官五》："武帝又置三辅都尉各一人……边郡置农都尉，主屯田殖谷。又置属国都尉，主蛮夷降者。"

这六个标准可以分为两类，标准1、2、3、6为一类，注重以制度的差异划分边郡与内郡，边郡包含特殊政区，如属国、道或特殊机构（如部都尉、农都尉），或在职官的设置上与内郡有别，如千人、司马、候；标准4实际上还是指的边郡的初始含义，有夷狄障塞者。标准5的情况比较复杂，它是将边郡又划分为"外郡"与边郡，只是王莽时的制度现在已难知其详。此外，关于牧师苑，《续汉书·百官二》注曰"分在河西六郡中"，东汉以后西南边郡也设立了牧师苑，但不是边郡普遍设立的机构，关于牧师苑的记载也较为凌乱，因此，无法作为划分边郡的标准。至于"三边为道"，"道"是特殊政区。"道"与县，绝不仅是名称不同。"道"辖地的民族基本特征是保留着氏族、部落、部落联盟这些以血缘关系、婚姻关系为纽带的原始组织中。《汉书·地理志》共记"道"仅三十：翟道（左冯翊）、夷道（南郡）、营道、泠道（零陵郡）、旬氏道、刚氏道、阴平道（广汉郡）、严道、渝氏道（蜀郡）、僰道（犍为郡）、灵关道（越嶲郡）、故道、平乐道、嘉陵道、循成道、下辨道（武都郡）、狄道、氐道、予道、羌道（陇西郡）、戎邑道、縣诸道、略阳道、源道（天水郡）、月氏道（安定郡）、除道、略畔道、义渠道（北地郡）、雕阴道（上郡）、连道（长沙国）。又《汉书·地理志》列为县，未加道名，而《续汉书·郡国志》则加"道"名者有：縣呢道、汶江道（蜀郡）、武都道（武都郡）；《后汉书》卷五《安帝纪》记有"青衣道"；《水经注》卷三十六《若水》还记有"旄牛道"。《二年律令·秩律》中有"陶行道"，属北地郡。如上述所言，"道"大部分处于战国时秦的疆域之内，有些地区在秦时可以算是边疆地区，到西汉后已成为腹地，如左冯翊，因此也无法作为划分边郡的标准。

因此，我们可以说有夷狄障塞、与夷狄界边者一定是边郡，不直接与夷狄界边，但有部都尉、属国都尉、农都尉等特殊机构的也是边郡。由于《地理志》《郡国志》中关于部都尉、属国都尉、农都尉的记载较为系统，可以作为界定边郡的主要标准。以"有夷狄障塞"为边郡，此标准反映了边郡缘边与戎狄界边的特征，也可以作为划分边郡的主要标准。

以下，我们按照上述两个主要标准，尝试对景武以后西汉中晚期的边郡作个界定：有部都尉，见于《地理志》：朔方、五原、云中、定襄、代郡、辽东皆有中东、西三部都尉。雁门、上谷、辽西皆有东、西部都尉。西河有南、北、西三部都尉。上郡有匈归都尉，又有北部都尉。北地有北部、浑怀都尉。敦煌有中部都尉，又有宜禾都尉。酒泉有东、西、北三部都尉。张掖又有肩水都尉。武威有都尉及北部都尉。陇西有南部都尉。牂柯有南部都尉。广汉有北部都尉。会稽有西、南东国部都尉。乐浪有南、东部都尉。金城有西部都尉。

农都尉，《地理志》仅张掖番和有农都尉。据陈直先生稽考，见于《汉书·冯奉世传》和《汉书·叙传》的有上河农都尉，见于青海出土的《赵宽碑》有朔农都尉，陈直先生以为朔农都尉为朔方农都尉之省中。

属国都尉，见于《地理志》者有：天水郡，满福，属国都尉治。安定郡，三水，属国都尉治。上郡，龟兹，属国都尉治。五原郡，蒲泽，属国都尉治。

见于《宣帝纪》有金城属国、西河属国、北地属国。见于《汉书·匈奴传》和《景武昭宣元成功臣表》有张掖属国。见于汉简有张掖居延属国。左骑千人见于尹湾汉简：故渔阳□□左骑千人。

据《汉志》，蜀郡、犍为二郡未设置部都尉、属国都尉、农都尉。又据《续汉志·郡国五》：蜀郡属国故属西部都尉，犍为属国故属南部都尉。可见二郡有部都尉的设置，只是《汉志》阙载。

武都，《史记·西南夷传》云，南越破，"以广汉西白马为武都郡"。常璩《汉中志》曰："武都郡本广汉西部都尉治也，元鼎六年（前111年）别为郡。"结合这些记载看，广汉又有西部都尉，而本为西部都尉辖区的武都，也应是边郡。

沈黎、汶山二郡不见于《汉志》。元鼎六年，以笮都为沈黎郡。常璩《蜀志》云："天汉四年，罢沈黎，置两部都尉，一治旄牛主徼外羌，一治青衣，主汉民。"《后汉书·西南夷列传》与此略同。元鼎六年，以冉駹为汶山郡。《汉书·宣帝纪》云："地节三年（前67年）省汶山郡并蜀。"此二郡应视为边郡。

益州郡、越巂郡二郡均有徼的设置。《汉志》载："越巂郡，仆水出徼外。益州郡，老水出徼外。"玄菟郡，《汉志》载："又有南苏水，西北经塞外。"

右北平郡与辽东、辽西均处于沿边位置，外与乌桓界边，可视为边郡。

按《汉志》载，南边诸郡均无部都尉、属国都尉、农都尉等的设置，南海郡、郁林郡、苍梧郡、交趾郡、合浦郡、九真郡、日南郡位于南部边疆地区，可以视为边郡。此外，边郡还应包括临屯（前108～前82年）、真番（前108～前82年）、苍海（前128～前126年）、儋耳（前110～前82年）、珠崖（前110～前46年）、西海郡（平帝元始四年设）。

按地域划分边郡可分为几个部分：

其一，辽东、辽西、上谷、渔阳、右北平、代郡、雁门、定襄、云中、朔方、西河、五原、北地、上郡、陇西、天水、安定、金城、敦煌、张掖、武威、酒泉，共22郡，西汉有将北边22郡作为整体区域单位的惯例。

其二，蜀郡、犍为、广汉、益州、越巂、武都六郡为西南边郡，南海、郁林、苍梧、交趾、合浦、九真、日南，共7郡，为"南海七郡"。此外，朝鲜有乐浪、玄菟；东南有会稽郡；

除去设置时间较短暂的临屯、真番、苍海、儋耳、珠里、西海、沈黎、汶山郡，共有边郡 38 个，约占全国百三郡国的 36.9%，其中北方"边郡"占 57.9%，西汉边防态势上重北轻南的特征十分明显。

东汉时的边郡范围与西汉相比，有几个重要的变化：

其一，安帝时，为了加强对属国的控制，先后将六个重要的属国单列，治民比郡，成为正式的政区。属国都尉的俸禄也调整为秩比二千石，与郡太守相当。

其二，出现了侨置边郡，北方边郡几度侨置复置。

其三，北方边郡向南、向东退缩，唯西南地区有所扩展。

以下对东汉边郡的变化略作梳理：

幽州刺史部：

上谷郡：建武十五年（39 年），上谷郡内徙。建武二十六年（50 年），重归本土。较之西汉可知，泉上、夷舆、且居、茹、女祁、潘六县已废弃，北境向南退缩。

渔阳郡：《汉志》辖 12 县，《续汉志》辖九城，要阳、白檀、滑盐三县已废，北境向南收缩。

右北平：比《汉志》辖 16 县，减少 12 县，北境大大向南收缩。

辽西：比《汉志》所辖，减少且虑等六县，其中四县位于北部，北境向南收缩。

辽东：安帝永初元年（107 年），高显、候城、辽阳三县别属玄菟郡；险渎、房二县属辽东属国；居就、武次二县省罢。

辽东属国：安帝永初三年（109 年）至建光元年（121 年）置。领有昌辽、宾徒、徒河、险渎、房、扶黎六县。

玄菟：东汉时期玄菟郡内迁，《汉志》所载之高句丽、西盖马、上殷台三县侨置于辽东郡东北。

乐浪：建武六年（30 年）省并不而等七县，建安年间，公孙康析乐浪置带方郡。

并州刺史部：

雁门：建武十五年，内徙，二十六年复归旧土，汉末，领县大多放弃。

代：建武十五年，内徙，二十六年复归旧土，与西汉相比，弃延陵、且如、阳原、参合、灵丘、广昌、卤城等七县。

云中：建武二十六年复归旧土，省并了陶林、特和及阳寿。建安二十年（215 年），云中郡领县尽弃，云中都省为云中一县，隶属新兴郡。

定襄：建武十年（34 年）省定襄郡，徙其民于西河。《汉志》领十二县，《续汉志》仅领五城。建安二十年，定襄郡领地皆废弃，郡省为一县，属新兴郡。

五原：建武二十年（44 年），省五原郡，徙其吏人置河东，二十六年归于本土；《续汉志》领十城，较《汉志》领十六县，则省并固陵、蒲泽、南兴、稒阳、莫䵣、河目等六县。建安二十年，郡省为五原县，属于新兴郡。

朔方：建武二十六年复归旧土。又省并修都、临河、呼道、魔浑渠搜等五县。顺帝永和五年（140 年），徙于五原郡内。建安二十年，省为广牧县，属新兴郡。

上郡：安帝永初五年（111 年）侨置于左冯翊境内。顺帝永建四年（129 年），复归旧土。顺帝永和五年，再次侨置左冯翊，未再返故土，汉末省废。

西河：与《汉志》所领三十六县比较，《续汉志》仅领十三城，省并二十二县。汉末，西河郡废。

北地：建武二十六年复归旧土，安帝永初五年，侨置于左冯翊，顺帝永建四年重归旧土，顺帝永和六年，北地再次内徙左冯翊，第二次内徙后，未返旧土。

凉州刺史部：

陇西：永初五年，陇西大部因羌人侵扰而弃。陇西、金城二郡同治于襄武一地。延光三年，陇西郡由襄武还治狄道。

天水：明帝永平十七年（74 年），天水更名汉阳。灵帝中平五年（188 年），汉阳析置南安郡；献帝初平四年（193 年），汉阳复析置永阳郡。建安十九年（214 年），南安、永阳二郡省。

金城：建武十二年（36 年），省金城属陇西，建武十三年（37 年）复从陇西析出。和帝永元十四年（102 年），金城郡界向西部有所扩展。安帝永初四年（110 年），金城领地复弃，徙治襄武。此后，金城郡再次复故。献帝建安中，析金城置西平郡。

安定：安帝永初五年，安定内徙美阳，顺帝永建四年，安定郡复归故土。顺帝永和六年，再次内徙右扶风，此后返回故土。献帝兴平元年（194 年），析安定、右扶风置新平郡。

武威：《续汉志》领十四城，除去鹯阴、租厉二县，尚比《汉志》所载十县多出二城，其一为显美县，其二为左骑。

张掖（张掖属国、张掖居延属国）：安帝时，张掖郡析置张掖属国及张掖居延属国。张掖居延属国仅领居延一城，而张掖属国之下列有候官、左骑、千人、司马官、千人官。献帝建安中，改张掖居延属国为西海郡。建安末，张掖郡析置西郡。

酒泉、敦煌：领地无变化。

益州刺史部：

广汉：安帝永初二年（108 年），析置广汉属国都尉，三县别属。献帝建安二十二年（217 年），析置梓潼郡。广汉属国：领阴平道、甸氐道及刚氐道三县。献帝建安末，曹操改广汉属国为阴平郡。建安末，阴平郡内徙。

蜀郡：安帝延光二年（123 年），析置蜀郡属国。灵帝时，蜀郡析置汶山郡。建安年间，汶山郡复为蜀郡北部都尉，并入蜀郡领域之中。建安末，复为汶山郡。蜀郡属国：安帝延光二年，分蜀郡西部都尉，置蜀郡属国。蜀郡属国即蜀郡西部都尉领地，本为沈黎郡领域。据《续汉志》，蜀郡属国有青衣、严道、徙、旄牛四县。灵帝时，蜀郡属国更名为汉嘉郡，至迟于灵帝中平五年，汉嘉郡复称为蜀郡属国。蜀章武元年，复以蜀郡属国置汉嘉郡。

犍为：安帝永初元年（107 年），分犍为南部为属国都尉。建安十八年（213 年），刘璋析犍为置江阳郡。犍为属国：安帝永初元年，以犍为南部都尉为属国都尉。犍为属国是安帝时所置六个治民比郡属国最早的一个。建安十九年（214 年）改称朱提郡。

越嶲：领域与《汉志》所示无异。

益州：明帝永平十二年（69 年），析置永昌郡。

武都：《续汉志》武都领七城，无《汉志》之平乐道、嘉陵道、循成道三县，而又有羌道一县不载于《汉志》。羌道于安帝永初五年由陇西郡来属。建安二十四年（219 年），武都徙治右扶风境内，原领诸县皆废弃。

交趾刺史部：

南海、苍梧、郁林、交趾、九真五郡领域无变化，汉末，合浦郡仅领合浦、徐闻、朱崖、临元四县。日南郡所领最南端之象林县，至东汉顺帝永和二年（137 年）时，已被迫放弃，日南郡境向北收缩。

会稽：西汉会稽郡地域广大，为汉末百三郡国之首。至东汉，会稽郡领域有所变化，北部析置吴郡。

◇ 2. 2　秦汉边郡的设置、废弃、侨置与重建

秦始皇灭六国后，建立了统一的帝国。它在政治上的特色是建立了官僚体系的中央集权制，中央权力直达地方，通过郡县乡里行政体制，在很大程度上实现了国家对社会的一元化支配。秦汉时期的边疆治理，是将新开拓的边疆地区"郡县之"为主要目的，在边疆民族地区设置郡县（道），将其纳入中央集权的行政系统。由于受到不同地区经济基础、社会结构、民族构成的影响，不仅边郡的组织形式与内郡有别，就是不同地域的边郡也有不同的特征。秦及西汉武帝时期是边郡设置的高峰时期，秦汉国家采用了政治、经济、文化乃至战争的手段，将边疆民族地区纳入了国家的版图，"四守之内莫不为郡县，四夷八蛮咸来贡职"，统一多民族国家进入了一个发展高峰。但是，边疆经营是一个复杂的系统工程，它包含着开拓、治理、巩固的各个方面，涉及政治、经济、军事、民族、文化诸因素，尤其是边郡与中央政府有高度的依赖性，又受到民族关系的制约。因此，东汉以后在消极退守的边防政策主导下，出现了内徙边郡、侨置边郡的情况。秦汉时期边郡的进退盈缩，实际上也是民族关系对抗交融的反映。

2. 2. 1　边郡的设置

在秦汉的北疆是匈奴、鲜卑、乌桓等游牧狩猎型民族，在西部有被称为羌、氐的游牧或半游牧型民族，在西南是被称为西南夷的游牧农业混合型民族，在南方及东南则是被称为"百越"的农业民族。这些民族有的有了统一的政权，如匈奴，有的处于部落联盟或更低的社会发展阶段。秦汉在治理边疆的过程中，首先面临的是如何处理与这些在经济发展水平、文化、生产方式与内地存在较大差异的民族的问题。对于没有形成统一政权、处于农业或混合经济类型的民族，西汉的统治方式是设置郡县或郡道直接加以管理。对于形成统一政权的匈奴，秦汉的做法是在军事威慑的前提下设立一个农业与游牧业的界限，"长城以北引弓之国受令于单于，长城以内冠带之室朕亦制之"。在这种治边理念下，形成了西汉以后边郡的区域性差异，所谓"北边二十二郡"与西南夷诸郡差异尤为明显，北边诸郡是为了军事防御的目的设置的，西南夷诸郡是按照部族区域设置的。

1. 徙民置郡

这里所说的徙民包括两个方面，即将原住民迁出，将新居民迁入。徙民而置郡的源头可上溯至先秦时期。

《史记·秦本纪》惠文王十三年（前327年），"使张仪伐取陕，出其人与魏"。

《史记·六国年表》魏哀王五年（前314年），"秦拔我曲沃，归其人"。

《史记·秦本纪》昭襄王二十一年（前294年），"（司马）错攻魏河内。魏献安邑。秦出其人，募徙河东赐爵，赦罪人迁之……二十二年……河东为九县。二十八年，大良造白起攻楚，取鄢、邓，赦罪人迁之"。

《史记·樗里子传》秦惠王八年，"爵樗里子右更，使将而伐曲沃，尽出其人，取其城地入秦"。

先秦的这几次徙民都发生在两国交界的边境地区，这种措施旨在改造新占领地的旧的社会结构和秩序，强化统治者的社会基础，以使边境地区成为稳定而可靠的边防重镇。这种徙民而置郡的做法也被用于与戎狄界边的边境地区。

《史记·匈奴列传》载：

> "于是秦有陇西、北地、上郡，筑长城以拒胡。而赵武灵王亦变俗胡服，习骑射，北破林胡、楼烦。筑长城，自代并阴山下，至高阙为塞。而置云中、雁门、代郡。其后燕有贤将秦开，为质于胡，胡甚信之。归而袭破走东胡，东胡却千里。……燕亦筑长城，自造阳至襄平。置上谷、渔阳、右北平、辽西、辽东郡以拒胡。当是之时，冠带战国七，而三国边于匈奴。其后赵将李牧时，匈奴不敢入赵边。后秦灭六国，而始皇帝使蒙恬将十万之众北击胡，悉收河南地，因河为塞，筑四十四县城临河，徙谪戍以充之。"

可见，战国时秦、赵、燕将北方游牧民族驱逐后，先后设置了云中、雁门、代郡、上谷、渔阳、右北平、辽西、辽东等北方边郡。

先秦的徙民方式和徙民的构成，由于记载简略现已难知其详了。秦的徙民以罪人为主，他们在边疆无久居之计，只要一有机会，他们便会逃离而去，"蒙恬死，诸侯畔秦，中国扰乱，诸秦所徙谪戍者皆复去"。

西汉初年的移民以流民的移徙为主。高帝二年（前205年），"关中大饥，米斛万钱，人相食。令民就食蜀汉"。《汉书·景帝纪》元年诏曰：

> "间者比岁不登，民多乏食……国或硗陿，无所农桑系畜；或地饶广，荐草莽，水泉利，而不得徙。其议民徙宽大地者，听之。"

此宽大地者，可能包括北边的边郡，不过此时的移民只是听民自徙而不是政府组织的移民。

文帝十一年（前169年），太子家令晁错上书言徙民实边事。晁错的上书包括秦迁徙罪人徙边的教训、徙边应该采取的措施以及边城的建设、募民的奖励措施等。《汉书·晁错传》曰：

> "秦民见行，如往弃市，因以谪发之，名曰'谪戍'。……发之不顺，行者愤怨，

……有万死之害，而亡铢两之报，死事之后不得一算之复，天下明知祸烈及己也。……今胡人数转牧、行猎于塞下，……以候备塞之卒，卒少则入。陛下不救，则边民绝望而有降敌之心；救之，少发不足，多发，远县才至，则胡又已去。……远方之卒守塞，一岁而更，不知胡人之能，不如选常居者家室田作，且以备之……塞下之民，禄利不厚，不可使久居危难之地。……徙民实……其与秦之行怨民，相去远矣。"

晁错上书的建议被采纳，"募民徙塞下"，这种以政府组织的方式招募民众迁往边郡长期居住的方式，一般被称为"徙民实边"。

西汉武帝在设置西北边郡的过程中，沿袭了先秦以来将原有住民赶走，往腾空的新占领地域移民，并设置边郡的做法。

《汉书·武帝纪》："（元朔二年春）遣将军卫青、李息出云中，至高阙，遂西至符离，获首虏数千级。收河南地，置朔方、五原郡。……夏，募民徙朔方十万口。"

《汉书·西域传》："其后（元狩二年）骠骑将军击破匈奴右地，降浑邪、休屠王，遂空其地，始筑令居以西，初置酒泉郡，后稍发徙民充实之。"

《汉书·武帝纪》："（元鼎六年秋）又遣浮沮将军公孙贺出九原，匈河将军赵破奴出令居，皆二千里，不见虏而还。乃分武威、酒泉地置张掖、敦煌郡，徙民以实之。"《资治通鉴》卷十八："元朔二年，卫青、李息走白羊、楼烦王，遂取河南地……上竟用偃计，立朔方郡，使苏建兴十余万人筑朔方城，……募民徙朔方十万口。"

西汉武帝时除募民徙边外，还有以移民边郡来解决灾荒的举措。《汉书·食货志下》载：

"（元狩四年）天子遣使虚郡国仓廪以振贫，犹不足，又募豪富人相假贷，尚不能救，乃徙贫民于关以西，及充朔方以南新秦中七十万余口，衣食皆仰给于县官。数岁，贷与产业，使者分部护，冠盖相望，费以亿计，县官大空。"

文中提到的朔方以南新秦中皆属北方边郡地区，这次长途大规模移徙，动用了财政的大量资金，以致县官大空。

武帝以后，还有徙民陆续迁往边郡。简文中也有关于徙民的记载：

建始二年三月戊子朔乙巳，氐池长延寿移过所，遣传合佐普就，为诏送徙民敦煌郡，乘轺车一乘，马一匹，当舍传舍，从者如律令。/掾长，令史临，佐光·四月己亥过，西。（《悬泉汉简》10210：63）

根据简文记载，这次往敦煌郡的徙民是由政府组织的。又有边郡政府到关东内地招募流民的情况：

河平元年八月戊辰朔壬午，敦煌太守贤、丞信德谓过所县、道，遣广至司空啬夫尹猛，收流民东海、泰山，当舍传舍，从者如律令。八月庚寅过东。（A）佐高卿二在所，官奴孙田取谐□□所。（B）（《悬泉汉简》II 0315：）

《汉书·天文志》载："河平元年三月，旱，伤麦，民食榆皮。"据此，尹猛所招募的当是灾荒后出现的流民。

从文献和汉简的记载看，西汉时在边地实行的是郡县乡里之制。河西四郡是武帝开边以后逐渐设立的，基本上由移民组成，按《汉书·地理志》载，四郡共35县，见于汉简记载的有姑臧、显美、番和、龙勒、日勒、屋兰、肩水等，据刘光华先生统计，共25县，占《地理志》所载县名的七分之五。有关河西四郡乡官、乡名，根据日本学者藤枝晃先生的《汉简职官表》的统计，居延县有都乡啬夫、东乡啬夫、南啬夫等。汉简中的戍卒名籍关于籍贯的记录，一般只署县里，不署乡。如：

> 戍卒张掖郡昭武便处里大夫薛褒（《合校》137·14）
>
> 显美骑士并延里苏宽十四（《合校》564·14）

徙民到达边地后，要向国家著籍，国家对徙民的管理是通过郡县乡里这一民政系统进行的，他们是国家直接控制的编户齐民，内地的移民移往新地，他们与传统的宗族、社会的关系被切断，"原有的族的结合被否定"。这些边郡的基层组织是在国家权力强力介入的情况下形成的，也可以说北方边郡的组织形式是郡县制的最初形态。移民徙边，既可以为军事行动提供物资保障，又可以巩固军事征伐已有的成果，有计划地徙民实边对加强边防和安定边疆具有战略意义。

维护边郡统治的另一种方式是"屯田"。汉代屯田的构想，其最初的动机在于加强北方的边防，以对付匈奴的侵扰，后来逐渐被推广于北方边郡，进而成为开边的有效手段。

《史记·匈奴列传》记载：

> "是后，匈奴远遁，而漠南无王庭。汉渡河自朔方以西至令居，往往通渠，置田官吏卒五六万人，稍蚕食，地接匈奴以北。"

屯田可随军事的胜利而节节推进，令居屯田随河西边塞的西延而逐步推进于河西走廊地区，元鼎六年，西汉在"上郡、朔方、西河、河西开田官，斥塞卒六十万戍田之"。自河套到西域的屯田发展，可以分为河套、河西、西域三个阶段。屯田地点一般选择在边塞要害、战略要地以及交通要道。屯田者就是屯守、屯戍、驻屯的士卒。西汉的屯田是由政府组织的生产经营活动，屯田的生产资料，如土地、农具、耕牛等由国家供给，戍田卒的生活所需也由国家负担，屯田生产的收获也要统一交给政府。屯田卒且耕且戍，以耕养战，屯田地点远近相望、首尾相应，"遇敌则战，寇去则耕"，从而可以不依赖于后方的供应，随时随地投入作战。屯田不仅有防守的作用，而且屯田点可以成为军事进攻的后勤基地，即主父偃所说的"内省转输戍漕，广中国，灭胡之本也"。

屯田点还往往成为向更边远地区推进的基地。屯田点一般选择在边塞以内"田美""可益沟渠，种五谷"的地方，屯田由点成线，再形成一个个较大的屯田区，待生产设施完善后，再募民徙边，设置新的郡县。桑弘羊的屯田奏即从侧面说明了西汉屯田、徙民、置县的步骤，"臣愚以为可遣屯田卒诣轮台以东，置校尉三人分护，各举图地形通利沟渠，务使以时益种五谷。……田一岁，有积谷，募民壮健有累重敢徙者诣田所，就蓄积为本业，益垦溉田，稍筑列亭，连城而西，以为西国……"

边郡的屯田戍卒，有的来自于内地。见于简文记载：

> "神爵四年十一月癸未，丞相史李尊，送获（護）神爵六年戍卒河东、南阳、颍川、

上党、东郡、济阴、魏郡，淮阳国诣敦煌郡、酒泉郡。因迎罢卒送致河东、南阳、颍川、东郡、魏郡、淮阳国并督死卒传策（槽）。为驾一封诏传。御史大夫望之谓高陵，以次为驾，当舍传舍，如律令。"（《悬泉汉简》10309：237）

宣帝神爵年号只有四年，继之为五凤元年，此处"神爵六年"，或为预设之辞，或边郡不知年号已改，指预定于神爵六年成边的士卒。从记载看，李尊不仅要护送上述八郡的成卒前往边郡，还要迎接河东南阳、颍川、东郡、魏郡、淮阳国等六郡国的成卒还乡，同时还要督运亡故士卒的灵柩。可见，内地的士卒在边郡服役有一定的期限，政府定期要负责护送其返回故里。不过随着著籍于边郡的居民逐渐增多，边境的防务已开始主要由当地居民承担。笔者根据李天虹先生汇集的居延成卒和骑士名籍统计，成卒共 60 人，其中籍贯为张掖郡的共 18 人（只署里名，不署郡县的，当为张掖郡，如"胡燧卒累山里业良"），骑士 39 人，全部为张掖郡人。这个统计虽然不能说明全部的问题，但可以肯定的是，到西汉中后期，著籍于西北边郡的内地徙民大为增加。

根据史料分析，河西四郡、金城、朔方、五原基本上由内地迁徙的移民组成，北地、西河、上郡的居民中也有大部分是移民，陇西、安定、天水也有一定数量的移民。据葛剑雄先生估计，到西汉末年，内地迁徙到西北的移民及其后裔已超过 150 万田。这些移民成为郡县统治最可依靠的社会基础，他们从事农业生产的移民缴纳的赋税，维持了地方官府和驻军的一部分需要，而不必再由内地大量调拨粮食等物资，不至于成为朝廷的负担。移民达到一定数量，还可为向更远地区的开发提供物质支持。设置郡县，移民迁徙，是秦汉国家力求从根本上改造北方边疆地区原有居民社会结构以及生产和生活方式而采取的措施。这些措施对于推动该地区社会经济文化发展，顺利地将其纳入中央集权的行政系统发挥了重要作用。我们可以看出，北边二十二郡大都是在对原有的社会基础进行大规模改造的基础上设置的。

2. 郡县（道）与土著君长并行制

与西北游牧部族相比，西南部族绝大多数过着定居或半定居的半农半牧或农猎牧并重的生活；他们依据山险为寨，易守难攻。这种地理条件和生活条件，使西南夷各部族的活动区域较小，也较封闭，他们很难像北方游牧民族那样形成统一、联合的政权，而统治者也无法把他们都迁徙到其他地区。秦汉在对西南夷地区设治的过程中，采取的方法是凿道开山，驻兵镇守，筑鄙舍守路，置官吏进行统治，并按照部族人群活动的区域设置郡县或郡道。《汉书·西南夷传》：

> "南粤破后，及汉诛且兰、邛君，并杀菲侯，冉駹震恐，请臣置吏。以邛都为粤巂郡、柞都为沈黎郡，冉駹为文山郡，广汉西白马为武都郡。……滇王离西夷，滇举国降，请置吏入朝。于是以为益州郡。"

以上所载夜郎、滇、邛都、昆明、筰都、冉駹、白马七个区域，经过汉朝政治军事经略的结果，设置为牂柯、益州、越巂、沈黎、汶山、武都六个郡，只有越巂、昆明无大君长，设县附于益州郡，就是以一部族区域设为一个郡。所以，郡的范围也就是部族的范围，一个郡就是一个部族区域联盟。

西汉在西南夷设置郡县或郡道时，保留了部族首领，也保留了部族的基层组织，形成了郡县（道）与部族土著君长并行的体制。

西南夷部族中有"王"，《汉书·西南夷传》："西南夷君长以百数，独夜郎、滇受王印。"昭帝始元年间，钩町侯亡波助西汉平叛有功，受封为王，这样西汉在西南夷地区前后封过三个王。东汉时有哀牢王，又有邑王，哀牢王之下称邑王者竟多达七十七人。这些王可能并非东汉政府敕封的。

这些王侯仍保留了对部族民众的统领权，"赐滇王王印，复长其民"。西南夷的王侯，要服从西汉政府郡太守的管辖。《汉书·西南夷传》：

> "（戕柯太守陈立）乃从吏数十人出行县，至兴国且同亭，召兴。兴将数千人往至亭，从邑君长数十人入见立。"

戕柯太守陈立以行县为名召夜郎王兴，并趁其不备，将他除掉。从这段史料中判断，郡守一般以行县的方式召集王侯。王或侯之下还统领邑君，夜郎王叛乱时，跟随他的邑君就有数十人，每一个邑可能都是一个部族区域，邑可能是县（道）以下的基层组织。我们在西南夷地区一般见不到有关乡里的记载，而只有亭邮，这些地区的基层组织没有经过重新的安排规划，保留了民族氏族组织系统，实际上处于一种民族自治的状态。有的地区的县级长官也由民族的酋长来担任。

《汉书·西南夷传》："乃拜蒙以中郎将，将千人，……遂见夜郎侯多同。厚赐，谕以威德，约为置吏，使其子为令。"

这些民族土著君长控制着本族武装，他们既是西汉边郡基层组织的首长，同时，他们也代表本部族的利益，当本部族利益与郡县统治发生冲突时，他们往往带领本部族反抗西汉的统治。昭帝始元元年，"益州廉头、姑缯、戕柯谈指、同并二十四邑郡夷反"。二郡二十四邑同时起兵反汉，显然有统一的组织和指挥，组织者可能就是邑君。统治者在部族之间制造矛盾，有时也引起部族之间的争斗。"成帝河平中，夜郎王与钩町王禹、漏卧侯俞更举兵相攻。"这次部族间的战争规模较大，西汉戕柯太守陈立诛杀夜郎王后，夜郎王兴的岳父翁指又胁迫二十二邑同时起兵反汉，西汉政府用了很大的力量才将这次反叛平定下去。

东汉以后，由于对西南夷地区治理的深入，西南夷地区部族的反叛和内属都比较频繁，明帝永平十二年，益州微外夷哀牢王相率内属，于是置永昌郡。永初六年，又在越福郡置长利、高望、始昌三苑，在益州郡置万岁苑，犍为置汉平苑。

两汉时期，在任用土著君长，保存少数民族的政治组织的同时，又采取了移民垦殖的措施。《史记·平准书》说到，汉武帝"通西南夷，乃募豪民田南夷，人粟县官，而内受钱于都内"。《汉书·食货志》：武帝开通西南夷道路时，由于耗费巨大，"悉巴蜀租赋不足以更之，乃募豪民田西南夷"。这两段记述说明，汉武帝在西南夷设置郡县之初，即积极鼓励内地的豪民到西南夷开荒垦殖，收获的粮食由当地郡县收购，这样既解决了驻军的军粮供应问题，又因为迁徙的是大户豪民，他们本身具备一定的经济实力，有垦田所必需的人力和生产工具，这样一来，国家的负担大为减轻。

这些大姓豪民在西汉末年时已有相当的势力，《后汉书·西南夷传》："公孙述时，大姓龙、傅、尹、董氏，与郡功曹谢逼保境为汉。"豪民迁出的地域不明。

据《史记·司马相如传》载："耆老大夫荐绅先生之徒二十有七人，俨然造焉。辞毕，因进曰：'今罢三郡（即巴、蜀、犍为）之士，通夜郎之涂……今又接以西夷，百姓力屈。'"可见，移民多出自于巴蜀一带，三国时吕凯迁入西南夷的经历颇有代表性。

《三国志·蜀志·吕凯传》注引孙盛《蜀世谱》说，吕凯是不韦县人，其先世为吕不韦的后裔，秦时被徙于蜀，汉武帝开西南夷时，复徙不韦县，不韦县在今云南西部保山一带。

据方国瑜先生推测，"西汉以来，留兵屯田，当有一定的制度，也有一定的机构"。汉族移民的作用不仅是开发当地的经济，而且具有武装戍守的作用，如昭帝始元元年，益州二十四邑反，水衡都尉吕破胡募吏民及发犍为、蜀郡奔命往击，大破之。《汉书·西南夷传》："始元四年（前 83 年）姑缯、叶榆复反，遭水衡都尉吕破胡将郡兵击之。"这些郡兵、奔命可能就是以汉族移民或至少是汉化了的少数民族为主体的。

《后汉书·西南夷列传》："建初元年（76 年），哀牢王类牢与守令忿争，遂杀守令而反叛，……肃宗募发越街、闪州、永昌夷汉九千人讨之。"同事，《章帝纪》记作："永昌、越街、益州三郡民、夷讨哀牢夷。"可见，当两汉的郡县统治与当地的土著民族势力发生冲突时，当地的郡县官吏主要利用汉族移民和汉化少数民族的力量平息叛乱，稳固当地的郡县统治。如果没有这部分汉族移民，两汉王朝单纯依靠土著君长要保持长期稳定的统治是很难做到的。西汉在西南夷的郡县统治是渐次推进的，起初郡县统治的地区在汉族移民的聚居地和汉化少数民族的地区，而其他地区的少数民族居住在"微外"，西汉郡县机构一般在"微外"地区免征或少征赋税，汉明帝时郑纯"与哀牢夷人约，邑豪岁输布贯头衣二领，盐一斛，以为常赋"，"微外"地区事实上还保留了原来的生产生活状况，东汉时西南夷地区多有"微外"的土著居民内属的记载。

西汉在朝鲜的统治，也存在以部族区域为基础设置郡县的情况。武帝灭朝鲜，以沃沮地为玄菟郡。东夷波君南间等共二十八万人降，为苍海郡。同时，西汉也册封了土著的首领，高句骊的首领在西汉时受封为王，王莽贬其王为侯，至东汉光武帝时又复其王号。东汉初，正式放弃了对藏人的统治，"建武六年，省都尉官，遂弃领东地，悉封其渠帅为县侯，皆岁时朝贡"。

3. 岭南与东南边郡的设置情况

秦始皇征南越的行动可能开始于二十八年（前 219 年），最迟不晚于三十年。直到三十三年才基本结束军事行动，设立新的郡县。三十三年后留在南越的移民有两部分：一是南征的军人，二是三十三年征发的"尝通亡人、赘婿、贾人"以及后来进入的一部分戍卒。据葛剑雄先生估计，五路大军进入岭南，留下的大概不足十万人。

西汉之后，没有向岭南地区大规模移民的记载，西汉和东汉都将岭南作为流放犯罪官吏的场所，西汉以合浦为主，东汉则增加了日南、九真二郡（今越南中部），移民主要定居在珠江三角洲以及河谷和郡县所在的交通线上。秦末，龙川令赵佗以南海尉的身份控制了岭南的主要关隘，自立南越武王，赵佗自立，依靠的主要是中原移民的力量，"颇有中国人相辅，此亦一州之主也，可以立国"。岭南的西部，还是土著原住民的聚居地，称"微外"，至东汉时依然如此，"永和二年，日南、象林徽外蛮夷区怜等数千人攻象林县，杀长史"。而两汉也没有在岭南地区任命当地的土著君长参与郡县管理，这一点与西南夷地区的管理方式有异。西汉在海南岛的移民情况，记载很少，从珠里郡废弃时，元帝诏曰："民有慕义欲内属，便处之；不欲，勿强。"从这段记载推断，珠里郡的居民以原住居民为主，汉族移民可能很少。

秦始皇二十五年（前222年），秦国大将王翦"定荆（楚）江南地，降越君，置会稽郡"，此后又在今福建境内设置了闽中郡。设郡后，秦汉都有将原住民越人迁出原居住地的记载。据《越绝书·记吴地传》云："乌程、余杭、黝、歙、无湖、石城县以南，皆故大越徙民也。秦始皇帝刻石徙之二。"《太平寰宇记》引《越绝外传》："秦始皇至会稽，徙越之人于乌程。"这一区域即今浙江西北和安徽东南的丘陵山区。越人被从平原地区迁入尚未开垦的山区。武帝建元三年（前138年），东海举国内徙，处江淮间。元鼎六年（前111年），闽越反，元封元年（前110年）平定之，徙其民于江淮间，空其地。中原向东南边郡的规模最大的一次在武帝元狩四年（前119年），《汉书·武帝纪》载其事曰：

> "（元狩）四年冬，有司言关东贫民徙陇西、北地、西河、上郡、会稽凡七十二万五千口，县官衣食振业，用度不足，请收银锡造白金皮币以足用。"

葛剑雄先生认为"会稽"二字应属衍文，事实上并不存在汉武帝移民会稽事。辛德勇先生则认为，徙民会稽确有其事，他认为"元狩四年，汉武帝利用关东水灾的机会，徙民会稽，与向陇西北地等西北边地徙民一样，同样是为了充实边疆地区的人力，以保障会稽不受越人袭扰"。汉武帝既然已经两次大规模内徙越人，空其地，那么就需要从内地徙民，否则，当地的郡县机构便没有存在的基础。因此，笔者赞同辛德勇先生的看法，武帝时向会稽徙民的事是存在的。

陆续迁往会稽一带的移民定居在以山阴为中心的浙东平原，并向东南扩展。由于移民来自经济文化发达地区，定居于自然条件优越、开发已久的平原地区，又得到官方行政和军事力量的支持，所以得到稳定而迅速的发展，人口增长较快，华夏文化从此取得主导地位，并逐渐取代了当地的越文化。

从秦汉以来边郡设置的情况来看，按地域划分，可分为北方边郡、西南边郡、岭南边郡、东南边郡和东北（朝鲜）边郡五种类型。在北方边郡的设置中，由于游牧民族的生产方式与中原的差异较大，而且北方游牧民族形成了匈奴统一政权，对中原的威胁较大，所以，在北方边郡的设置过程中，体现的边疆治理策略是"攘"，将北方游牧民族驱赶出去，再由中原地区大规模移民；在西南、岭南、东北（朝鲜）、东南边郡的设置过程中，是中原移民占领郡县所在地和交通要道，并将夷汉分别治理，将土著民众置于徼外，采取特殊的统治政策，不急于改造当地的社会结构和生产方式，体现的边疆治理策略是"隔"，夷汉各分畛域，分别治理。其中，西汉在这几个地区采取的方式也还有差别，对东南越人居住的地区，实行了多次将越人迁徙的措施，对社会结构的改造幅度要高于西南、朝鲜和岭南地区。从西汉边郡设置的过程我们可以看出，尽管边疆地区和中原内地实行一致的郡县政策，但由于边疆地区特殊的民族经济、自然状况对制度客体产生的反作用，边郡的治理方式与内地有较大的差异，而且不同地域的边郡制度也有较大的差异。

2.2.2 边郡的废弃

1. 西汉武昭时期的废郡

边疆民族地区的郡县统治维持起来非常困难，中央政府要进行大规模的移民、驻军，需要强大的财政支持，当边疆的郡县统治受到当地土著民族的强烈反抗或中央政府的力量不足以维持在边疆的郡县统治时，中央政府只能采取废郡的办法。废郡，也称罢或省。武帝元朔三年（前 126 年），罢西南夷、苍海郡，《汉书·西南夷传》记述了西南夷废弃的背景：

> "当是时，巴蜀四郡通西南夷，转载相镶。数岁，道不通，士罢饿锤，离暑湿，死者甚众。西南夷又数反，发兵兴击，耗费亡功。上患之，使公孙弘往视问焉。还报，言其不便。及弘为御史大夫，时方筑朔方，据河逐胡，弘等言西南夷为害，可且罢，专力事匈奴。上许之，罢西夷，独置南夷两县一都尉，稍令犍为自保就。"

当时西汉在西南夷的直接统治受到了挑战，而且身陷朝鲜、匈奴、西南夷几条战线，为国力所不及，为了保证对匈奴作战的战略重点，暂时放弃了对西南夷和苍海的直接统治。此后，昭帝始元五年（前 82 年），又罢儋耳、真番郡。

废郡之后，西汉在西南夷地区暂时变直接统治为间接统治，元狩年间，又先后恢复了西南夷地区的郡县统治，苍海、儋耳、真番废弃后，郡县统治体制也随之退出，此后再未复置。

2. 西汉元帝时期的废郡及其影响

西汉武昭时期所废之郡，设置时间不长，元帝时，珠屋设郡已历六十五年，因此，珠厓郡的废弃在朝中引起了激烈的争论。

武帝征南越，元封元年立儋耳珠里郡。立郡后，当地土著民众与西汉的郡县统治不断发生冲突，自元封元年至昭帝始元元年（前 86 年），二十余年间，两郡民众发动了六次针对统治者的反抗运动。昭帝始元五年（前 81 年），罢儋耳郡并属珠里。宣帝神爵三年（前 59 年），珠里三县再度反叛，七年后即甘露元年（前 53 年），珠厓九县反叛。"元帝初元元年（前 48 年），珠里又反，发兵击之。诸县更叛，连年不定"。于是，汉元帝博谋于群臣，群臣分为主弃郡与主进军征讨两派，展开了激烈的争论。主征派以御史大夫陈万年为代表。主弃郡派以待诏贾捐之为代表。贾捐之提出了三点理由，力主弃郡。一是关东久困，国力不济，"今天下独有关东，关东大者独有齐楚，民众久困，连年流离，离其城郭，相枕席于道路"，"贪外虚内"为不智之举；二是骆越与内地风俗有异，为"远方蛮夷之国"，皆"无用之地"，不应设置郡县，"骆越之人，与禽兽无异，本不足以郡县置也"；三是从经济角度来看，珠里郡的价值不大，"又非独珠里有珠犀磠瑁也，弃之不足惜，不击不损威"。贾捐之提出的理由核心是在国家的主要利益与次要利益发生冲突时，只能放弃次要利益，保证主要利益，关东地区开发早，是国家的核心地区。元帝即位后，关东地区接连发生灾害，初元元年九月，关东郡国十一大水，饥，或人相食，转旁郡国钱谷以相救，初元二年六月，关东饥，人相食。以此，贾捐之提出放弃边缘地区，腾出力量赈济关东灾民，确保核心地区的稳定。对于珠厓的局势，元帝处于两难的境地，弃郡不仅要放弃统治六十五年之久的一片疆域，而且会动摇中央政府在边疆统治的权威，"珠厓内属为郡久矣，今背叛逆节，而云不当击，长蛮夷之乱，亏先帝功德，经义何以处之"。因此，他"羞威不行，则欲诛之"，"通于时变，复忧万民"。最后，鉴于关东的局势，"今关东大困，无以相瞻，又当动兵，非特劳民，凶年随之"，罢珠重郡。

贾捐之的主张不仅对汉元帝产生了很大的影响，促使他最终作出了弃珠屋郡的决定，而且对东汉也产生了深远的影响。东汉时人认为元帝废弃珠重郡为明智之举，如杨终认为，珠重在西汉国家中不过为"鳞介"，"故孝元弃珠崖之郡，光武绝西域之国，不以介鳞易我衣裳。"扬雄的《法言》也认为："珠崖之绝，捐之之功也，否则鳞介易我衣裳。"蔡邕认为元帝弃珠重为一时之德政，"此元帝之所以发德音也。夫恤民教急，虽成郡列县，尚犹弃之"。

汉元帝弃珠厓是面对国家实力变化的形势，不得不采取的战略退却行为，是广土开边理想不得不服从于现实政治的"时宜之变"。如果从边疆治理的角度看，尽管放弃位于海南岛上的珠重郡不会对西汉边疆防御治理体系产生重大的影响，但将西域和珠厓郡看作"鳞介"的说法却并不可取，西汉控制西域和珠厓毕竟扩大了防御纵深，对于保证核心区的安全意义重大，而且扩大了西汉的疆域和行政管辖范围，有利于西汉区域内多民族的融合和整体发展。秦汉以来，在边疆治理的实践中，始终有一种声音以为，国土可分为"冠带之国"与"蛮夷之国"，将蛮夷之国视为无用之地，延至东汉这种倾向越趋明显。东汉中期以后，在边疆治理中面临的困难越来越多，这种放弃无用之地的声音也越来越强烈，终于对朝廷的边疆政策产生了影响。李大龙先生认为，"西汉还不至于无力维持在珠厓郡的统治，所以贾捐之将珠厓郡'非冠带之国'作为了一个重要的理由，主张放弃，更重要的是，汉王朝不仅由此放弃了对珠重郡的经营，而且调整了其边疆政策，不再积极经营边疆"。

3. 东汉末年的废郡

东汉以来，乌桓、鲜卑势力在北方兴起。乌桓经多次迁徙，入居辽东辽西、右北平、渔阳、广阳、上谷、代郡、雁门、朔方、太原等十郡。东汉晚期，以檀石槐为首的鲜卑军事联盟建立，尽有匈奴故地，"东西万三千余里，南北七千余里，网罗山川、水泽甚广。从永寿二年（156年）到光和元年（公元178年），连续二十多年对汉朝进行掠夺战争，范围遍及云中、雁门、辽东属国、北地、酒泉诸郡，《后汉书·鲜卑传》云："幽并凉三州缘边诸郡，无岁不被鲜卑寇钞，杀略不可数。"檀石槐死后，史称"小种鲜卑"的轲比能强盛。建安二十三年（公元218年），轲比能打败曹彰，占领代郡，并兼并了这一带的鲜卑部落。

乌桓和鲜卑兴起后，大量掳掠边郡汉族人口，中平四年（公元187年），张纯入辽西乌桓，引乌桓大人丘力居等至渔阳、河间、渤海、平原等地，多所掳掠，公孙瓒率兵追击，"悉得其所略男女"。

也有相当多的汉人因动乱或政治原因逃往乌桓和鲜卑。《后汉书·乌桓传》记：

> "中平四年（187年），前中山太守张纯畔入（渔阳）丘力居众中，自号弥天安定王，遂为诸郡乌桓元帅。"

又记：

> "广阳人阎柔少没乌桓、鲜卑中，为其种人所归信。柔乃因鲜卑众杀乌桓校尉邢举而

代之。"

徒入乌桓最多一次是建安十一年（206 年）幽、冀二州随袁尚奔入辽西的十万多汉户。上引同传云：

"及（袁）绍子尚败，奔蹋顿，时幽、冀吏人奔乌桓者十万余户。"

献帝初平二年（191 年），袁绍取冀州，黄巾、黑山军溃散者一部分逃入鲜卑，轲比能因此而强盛。

由于人口流散，领土沦丧，北方一些地区的郡县统治已无法维持下去了。建安二十年，云中郡、定襄郡、五原郡、朔方郡领县尽弃，省为云中、定襄、五原、广牧县，内徙至太原郡北界，隶属新设置的新兴郡。汉末，西河郡废。代郡、雁门的领县也大多荒废。东汉末年废弃的边郡多在北方地区，是战国以来中原政权长期经营的防御匈奴等北方游牧民族的重镇，这些边郡的放弃标志着北方边疆形势将发生重大的变化。

2. 2. 3 边郡的侨置与重建

1. 侨置郡县的源流

郡县政府因为领土丧失，而将政府机构和人民侨置于其他郡县，这种情况称为郡县的侨置，这种侨置郡县的情况最初即出现在边疆地区。侨置后的边郡太守已没有一般内地郡守所具有的地理意义上的施政区域，所辖只有户口，是寄托在其他行政区中的另外一套郡县管理体系。周振鹤先生以为侨置郡县的做法要早到西汉时玄菟郡的内徙。玄菟郡置于汉武帝元封三年，辖今辽宁、吉林与朝鲜半岛东北部交界地，郡治设在沃租。后来因受夷貊所侵，不得不将郡治迁往高句骊县，学界称第二玄菟郡。东汉时期，高句骊族逐渐强大，不受政府所控制，使玄菟郡无法立足，但朝廷又不想放弃玄菟郡的名义，于是把该郡迁到辽东郡的北部，这是所谓第三玄菟郡，事在东汉安帝即位（107 年）前。这个玄菟郡及其所辖的三个县——高句骊、西盖马与上殷台，就是我国历史上最早的侨置郡县，因为它的辖境已经丢失，完全寄治在别郡的领域内。

纵观整个东汉的历史，这种以侨置边郡应对边疆危机的方法屡屡出现，并且在各个不同的边境地带都曾经采用过，这种侨置边郡的边境统治方策对边疆形势产生了深远的影响。

2. 光武时期边郡的内徙与重建

东汉初年，匈奴势力再度兴盛，并扶植了卢芳政权与东汉对抗。为避匈奴兵锋，建武九年（34 年），徙雁门吏民于太原。十五年（40 年），徙雁门、代郡、上谷三郡民，置常山关、居庸关以东。二十年（45 年），省五原郡，徙其吏人置河东。从建武二十六年（51 年），八郡民复归本土事推测，云中、朔方、北地、定襄、上谷郡民也曾移徙内地。根据上述记载可知，建武九年和十五年，曾两次内徙雁门郡的吏民，究竟是在这个中间，雁门郡吏民曾经回归本土，还是两次分别内徙了一部分居民，不是很清楚。但是雁门太守郭凉在建武九年至十二年（37 年）间一直在承担军事职责，《后汉书·杜茂传》云："（建武）九年，（杜茂）与雁门太守郭凉击卢芳将尹由于繁畤……十二年，自是卢芳城邑稍稍来降，凉诛其豪右郇氏之属。"又如上谷郡，建武十五年曾内徙居民,但太守王霸却自建武九年以来"在上谷二十余岁"。从这些记载推断,光武时期,内徙的边郡可能还保留了一部分领地,与后世侨置边郡时整郡都侨置内地的情况还有所区别,郡县机构也被保留下来。内徙边郡的居民是集中居住在中央政府指定的某一地区的,边郡的户籍也予以保留,这从光武重建边郡的诏书"发遣边民在中国者,布还诸县",可以推知。

在移民内郡的同时,东汉也采取了防守措施,建武十三年(38年),"匈奴左部遂复转居塞内,朝廷患之,增缘边郡兵数千人,大筑亭障,修烽火"。十二年,"遣渴者段忠将众郡弛刑配茂,镇守北边。因发边卒,筑亭候,又发委输金帛缯絮供给军士,并赐边民,冠盖相望"。东汉边防政策的重点是修筑亭障,了解军情,而不是主动出击。所以,直到建武二十六年,南匈奴内附后才着手安排云中、五原、朔方北地、定襄、雁门、上谷、代八郡人民迁回本土。

这次边郡内徙,历时十余年,北方边郡田园荒弃,城郭毁坏,边郡长吏甚至处于无民可治的尴尬局面。在这种情况下,不仅恢复农业生产缺乏劳动力,而且西汉以来以耕战体系维持边境防御的做法也难于维持。为了重建边郡,光武帝建立了"营"的组织。《续汉书·郡国五》注曰:"乃建立三营,屯田殖谷,弛刑谪徒以充实之。"《文献通考》卷一五〇《兵考二》:"光武以幽冀、并州兵定天下,始于黎阳立营。……于是北胡有变,则置度辽营(明帝);……鲜卑寇居庸,则置渔阳营(安帝)。""营"的机构,相对于郡县统治具有一定的独立性,蔡邕《独断》云:"戒书,戒敕刺史、太守及三边营官。""营官"可以直接从中央政府接受命令,而且"营"控制着一部分人口。被编入"营"的人口与郡县体制下的"编户齐民"有别。

《后汉书·邓训传》:"黎阳故人多携将老幼,乐随训徙边。"从这段记载推测,营士的户籍可能是世代编入军营。光武时期的以刑徒充兵和边郡设"营"的边疆治理模式被东汉诸帝所遵循,值得注意的是,东汉明帝以后,将天下死罪系囚减死,连同家属迁往边地充军成为一种经常性的措施,逐渐制度化。试举几例,《后汉书·明帝纪》载:

"永平五年(63年),发遣边民在内郡者,赐装钱,人二万。"

"永平八年(66年),诏三公募郡国中都官死罪系囚,减罪一等,勿笞,诣度辽将军营,屯朔方、五原之边县,妻子自随,便占著边县。"

"九年,诏郡国死罪囚减罪,与妻子诣五原、朔方占著。"

"十六年(74年),诏令郡国中都官死罪系囚减死罪一等,勿笞,诣军营,屯敦煌、朔方;妻子自随。"

刑徒本人通过戍边的形式被发往边地从事强制性劳动,其妻子儿女则到边地郡县占籍为民,刑期结束后,刑徒本人及其家属均在边县落籍定居,很明显,这是为了尽快恢复边郡的人口规模。东汉实行这些措施,与边郡人口减少、征兵制度改变等因素有密切的关系。

单靠招募的刑徒远远满足不了边境防御的需要,于是自光武帝起,就开始有计划地利用游牧民族的武装承担边境防御的重任。建武二十四年(48年),南匈奴内附后,"南单于既居西河,亦列置诸部王,助为捍戍。使韩氏骨都侯屯云中,郎氏骨都侯屯定襄,左南将军屯雁门,栗籍骨都侯屯代郡,皆领部众为郡县侦罗耳目"。随着大量游牧民族南迁入居塞内,北方边郡的局势逐渐发生了变化:一是游牧区逐渐南移,农业区越来越少,都县体制管理的人口越来越少，其直接的后果不仅是兵源减少，而且边郡候望体系及后勤保障系统都受到了严重的影响；二是东汉供养南匈奴的费用很高，增加了中央财政的负担，"且汉故事，供给南单于费直岁一亿九十余万，西域岁七千四百八十万"，"岁时赏赐，动辄亿万"；三是长期使用"夷兵"，激化了民族矛盾，到了东汉后期，错居边郡的北方游牧民族成为边患的主体。

光武帝内徙边民的做法为后世开了一个不好的先例，这种消极的边防政策使边郡的社会生活处于动荡不安中，边郡防御体系始终没有恢复到西汉的水平，这在北方诸郡中表现尤为明显。臧知非先生以为，东汉边郡萎缩的根本原因是刘秀的偃武修文的基本国策。在政治日趋保守的施政环境下，一旦遇到边警，朝臣就以弃郡与徙民为应对策略，建武十一年（36 年），朝臣以金城破羌之西，途远多寇，议欲弃之。马援上书言："破羌以西，城多坚牢，易可依固，其田土肥壤，灌溉流通。如今羌在湟中，则为害不休，不可弃也。"光武帝采纳了马援的建议，于是"民归者三千余口，授为置长吏，缮城郭，起坞候，开沟洫，劝以农耕，郡中乐业"。可见，边事并非完全不可为。可是，在东汉初年，马援这样积极的边疆政策始终不能占据主导地位，而"闭玉门以谢西域之质，卑辞币以礼匈奴之使"的消极防御政策最终左右了东汉的边疆治理实践。安帝以后的边郡侨置策略实际上也是在光武帝消极边防策略的轨道上滑行。

3. 安帝以后的侨置边郡

（1）侨置边郡的历史背景

东汉和帝以后，外戚、宦官交替执政，政治趋于昏乱。边郡长吏奴役少数民族，激化了民族矛盾，正如仲长统所言："疲弩守境，贪残牧民，挠扰百姓，愤怒四夷，招致乖叛，乱离斯瘼，怨气并作。"东汉中后期边境地区一直处于动荡当中。尤其是羌乱，呈现出错综复杂的态势，其中永初二年，先零羌、滇羌称天子于北地，寇三辅，东犯赵魏，南人益州，杀汉中太守董炳，对东汉边郡造成了极大的震动。东部的鲜卑、乌桓也多次深入内地。正如皇甫规所言："……自永初以来，将出不少，覆军有五，动资巨……"因此，在中央政治危机四伏和边境局势动荡的双重作用下，内徙边郡之议再起。

永初元年（107 年），车骑将军邓骘率军平定羌乱，庞参即以刑徒的身份上书，提出应放弃主动出击的战略，固守以待其弊："万里运粮，远就羌戎，不若总兵养众，以待其弊。"延至永初四年（111 年），羌乱转盛，军费开支浩大，且"连年不登，谷石万余"。庞参向邓骘提出了他内徙边郡的主张，他的主张主要依据有三项：

其一，国家财政困难，难于承担长期战争的责任："比年羌寇特困陇右，供徭役为损日滋，官负人责数十亿万。……外伤羌虏，内困征赋。……县官不足转贷于民。民已穷矣，将从谁求？"

其二，救金城而疲敝三辅，得不偿失："名救金城，而实困三辅。三辅即困，还复为金城之祸矣。"

其三，务外虚内，后患无穷："夫拓境不宁，无益于疆，多田不耕，何救饥弊！故善为国者，务怀其内，不求外利；务富其民，不贪广土。"他提出将西北的边防线收缩至三辅一线，以边郡之民充实三辅："三辅山原旷远，民庶稀疏，故县丘城，可居者多。今宜徙边郡不能自存者，入居诸陵，田成故县。孤城绝郡，以权徙之；转运远费，聚而近之，徭役烦数，休而息之。此善之善者也。"

执政的大将军邓骘及公卿支持庞参的主张，以为在国力不足的情况下，如果不将次要地区放弃，将导致全局紧张，"譬若衣败，坏一以相补，犹有所完，若不如此，将两无所保"。当时的公卿，大多接受了邓骘的主张，"议者咸同"。郎中虞诩独持异议，指出弃凉州的危害。

其一，放弃了凉州一大片国土，则三辅就将成为边防前线："凉州即弃，即以三辅为塞"，三辅为塞，羌则无后顾之忧，"今羌胡所以不敢入居三辅，为心腹之害者，以凉州在后故也"；

其二，凉州为主要兵源地，"观其习兵壮勇，实过余州"；

其三，放弃凉州，强行徙民则有发生非常之变的危险，"若弃其境域，徙其人庶，安土重迁，必生异志"，"窃忧卒然有非常之变"。朝廷虽然接受了虞诩的建议，没有立刻放弃凉州，但也没有采取措施加强边防。永初四年，先零羌寇褒中，汉徙金城郡都襄武。一年以后，永初五年（112年）三月，"诏陇西徙襄武，安定徙美阳，北地徙池阳，上郡治衙"。

（2）边郡侨置后的组织机构

永初五年陇西等边郡侨置内地，至顺帝永建四年徐图恢复，这一期间历时十九年。边郡侨置期间的郡县机构是否保留，它的职责又是什么呢？北地、安定侨置后，《后汉书·西羌传》记载了这两郡太守的事迹。元初二年（115年）春，"遣左冯翊司马钧行征西将军，督右扶风仲光、安定太守杜恢、北地太守盛包、京兆虎牙都尉耿溥、右扶风都尉皇甫旗等……与钧分道并北击零昌。"侨置边郡的太守还要承担军事职责，领兵出征，当然郡太守还要管理侨置边郡的户籍，至于郡以下县级机构是否保留，根据现有史料已很难推测了。

（3）侨置边郡的重建

顺帝永建元年（126年），马贤击破陇西羌，凉州的局势暂时安定下来。一直反对侨置边郡的虞诩这时任尚书仆射，他抓住这个契机，上书顺帝，要求尽快重建陇西等三郡。他指出陇西等边郡具有重要的国土资源价值，自汉武帝以来都将这些地区作为边疆的军需重地，"沃野千里，谷稼股积，又有龟兹盐池以为民利。水草丰美，土宜产牧。……北阻山河，乘陀据险。……用功省少，而军饶足，故孝武皇帝及光武筑朔方，开西河，置上郡，皆为此也"。边郡侨置后，对于军事形势也相当不利，"离山河之阻，守无险之处，难以为固"。尤其是西汉诸帝园陵处于边防前线，有违朝廷以孝治国的价值观。当时，顺帝即位不久，颇思在朝政上有所作为，他接受了虞诩重建边郡的建议，并采取了一些积极措施重建边郡。一是招抚徙居内地的边民，修理城郭和边防设施，"使谒者郭璜督促徙者，各归旧县，缮城郭，置候驿"，徙刑徒至边郡戍守，"永建五年（131年）冬十月，诏郡国中都官死罪系囚皆减死罪一等，诣北地、上郡、安定戍"；二是于湟中屯田，"因转湟中屯田，置两河间，以逼群羌"；三是令边郡广积谷粟，"遂令安定、北地、上郡及陇西、金城常积谷粟，令周数年"。这次边郡重建效果显著，"既而激河浚渠为屯田，省内郡费岁一亿计"，至阳嘉元年（132年），"以湟中地广，更置屯田五部，并为十部"。凉州的安定局面维持的时间不长，西羌势力再起，永和五年（141年）复徙安定居扶风、北地居冯翊；九月，徙西河郡居离石，上郡居夏阳，朔方居五原。永和六年（142年）十月，徙安定居扶风，北地居冯翊中。

此后，凉州羌乱持续不断，灵帝时边章、韩遂反汉，西羌利用黄巾起事、东汉无暇西顾的时机，纷纷起兵扰乱凉州。司徒崔烈又提出了"宜弃凉州"的主张，虽然傅燮激烈反对。但此时东汉政权已处于风雨飘摇的状态，事实上已谈不到对西北边防的经营了。

（4）侨置边郡的影响

如果作为一种手段和策略，以侨置边郡解决财政困难，使国家腾出手来集中力量，优先解决重点问题，那么两害相权取其轻，侨置边郡或许是在特殊状况之下可以接受的一种选择。日本学者饭田祥子先生认为，安帝时的侨置边郡"实际上顾及到了与防备匈奴之间的利益均衡关系，以及减轻农民的负担等，可以说是在全国利益上的通盘考虑"。不过我们考察安帝时侨置边郡的具体措施，可以发现，由于缺乏周密安排以及边郡长吏的贪残暴虐，侨置边郡实际上造成了非常严重的消极影响。其影响主要表现在以下几个方面：

其一，造成了严重的经济损失和大量边民的死亡流散，"（边民）遂乃刈其禾稼，破积聚，时连旱蝗饥荒，而驱蹴劫略，流离分散，随道死亡，或弃捐老弱，或为人仆接，丧其大半"。

其二，"发彻室屋，夷营壁"，顺帝永建元年，"朔方以西，障塞多不修复"，造成了边郡防御设施的严重破坏。

其三，造成了边民与地方政府的严重对立，动摇了东汉政府在边疆统治的公信力和权威。农业社会的人民安土重迁，不愿意离开故乡，"民之于徙，甚于伏法，伏法不过家一人死尔。诸亡失财货，夺土远移，不习风俗，不便水土，类多灭门，少能远者"；而边郡太守令长，"畏恶军事，皆以素非此士之人，痛不着身，祸不及我家，故争郡县以内迁"；他们视民众为寇仇，采取极端措施，强迫边民内徙，"疆劫驱掠，兴其内人，捐弃羸弱，使死其处"；"当此之时，万民怨痛，泣血叫号，诚愁鬼神而感天心。然小民谨劣，不能自达阙廷，依官吏家，迫将威严，不敢有挚。民既夺土失业，又遭蝗旱饥匮，逐道东走，流离分散，……饥饿死亡，复失大半。边地遂以丘荒，至今无人。原祸所起，皆吏过尔"。

其四，加重了中央财政的负担。汉代后勤供应体系分为中央和地方二级制。在中央，大司农统一负责粮饷、兵器等军需物资的调配和筹集。地方后勤由郡县行政机构负责，平时负责管理边郡诸军的后勤保障，战时可作为中央后勤的重要补充，边郡屯田后勤，也可解决一部分军需物资。在西汉，中央和地方的后勤保障互相配合，发挥了重要作用。

凉州地处内陆，自然环境恶劣，开发较晚，经济基础薄弱，地广人稀、缺乏劳动力，又因为地处边防前线，常受到匈奴和羌的攻击。因此，"凉州及西北边郡的开发很大程度上取决于中央政府经营的决心和力度。西汉中后期西北经济的高速发展，就是得益于中央政府的大力经营"。东汉奉行消极保守的边防政策，边郡几经侨置内徙，人口大量流失，经济衰退严重，边郡后勤支持制度基本废弃，边防经费往往由中央调度。由于调度运输困难，故而，东汉战争费用极大，永初年间对羌战争，就"兵连师老，不暂宁息，军旅之费，转运委输，用二百四十余亿，府帑空竭。延及内郡，边民死者不可胜数，并、凉二州遂至虚耗"。第二次大规模战争的永嘉元年，"自永和羌叛，至乎是岁，十余年间，费用八十余亿"。第三次大规模汉羌战争，耗去"费用四十四亿"。汉军"奔救首尾，摇动数州之境，日耗千金之费"。

如果从东汉边疆治理的全局观照，侨置边郡造成的消极影响更为严重。我们知道，西汉前期汉与匈奴"界于故塞"，匈奴骑兵从河南地出发，一日一夜即可到达关中，边境防御处于非常不利的地位。武帝组织了一系列对匈奴的战争，西汉的郡县统治在河西得到了巩固，大大扩展了防御空间，为内地的和平发展创造了有利的条件。自西汉中期以来，凉州与内地不仅在经济上相互影响、相互促进，而且在军事防御上也成为唇齿相依、密不可分的整体。然而侨置边郡的措施，缺乏对西北乃至全国局势整体的认识，作出了完全错误的估计和分析。侨置边郡以后，战火很快延烧到内地，王符《潜夫论·救边》云："往者羌虏背叛，始自凉并，延及司隶，东祸赵魏，西钞蜀汉，五州残破，六郡削迹，周围千里，野无孑遗。"从安帝后，内地形势严峻，原来设在边郡的坞堡也开始在内地大量出现，《后汉书·西羌传》："永初五年春，任尚坐无功征免，羌遂入寇河东，至河内，百姓相惊，多南奔渡河。使北军中候朱宠将五营士屯孟津，诏魏郡、赵国、常山、中山缮作坞壁，设鸣鼓。又于扶风汉阳陇道作坞壁三百所，置屯兵，以保聚百姓。"东汉政府放弃了凉州这一战略要地，不仅没有起到维护核心区安全的作用，而且使整个北方的边疆局势趋于恶化。针对东汉政府弃边的失策，王符在《潜夫论·救边》中说得很中肯：

"前羌始反，公卿师尹咸欲捐弃凉州，却保三辅，朝廷不听。后羌遂侵，而论者多恨不从感议。余窃笑之，所谓嫁亦悔，不嫁亦有悔者尔，未始识变之理。地无边，无边亡国。是故失凉州，则三辅为边，三辅内入，则弘农为边，弘农内入，则洛阳为边。推此以相况，虽尽东海犹有边也。今不历武以诛虏，选材以全境，而云边不可守，欲先自割，示便寇敌，不亦惑乎！"

这段话恰如其分地说明了凉州与东汉边疆治理全局的关系，事实上边疆局势的恶化还进一步导致了东汉的统治危机。

◇ 2.3 边郡在秦汉结构中的地位与作用

在秦汉边疆治理中，列郡而治是统治者的主要战略目标。秦汉以来的边郡设置是伴随着边疆开拓的进程进行的，"廓地斥境，立郡县，百蛮率服"，西汉武帝时，西至河西、南至海南岛，东北至朝鲜都设置了郡县。

边郡制度的推行，一般都是先征服后管制，武功文治，打破了那种氏族、部落各自为政、政体各异的封闭状况，实现了政治体制的跨越式进步，加强了各民族间的融合统一。

此外，边郡的设置还对我国疆域的形成发挥了重要的作用，《史记·西南夷列传》云："靡莫，异俗殊风。夜郎最大，邛、筰称雄。及置郡县，万代推功。"

清代学者赵翼对两汉"万代推功"的事业总结道："如朔方、朝鲜、南越、闽越，秦时……不过羁縻附录，至武帝始置郡县其地也。并有秦所无而新辟之者，西北则酒泉、敦煌等郡，南则九真、日南等郡，西南则益州等郡……统计武帝所辟疆土视高、惠、文景时几至一倍……其余所增地，永为中国四至，千万年皆食其利。"秦汉王朝对中国古代疆域形成的贡献，"主要表现是加快了直辖区域——郡县地区凝结为牢固一体的进程，也巩固了这地区在中国古代疆域中的核心地位"。边郡在秦汉国家中的地位与作用表现在政治、军事经济文化等诸多方面，以下分别予以阐述。

2. 3. 1　在政治上维护了国家的统一

秦代实行的是郡县单轨制，在边疆地区无论是岭南还是北方都是设置郡县；西汉实行郡国双轨制，西汉初期诸侯王国势力很大，北方沿边有卢绾的燕国、韩信的韩国，这些诸侯王大都借助匈奴的势力向中央政府分庭抗礼闹独立，韩信"恐诛，因与匈奴约共攻汉，反以马邑降胡，击太原"，卢绾则使张胜"使得为匈奴间，而阴使范齐之陈豨所，欲令久亡，连兵勿决"，这是沿边的异姓王。同姓王是西汉的宗室，汉高祖广封同姓王的目的是为了屏藩汉朝，但这些同姓王照样勾结边疆民族势力反对中央政府，汉初文帝时淮南边南越，淮南王长欲作乱，"令人使闽越、匈奴"，吴王濞发动七国之乱时，也联合了闽越、东越的势力，"南使闽、东越，东越亦发兵从"。先秦时有"五大不在边"之论，《左传》昭公十一年："五大不在边，五细不在庭。"孔颖达疏引汉儒贾逵、郑众说："五大"谓太子、母弟、贵宠公子、公孙、累世正卿。这五种人有权有势，居边则容易形成分离势力，所以说"五大不在边"。可见，先秦时人总结治边的实践，即边将手握重兵、边疆地区情况复杂并且远离权力核心，边疆地区必须置于君主的直接掌控之下。七国之乱以后，沿边各郡都收归中央直接管辖，中央政府对边疆地区实行了有效的行政管理。在秦汉朝代更迭之世，出现了边郡太守"闭境自守"的情况，那是在"王纲解纽"、中央政权已无法对全国实行有效管理的非常时期出现的。

与"羁縻附录"相比，边郡制度是更为稳定有效的统治方式。汉初的南越曾为"外臣"，高帝十一年陆贾立赵佗为南越王"和集百越，毋为南边患害"，高后时反汉自立，号南越武王，"发兵攻长沙边邑"，汉文帝时去帝制"愿长为藩臣，奉贡职"，汉武帝时南越相吕嘉兴兵反汉，元鼎六年，汉灭南越立九郡。

西汉建立以来，南越与汉的关系几经反复，直到武帝灭南越设立郡县后，岭南边疆的局势才基本稳定下来。呼韩邪附汉后，西汉与之建立了藩属关系，西汉对匈奴采取的是"尚羁縻之，计不颛制"的策略，"欲朝者不距，不欲者不强"，匈奴处于若即若离的外臣状态。这种关系维持了六十年，西汉末期，汉匈关系破裂，汉匈在北方边境兵连祸结十余年，北方因此而残破，匈奴也脱离了西汉的藩属体系。东汉时南匈奴内附，并入居塞内，但仍是叛服不定，终东汉之世，南匈奴发动了五次反汉战争，延熹九年且连兵乌桓匈奴进犯，《后汉书·桓帝纪》载，"南匈奴及乌桓、鲜卑寇缘边九郡"，给东汉的北方边疆造成了相当大的问题。反之，设立了郡县制的边疆地区虽然也有战争和冲突，但总的趋势比较稳定，扬雄言："犁其庭，扫其闾，郡县而治之，云彻席卷，后无余灾。"以"后无余灾"评价边郡在边疆治理中的作用是恰如其分的。当然，边郡的设置需要条件，在条件不成熟的地方强行设立，也会带来麻烦，西汉在西南夷、朝鲜的郡县几经进退，说明的就是这个道理。

2. 3. 2　加快了制度文明的传播进程

秦汉国家通过边郡的设置对边疆地区实施直接行政管理，使中原内地的行政管理制度传播到了民族地区。都尉本是军职，其后两汉在边郡普遍实施了属国都尉、农都尉和部都尉制度。都尉制度可能即被匈奴学习和引进，据《汉书·匈奴传》，匈奴有"左大都尉""乌藉都尉"

"左右部都尉""犁汙都尉"，有管理西域事务的"僮仆都尉"。西汉在西域普遍设置了都尉一职，如《汉书·西域疏勒传》疏勒设"疏勒侯、击胡侯、辅国侯、都尉、左右将、左右骑君、左右驿长各一人。"东汉还将归附的少数民族首领授予都尉，《后汉书·乌桓传》："是后乌桓稍复亲附，拜其大人戎朱魔为亲汉都尉。"单于左右官员，从汉人那里学会了计算方法，"以计课其人众畜物"，征收赋税。西汉的军政、礼乐制度，也被西域许多城国所采用。如龟兹王绛宾人居长安一年，"乐汉衣服制度，归其国，治宫室，作徼道周卫，出入传呼，撞钟鼓，如汉家仪"。莎车王延，汉元帝时入长安为侍子，后"慕乐中国，亦复参其典法"。

从上述记载可知，制度文明的传播，一方面是由于汉王朝把内地的制度向边疆地区有计划推广的结果；另一方面，也是少数民族在接触到先进的制度文明后主动参用汉法的结果。这种制度上的传播，使民族地区在政治体制方面逐渐出现了与内地趋于一致的倾向。

2.3.3 在军事上保障了国家的安全

匈奴问题是秦汉最严重的边疆问题，往往牵一发而动全身，"北狄不服，中国未得高枕安寝也"。西汉前期，匈奴屡屡入侵，北方边郡成为军事防御的前线。西汉建立后，高帝六年（前201年）秋，匈奴发动了对代郡的侵略，此后至新莽与匈奴战前，匈奴共发动对西汉战争28次。其中，入代7次，6次在元狩年前（前122年）；入雁门5次，均在征和年前（前92年）；入云中2次；入五原4次，集中在战争后期；入定襄、上郡、上谷、渔阳各3次；入酒泉、张掖、北地各2次；入辽西、燕、朔方、右北平、陇西各1次。战争早期，战场以中部和东部为主，文帝十四年（前177年）秋以后，匈奴岁入边，侵入云中、辽东最甚，每郡杀掠人民万余人。汉武帝发动反击战后，战线向北推移，直至"幕南无王庭"。元封六年（前105年）以后，匈奴向西迁徙，"单于益西北，左方兵直云中，右方兵直酒泉、敦煌"，战场随之转移到中部和西部。与匈奴的战争最大的问题是军需物资的转运问题，战场远离内地，路途遥远，重兵戍边或征伐平叛，随之而来的是后勤供应上的困难重重，所谓"千里负担馈粮，率十余钟致一石"，给国家造成了沉重的负担，这是以农业经济为基础的中原王朝难以承受的。在与匈奴战争的过程中，随着军事推进的步伐，西汉的边郡"饮马翰海，封狼居山，西规大河，列郡祈连"。北方边郡在汉匈战争中发挥了军事基地的重要作用。在定襄郡二十家子古城遗址发现了西汉时期铸造兵器的冶炼厂，从冶炼厂遗址附近发现大量铁制品，包括农具、兵器等。其中有的铁器上铸有"安"字，这是官营标志，而非民营。其中有铁铤铜镞，这是一种罕见的锐利长兵器，在一般的汉代遗址中是不多见的。同时出土的尚有很多圆头中空铁铁，在当时来说是最先进、最尖端的武器。在冶铁厂南，出土有弩机的栓塞、扳机、弩牙、望山等零件，其中的栓塞上刻有文字，载明射程和强度。较完好的铁铠甲出土了2件，一件是防护上身的铠甲，另一件是防护下体的"牌辉"，此外还出土了零散的甲片。铁甲及铁器片出土的地点，以冶铁厂附近为最多，表明以上这些武器、甲片等，都可能是在本城中生产制造的。神爵元年，赵充国奏曰："……窃见北边自敦煌至辽东万一千五百余里，乘塞列地有吏卒数千人，虏数以大众攻之而不能害。今骑兵虽罢，虏见屯田之士精兵万人，从今尽三月，虏马羸瘦，必不敢捐其妻子于他种中，远涉河山而来为寇；亦不敢将其累重，远归故地。"赵充国的奏章，将北方边郡的屏障作用描述得很清楚。

汉武帝以后在东、南、西南几个方向的经营，大体上也是通过设立边郡来维护新拓展地区的统治，进而维护内地的安全的。在平定南越、东越、朝鲜后，先后设立了南海九郡、西南边郡和朝鲜四郡。

东汉时，据笔者不完全统计，与周边民族发生战争 99 次，涉及西北边郡、北方边郡，交趾、九真等南方边郡，益州、越巂等西南边郡，玄菟等东北边郡。秦汉时期，在边郡"建塞徼，起亭燧，筑外城，设屯戍以守之，然后边境用得少安"。边郡的设置维护了边疆的安全，保护了内地的和平发展环境，如《盐铁论·地广十六》大夫言称："中国恬卧者，以边郡为蔽扞也。……边境强，则中国安，中国安则晏然无事。"

2. 3. 4　促进了对边疆地区的经济开发

在中央政府主导下，边郡经济开发取得了重要的进步。北方边郡不仅人口增加，而且经济有所发展，甚至在灾荒之年还能济内郡之急，如《居延汉简甲乙编》有大司农奏调十一农都尉存谷，以济民困乏，其中包括北方边郡。五原一带尤称富庶，《汉书·王莽传》中载，"始建国三年遣尚书大夫使劳北边，还言五原北假，膏壤殖谷，异时常暨田官，乃以并为田禾将军，发戍卒屯田北假，以助军粮"。

北方经济发展的势头甚至一直延续到东汉末年。东汉献帝初平元年，"先是幽部应接荒外，资费甚广，岁常割青、冀赋调二亿有余以足之。时处处以断绝，委输不至。而虞敝衣绳屦，食无兼肉，务存宽政，劝督农桑，开上谷胡市之利，通渔阳盐铁之饶，民悦年登，谷石三十，青、徐士庶避难归虞者百余万口"。边郡的设置缩短了中原与边疆民族地区的空间距离。民族间的频繁往来使内地的先进生产技术传播到了民族地区。来自中原内地的"秦人""汉人"，还将汉族的穿井、筑城、治楼藏谷、冶铁铸铜的先进技术传播到匈奴。如真颜山下的赵信城，就是从西汉降人匈奴的赵信所筑；漠北的范夫人城，"本汉将筑此城。将亡，其妻率余众完保之，因以为名也"。壶衍鞮单于时，从西汉降人的卫律为之谋"穿井筑城，治楼藏谷，以秦人受之"，单于遂命付诸实施，"穿井数百，伐材数千"。中原先进生产技术的传入，使匈奴的农业和手工业生产得到了显著发展。铁器已被广泛运用于畜牧业、农业，各地出土的许多匈奴工具如铁镰、铁刀、镢、犁铧、铁锄等，就是有力的证明。

随着屯田的展开，屯卒便将中原先进的生产技术传播到西北边地。井渠技术是汉武帝在关中修建龙首渠首次发明的，因那里土质疏松，渠岸极易崩塌，"乃凿井，深者四十余丈。往往为井，井下相通行水。水费以绝商颜，东至山岭十余里间。井渠之生自此始"。汉宣帝甘露元年（前 53 年）"遣破羌将军辛武贤将兵万五千人至敦煌，遣行者案行表，穿卑鞮侯井以西，欲通渠转谷"。孟康注曰："大井六通渠也，下泉流涌出，在白龙堆东山下。"而在此之前，井渠技术即已传至西域，汉武帝太初二年（103 年）李广利率兵攻大宛城，已"闻宛城中新得秦人，知穿井"。汉宣帝时，郎中马仓专门负责组织敦煌郡塞外作仓穿渠事，见悬泉置汉简：

> "甘露四年六月辛丑，郎中马仓使护敦煌郡塞外漕作仓穿渠，为驾一乘传，载从者一人，有请诏。外卅一。"

"御史大夫万年下，谓以次为驾，当舍传舍，从者如律令。七月癸亥食时西。"（《悬泉汉简》II 90DXT0115：34）

汉成帝时，原西域副校尉陈汤曾指出，此前乌孙"兵刃朴钝，弓弩不利"，故"胡兵五而当汉兵一"，而今借鉴了汉人的冶铁技术，已"颇得汉巧"，可"三而当一"。

秦统一岭南以后，特别是到了西汉，中原地区先进生产技术传入岭南地区，对南越的经济发展水平产生了深刻的影响。1983年发现的广州象岗山南越下墓，除了有大量青铜器出现外，还发现了70多件冶铁工具。说明汉代的两广地区已进入了铁器时代。牛耕技术也得到了推广，西汉后期陶牛成为流行的随葬品。汉武帝灭南越后，在海南岛设立珠重、儋耳两郡，派官治理，并将汉人陆续迁入，使中原先进生产技术得到了推广。《汉书·地理志下》载："男子耕农，……女子蚕桑织绩。"

秦汉在西南夷地区实行郡县制后，该地区生产技术水平有了很大的提高，最为直接的证据是铁农具的传入与普及。西南夷地区铁农具开始使用的年代不一，从区域考古资料看，巴蜀文化区内至迟从秦末至西汉初年，已经发现较多的铁器甲。西南夷地区直到西汉前期仍普遍使用青铜器，只有夜郎有少量由巴蜀商贾带来的铁器。汉武帝统西南夷后，随着郡县的设置，汉族移民的迁入，铁器输入贵州的数量显著增多，并传播到云南滇池地区。从1949年至1989年的40年中，在贵州已发掘的战国晚期至东汉晚期的400多座墓葬中，除发现大量青铜器外，还有大约400多件铁器。其中，现已明确推断为战国晚期的墓葬不足20座，有11座发现了铁器，共计16件；属于西汉前期的墓葬有140多座，发现铁器80多件，其数量按墓葬计仍未超过战国晚期；属于西汉后期墓葬70余座，发现铁器200件，种类有剑、矛、镞、削等兵器，铧口、锸、铲、斧、斤、凿、锤等生产工具。在赫章可乐发掘的51座西汉晚期墓葬，就有40座发现了铁器。这说明，这一时期贵州地区使用铁器已经比较普遍。云南的滇池地区也在西汉中期以后发现铁器。在晋宁石寨山战国至东汉初滇族的50座墓葬中，发现了4000余件青铜器和90余件铁器，这些铁器都是西汉中期以后的产品，有锛、削、铜柄铁刃斧等。为了推广铁器，西汉政府在犍为郡的武阳、南安两县设立了主管铁器营造的铁官甲。随着铁器的不断输入与普遍使用，西南夷地区先后由青铜器时代进入到铁器时代。

在东北，由于匈奴势力的败退，玄菟四郡的建立，当地各民族与中原地区的经济文化交流也日趋加强。

以设置边郡为契机，边疆少数民族一些独具特色的生产技术和物质文明也传入中原地区，促进了中原经济文化的发展。设置在边郡的关市使匈奴的牲畜与畜产品源源不断地输入中原，"骡驴牦驼，衔尾入塞，驒騱騵马，尽为我畜"。西汉还吸收了匈奴人养马技术，如匈奴休屠王太子金日磾，"以父不降见杀，与母阏氏、弟伦尽入宫，输黄门养马"，后来汉武帝见其"容貌甚严"，牧养的马又甚肥好，遂拜为马监。匈奴畜牧技术的输入推动了内地畜牧业的发展。至汉武帝时，西汉已是"众庶街巷有马，仟佰之间成群，乘字牝者摈而不得会聚了"。此外，西域的葡萄苜蓿，南海的珠玑、犀象等珍稀物种传入中原，丰富了人民的生活。盐铁会议上，御史就高度评价了边郡在促进内地经济发展上的重要作用。《盐铁论·未通》载御史曰：

"内郡人众，水泉荐草，不能相瞻，地势温湿，不宜牛马，民映来而耕，负檐而行，劳罢而寡功。是以百姓贫苦，而衣食不足，老弱负辂于路，而列卿大夫或乘牛车。孝武皇帝平百越以为园圃，却羌胡以为苑囿，是以珍怪异物，充于后宫，胸赊觖疑，实于外底，匹夫莫不乘坚良，而民间厌橘柚。由此观之，边郡之利亦饶矣！"

2.3.5　推进了边疆地区文化的发展

汉武帝在西南夷设置郡县以前，西南夷部落多"散在溪谷，绝域荒外，山川阻深，生人以来未尝交通中国"；郡县设置以后，西南地区相继纳入了西汉行政治理的轨道，许多官员都积极兴办学校以"化行夷貊"，内地先进的文化迅速深入到这里。如汉明帝时的益州西部都尉郑纯"为政清洁，化行夷貊，君长感慕"肃宗元和中益州太守王阜"始兴起学校，渐迁其俗"，西汉时犍为那已有"士多仁孝，女性贞专"的儒雅之风；桓帝时，戕柯郡尹珍自以"生于荒裔，不知礼义，乃从汝南许慎、应奉受经书图纬，学成，还乡里教授，于是南域始有学焉"。汉晋时，朱提郡"其民好学，滨犍为，号多士人，为宁州冠冕"。

岭南地区在西汉设置郡县以前，文化发展水平较低，与内地差异很大。西汉平帝时，交趾太守锡光东汉建武初，九真太守任延都为移风易俗、传播文化作出了贡献，《后汉书·西南夷列传》称费锡光与任延的功绩"制为冠履，初设媒娉，始知姻娶，建立学校，导之礼仪"。除郡县长吏外，内地的徙民，尤其是士人的迁入，对岭南文化的发展具有重要的推进作用。西汉末年以后，已有一些内地的士人迁居到岭南地区，如士燮家族"其先本鲁国汶阳人，至王莽之乱避地交州，六世至燮父赐，桓帝时为日南太守，燮少游京师，事颖川刘子奇，治左氏春秋"，到东汉时岭南已经有了士燮这样的诗礼世族。马雍曾经指出，"汉末士燮治理交险时，当地的儒学是很盛的"。

这种文化的输入在岭南经历了漫长的过程。《三国志》卷五三《吴书·薛综传》记载交趾太守薛综上疏：

"汉武帝诛吕嘉，开九郡，设交陆刺史以镇监之。山川长远，习俗不齐，言语同异，重译乃通，民如禽兽，长幼无别。……自斯以来，颇徙中国罪人杂居其间，稍使学书，粗知言语，使驿往来，观见礼化。及后锡光为交险，任延为九真太守，乃教其耕犁，使之冠履；为设媒官，始知聘娶；建立学校，导之经义。由此已降，四百余年，颇有似类。"

薛综上疏大致勾勒出了汉文化向岭南输出的历程，这一期间郡县的官吏和中原地区的徙民都发挥了重要作用。

秦汉时期在边疆地区设置郡县，有力地维护了国家的统一，也在一定程度上缩小了边疆与内地在文化、制度、经济发展水平上的差异，促进了秦汉疆域内各民族的整体发展。

第3章 秦汉史职的探究

◈ 3.1 秦汉史职的选用方式

秦汉时期的官吏任用制度也一般地适用于"史"职的选用，但不可否认的是，"史"职也有其特殊的选用方式，如"学室"的培养等。下面我们综合相关研究对秦汉时期官吏任用的一般制度以及"史"职选用的特殊制度加以阐述。

3.1.1 秦汉官吏的选用方式

秦汉两朝在官吏的选用上既有不同的地方，也有相承之处。主要表现在：

1. 文化教育政策

古往今来，我们的文化教育都是为培养国家建设人才而服务的。早在先秦时期，官办的教育机构就已经出现，例如夏朝的"校"、商代的"庠"、西周王畿内的"辟雍"、诸侯国的"泮官"等。秦王朝建立后，为了维护刚刚诞生的新政权，秦始皇切实推行了积极的文化教育政策，"一法度、衡、石、丈、尺，车同轨，书同文字"，为文化教育打下基础并奠定了基调。而"秦之时，羞文学，好武勇，贱仁义之士，贵治狱之吏"，不重视儒家学说，提倡对法令的学习。所以，秦始皇实行"禁私学，以吏为师"的教育措施，"禁私学"即是抑制私人教学的发展，"以吏为师"是直接作为官吏的私从学徒，从而学习一些为官、为吏的方法。

汉代建立了从上至下较为完整的教育体系。中央政府的最高学府称为太学，太学是在汉武帝"罢黜百家"之后，采取董仲舒的建议，在长安建立的，史称"武帝建元五年，初置《五经》博士，宣帝黄龙元年稍增员十二人"。太学中设科射策、劝以官禄，博士弟子通过考试选补官吏成为定制。另外，东汉明帝和灵帝时期还分别创立了宫邸学和鸿都门学。汉代的地方官办学校中，郡国称为"学"，县、道、邑、侯国称为"校"，乡称"庠"，聚称"序"，例如文翁在蜀地立学。除官办学校之外，汉代还有私学，汉代比较正规、比较大、程度较高的私立学校，称为"精庐"，或者称为"精舍"。汉代的学校教育内容主要以儒家经典为主，但为维护王朝统治，也很重视学习法律知识。

总之，秦汉时期在文化教育上的建设，直接或间接地培养了社会官理的人才。

2. 秦汉官吏的主要选用方式

秦代主要的选官方式是军功爵制，军功爵制分为两个方面的内容：一方面是军功制的建立，另一方面是以军功制为依据建立起来的赐爵制度。商鞅变法后，确立了新的二十等军功爵制，依照规定，只有付出功劳而获得爵位后，才会享有随之有相应的赏赐和权益，即"夫民力尽而爵随之；功立而赏随之"，"有军功者，各以率受上爵；……宗室非有军功论，不得为属籍。明尊卑爵制等级，各以差次名田宅，臣妾衣服以家次。有功者显荣，无功者虽富无所芬华"。

另外，获爵者的权益还是爵与官的合一，在《商君书·境内第十九》里说："能得甲首一者，赏爵一级，益田一顷，益宅九亩，除庶子一人，乃得如兵官之吏。"战士只有获得爵位之后，才能在军队或衙门里做官。包括军功制和赐爵制两个方面内容的军功爵制不仅在秦国成为主要的选官途径，而且在秦朝时期也得到应用。

两汉时期最主要的选官制度则是察举制和征辟制。"察举"又称"荐举"，是一种自下而上推选人才的制度。察举制在汉代的确立有一个发展的过程，并在汉武帝时期发展成为一种比较完备的仕进制度。察举科目包括"常科"的孝廉、茂才以及"特科"的贤良方正、孝悌力田、荐举勇武之士、博士弟子和文学掌故、以明经进身者、以明法进身者、以学童进身者等。如《汉书》卷六十六记载："陈万年字幼公，沛郡相人也，为郡吏，察举，至县令。"

《汉书·武帝纪》记载："元光元年（前 134 年）冬十一月，初令郡国举孝廉各一人。"《汉书》卷七十五："眭弘字孟，鲁国蕃人也。少时好侠，斗鸡走马，长乃变节，从嬴公受春秋。以明经为议郎，至符节令。"

征辟制度则是一种自上而下的选官制度，即由皇帝或高级官员直接聘请有才干的平民或低级官吏，对其进行授职或提职。如《汉书》卷七十二载："大司马卫将军王商辟（鲍）宣，荐为议郎。"同卷还有："哀帝初，大司空何武除宣为西曹掾，甚敬重焉，荐宣为谏大夫。"宣迁豫州后被丞相司直郭钦参奏，坐免归家，数月之后，"复征为谏大夫"。察举制与征辟制一起构成了汉代选官制度的主体。

3. 秦汉官吏的其他选用方式

秦代还有推荐和保举制度、征辟制度、任子和输粟买官等选官方式，这些方式在汉代时期得到更大范围的运用。如推荐和保举为汉代的察举制度开辟了道路，征辟制度在汉代运用得更为成熟。"任子"即高级官吏可以保任其子弟为官，这是一种任人唯亲的选官制度，如《汉书》卷六十六，陈万年之子陈咸，"年十八，以万年任为郎"，卷六十九载"辛庆忌字子真，少以父任为右校丞"。输粟买官在汉代称为"赀纳"，"赀"为"赀选"，"纳"为"捐纳"，"赀选"就是凭借资财选入为官，"捐纳"即"捐钱纳粟"，即用钱财换取官职，二者共同的特点就是以"财"而不是以"才"获得官职。如《汉书》载张释之"以赀为骑郎，事文帝"，司马相如起初也是"以赀为郎，事孝景帝，为武骑常侍"的，特别在遇到灾疫或战争的时候，以及国家财政困难之时，都会用以官换钱的方式收聚财物。这些选官途径随时间逐渐完善，为秦汉官吏任用提供方便。

3．1．2　秦汉史职的选用方式

有关秦代"史"职的选用，史料所见甚少，虽然我们在前文中论述了秦代官吏的几种选用政策或方式，但秦代对于"史"职的选用并没有像汉代一样，从一些官吏的选任中可以简单地对应出"史"职的选任方式。但是，在"史"职选用方式上，秦汉两朝有着一些相类似的地方，只是两汉时期"史"职的选用方式更为丰富。

1．学室对"史"的培养

"学室"是"一种学校"，古代以文书为职务的史每每世代相传，在"学室"接受读写文字的教育，需要指出的是，"学室"培养所注重的是被培养者文字方面的能力。这种培养方式在秦汉时期都有出现。

（1）秦代

有关秦代"学室"对"史"职的培养，反映最多信息的是1975年发现于湖北云梦睡虎地的秦简（以下简称"云梦秦简"）。云梦秦简的很多简文内容与墓主人"喜"有关，其中云梦秦简《编年纪》中记载了"喜"的生平及有关事项，类似于后世的年谱。其中，有"三年，卷军。八月喜揄史"，"三年"是秦王政三年，"揄"的本义为引、出，这里的"揄史"当为"进用为史"之意，"史"是从事文书事务的小吏。而对于"史"的培养，在进用为"史"之前，主要就是在"学室"学习的。云梦秦简《秦律十八种·内史杂》有"非史子殹（也），毋敢学学室，犯令者有罪"，这就是说只有"史子"才能在"学室"学习，其他人则没有资格。"史子"指的应该是"史"的儿子，也就是只有任史职的人的儿子才能在"学室"学习，在一定程度上也说明"史"具有世代相传的特点。

东汉时期许慎《说文解字·叙》引汉《尉律》云"学僮十七以上，始试讽籀书九千字，乃得为史"，而喜进用为"史"之时为十九岁，这反映了他们在"学室"学习的时间可能为两年。也就是说，通过"学室"对"史"的培养，然后再经历"试"，即考试，秦时也称为"试吏"，在"学室"中学习的"史子"或"学僮"，17岁以上通过考试即可授官为小吏，以后再通过其他的考课方式进行逐步选官或升迁。

另外，秦朝统一文字，不仅对于文化的发展有重大意义，而且为"史"职的培养提供了方便和学习的内容。当然，秦朝始终强调对法制律令的学习，执行"以法为教"的政策。因此《编年纪》中的"喜"在其任吏的过程中，从事了一些与法治有关的工作，如"十二年，四月癸丑，喜治狱鄢"。所以，一些"'学读法令'者，估计当亦来自'学室'中的'史子'"，这也在一个侧面反映了"学室"之"史"与传统史官的不同。

（2）汉代

"学室"在秦代既已存在，汉代"学室"又有进一步的发展。在汉代，"学室"也是作为一种培养文书事务人员的学校存在的，在"学室"里学习的人一般称为"学僮"或"史学僮"。

张家山汉简《史律》中有："试史学童以十五篇，能讽书五千字以上，乃得为史，又以八体试之，郡移其八体课大（太）史，大（太）史诵课，取最一人以为其县令史，殿者勿以为史。三岁一并课，取最一人为尚书卒史。"这里说的"十五篇"应是《汉书·艺文志》著录的

《史籀》十五篇，其中的"讽"字有"背诵"之义，也就是考察对文字的熟习程度，要识读背诵出至少五千字才能为史，"八体"即秦书八体：大篆、小篆、刻符、虫书、署书、殳书等。这则史料所反映的是对文字、字体识别能力的考察，只有考察结果最好的人，才能授予"史"职职位。

许慎《说文解字·叙》引《尉律》曰"学僮十七以上始试，讽籀书九千字乃得为吏；又以八体试之，郡移太史并课，最者以为尚书史。书或不正，辄与劾之"与"讽书九千字"相似。

《汉书·艺文志》载："汉兴，萧何草律，亦著其法，曰：'太史试学童，能讽书九千字以上，乃得为史。又以六体试之，课最者，以为尚书御史史书令史。吏民上书，字或不正，辄举劾。'"两则材料相比较，有一个不同点，即《说文解字·叙》中曰"又以八体试之"，这与《二年律令·史律》的说法一样，而《汉书·艺文志》则曰："又以六体试之"。"八体"和"六体"都是字的体式，"八体"不再赘述，"六体"包括了古文、奇字、篆书、隶书、缪篆、虫书，对此，颜师古曰："古文，谓孔子壁中书。奇字，即古文而异者也。篆书，谓小篆，盖秦始皇使程邈所作也。隶书，亦程邈所献，主于徒隶，从简易也。缪篆，谓其文屈曲缠绕，所以摹印章也。虫书，谓为虫鸟之形，所以书幡信也。"所以，我们可据以得知试"八体""六体"是对书写各种字体的能力的测试。

综上所述，虽然关于"试史学僮"或"试学僮"的记载不尽相同，但是可以看出，都是培养其文书方面的工作能力，包括文字识读能力与文字书写能力两个方面。

从这几则材料可以反映出"学室"的一些变化：

1）从讽书五千字以上到讽书九千字以上，这也许反映了在考试内容上要背诵的字数增加，标准有所提高。

2）从史学僮到学僮，这是"学室"中学习之人身份上的一个变化，也许在汉代的时候，已经不再限制其是否出于"史"职之家了。

3）"学室"的培养不再局限于专门从事文书工作的史官，"史"在这里也不仅仅指的是"史"职这种吏员，它还可以有另外两个层面的意思：一是"史"在汉代可以指作一种基本的文化素养，包括对文字的记忆和书写能力；二是"史"可以被认为是汉代官吏特别是基层属吏入仕时应具备的基本条件。

2. 具备一定的文化素质

从狭义上讲，秦朝注重法家思想，汉初重黄老之学，汉武帝始以儒家思想作为主要的思想。秦朝对于"史"职文化素质的要求可能是对法律方面的掌握，若精于法律则可以为"史"职。而汉代对于儒家经典的掌握成为选择官吏的重要条件，"史"职亦是如此。但是，思想文化的沿袭并不会因朝代的变迁而完全割裂，"董仲舒表春秋之义，稽合於律，无乖异者。"所以，秦汉"史"职要具备的文化素质至少有法律知识和儒家思想中的一个方面。

首先是对法令知识的掌握。"文吏治事，必问法家。县官事务，莫大法令。"法令在行政工作中的重要性可想而知，因学习掌握法令而为"史"职的事例也多见于史料。例如路温舒"因学律令，转为狱史，县中疑事皆问焉。太守行县，见而异之，署决曹史。"又"丙吉字少卿，鲁国人也。治律令，为鲁狱史。"还有"（王）翁儒生（王）禁，字稚君，少学法律长安，为廷尉史。"另外，法令知识在现实中的发挥体现在与治狱等有关的实践中，有一些"史"职就是因擅于治狱等而被进用的。如《史记》卷二十载"于定国，家在东海。本以治狱给事为廷尉史，稍迁御史中丞。"说明于定国是因治狱的关系才为廷尉史的。《史记·酷吏列传》中的王温舒也有类似情况，"为吏，以治狱至廷史"。法令制度虽是治狱的指导思想，但汉代在治狱的时候，除了依据现行相关法令之外，有时还会利用古代的法理或儒家的一些理论来解释法律的疑难之处。如兒宽为奏谳掾时，就"以古法议决疑大狱"，从而受到张汤的重用。另外《史记》亦载："（张）汤决大狱，欲傅古义，乃请博士弟子治《尚书》、《春秋》补廷尉史，亭疑法。"这些记载反映了法与儒的联系。

其次是对儒家经典的学习。在汉代特别是西汉中期以后，多选用儒学之士为官吏。武帝时，公孙弘为丞相后即上书："以文学礼义为官，迁留滞。请选择其秩比二百石以上，及吏百石通一艺以上，补左右内史、大行卒史，比百石以下，补郡太守卒史：皆各二人，边郡一人。先用诵多者，若不足，乃择掌故补中二千石属，文学掌故补郡属，备员"。要求"史"职之吏对儒家经典至少要了解一家的思想。而且，当时的人大多认为学习儒学能树立较高的道德操守，故吏员常辟儒生，"春秋会飨，设置三科，以第补吏，一府吏员，儒生什九。陈留太守陈子瑀，开广儒路，列曹掾史，皆能教授；簿书之吏，什置一二"。由于重视儒家之学，一些人为了进入仕途，就会更加注重对儒家著作的学习。如《史记·儒林列传》："兒宽……行常带经，止息则诵习之。以试第次，补廷尉史。"这就是通过日常对儒家思想的学习而成为"史"职的例子。这样的事例还有很多，《史记·张丞相列传》载，丞相匡衡"才下，数射策不中，至九，乃中丙科。其经以不中科故明习。补平原文学卒史"。《汉书·魏相传》载："魏相……少学《易》，为郡卒史，举贤良，以对策高第，为茂陵令。"

当然，在汉代，不只是读经才能为官，有文学艺术之长的人也可以做官，例如鸿都门学的建立就是一种体现，而司马相如等也是以文学艺术之才而为官的。但是，在"史"职的选用上，言辞刻薄、深文固讷之人有时并不受重用。如《史记·曹相国世家》载："（曹参）择郡国吏木讷于文辞，重厚长者，即召除为丞相史。吏之言文深刻，欲务声名者，辄斥去之。""木讷于文辞"是指言语呆板钝拙，对于丞相史的任用需要为人质朴敦厚而不必善文辞，对于那些苛求文字，欲以文辞置人于罪以追求声誉的人则罢之，这表明了一些"史"职的工作，注重的是工作者的实干能力。

3. 秦汉"史"职的其他选用方式

（1）适用于"史"职选用的一般官吏选用制度

如前文所述，秦汉官吏的选用有很多方式，特别是汉代，包括察举、征辟、任子、赀纳等，也适用于"史"职的选用。

征辟：征辟是由皇帝或者高级官吏直接聘用有才能的平民或低级官吏的一种选官方式，其中，由皇帝直接聘用称为"征"，由高级官员聘用称为"辟"，这是一种自上而下的选官制度。

两汉官府的掾史等低级官吏，可以由长官自行聘请，其入仕的途径大致为：先辟为掾属，再由掾属迁转。在《续汉书·百官志》"本注记载"中有"汉初掾史辟，皆上言之，故有秩比命士。其所不言，则为百官属。其后皆自辟除，故通为百石云。"也就是说，除汉初外，西汉的三公府掾史可自行辟除。县令长有时也会自己选用有才能之人出任掾史，这也是掾史这一"史"职通过辟除而来的一个方面。据《汉书·张汤传》："武安侯（田蚡）为丞相，征（张）汤为史，荐补侍御史。"《汉书·匡衡传》："（史）高然其言，辟（匡）衡为议曹史，荐（匡）衡于上。"其实，在汉代，"史"职作为一种属吏，不仅仅是为官府服务的，也直接为上级工作，所以很多"史"职可以通过所服务的上级得到一定的升迁，也就是通过征辟的方式，一些纯粹的随从或与上级有良好关系的人，也可以通过上级的选任而成为"史"职这样的低级属吏，如史料中有"平氏朱疆、杜衍杜周为纵牙爪之吏，任用，迁为廷史""杜周者，南阳杜衍人。义纵为南阳守，以为爪牙，举为廷尉史"。这也是"辟除"的一种表现，只不过其直接原因是被辟者与上级官员保持了某种特别关系。

入钱入谷：入钱入谷是向官府纳赀而获得官吏职位，秦汉时期的"史"职，有些也是通过这条途径而来的，例如《汉书·循吏传》载："黄霸……武帝末以待诏入钱赏官，补侍郎谒者，坐同产有罪劾免。后复入谷沈黎郡，补左冯翊二百石卒史。"但这种入钱入谷的方式一定程度上可能会降低"史"职的才能和办事能力。

在汉代的察举制中，具有至孝、廉平、贤良等优秀品质的人可以被举荐为官，在"史"职的任用中，有些也会考虑到这些因素。《史记·酷吏列传》载："赵禹者，斄人。以佐史补中都官，用廉为令史，事太尉亚夫。亚夫为丞相，禹为丞相史，府中皆称其廉平。"清正廉洁是赵禹任为丞相史的因素之一。王莽时，也"聘诸贤良以为掾史"，把贤良方正之人选任为属吏。

（2）"史"职的迁转

迁转一般指的是官吏的升迁，《论衡·初禀》云："仕者随秩迁转，迁转之人或至公卿。"秦汉"史"职中有一部分就是由其他低级吏员迁转而来。例如，在居延候望系统中的候史、尉史等就可以从戍卒中提升而来。迁转也是"史"职升为较高级别官吏的途径，《史记》卷二十载："王訢，家在齐。本小吏佐史，稍迁至右辅都尉。"再者，"史"职与"史"职之间也是可以迁转的，如前所引《史记》"赵禹者，斄人。以佐史补中都官，用廉为令史，事太尉亚夫"的记载，此条史料中的佐史是比较低级的"史"职，而令史是较为高级的"史"职。

当然，迁转需要一定的条件，比如在工作上有突出的成绩，或者为人廉平，办事公正不阿等。如"张敞以乡有秩补太守卒史，察廉为甘泉仓长"，这是因为张敞的办事廉洁而升职，王温书"为吏，以治狱至廷史"，王温书则以治狱上的能力成为廷史这一"史"职。

另外，积累了一定的功劳、功次也是迁转的依据，秦代官府低级的办事人员如"佐""史"之类是以积劳记功的方式，按照一定的顺序迁进的，也就是说一些"史"职有可能通过积累功劳而晋升为吏，这里既包括升为更高级别的"史"职，又包括升为其他的官吏，甚至有封侯者。《汉书·公孙弘卜式儿宽传》记载了儿宽"时行赁作，带经而锄，休息辄读诵，其精如此，以射策为掌故，功次补廷尉文学卒史"。又如"丙吉……为鲁狱史，积功劳，稍迁廷尉右监"。《史记》中还有："王山，齐人也。故为丞相史，……（王）山以军功为侯，三千户。"以上三条都是以功劳而得到升迁的史料证明。

除了自身的条件外，外界的一些因素有时也会给"史"职迁转提供机会。在秦汉易主和两汉交替时期，一些前代的"史"职因为参加战事或提供谋略，得到了很大的晋升，很多成为新朝代的开国功臣，获得高官豪爵。如汉初的御史大夫周昌、中尉周苛，"秦时皆为泗水卒史。及高祖起沛，击破泗水守监，于是周昌、周苛自卒史从沛公……从入关，破秦。沛公立为汉王，以周苛为御史大夫，周昌为中尉"。

总的来说，秦汉"史"职的选用还是体现了择优录取、选贤任能的原则，萧何就是因为办事能力突出被进用为卒史的，"秦御史监郡者与从事，常办之。何乃给泗水卒史事，第一"。而且，从上述的选用方式来看，不仅注重"史"职的文化修养，而且还注重其清正廉平的品格，最重要的是不同职责内的办事能力，这对于"史"职在政治生活中的实干精神的培养大有裨益，所以才有很多低级的"史"职最终甚至成为职务级别很高的官吏，对秦汉的政治建设作出贡献。

◇ 3.2 秦汉史职的限制条件

秦汉时期，在法律建设方面取得了一定的成绩，从秦国孝公时期的商鞅变法到秦王朝建立之后的"万事皆决于法"，从汉初为废除秦的严刑苛法而"约法三章"到萧何制定《九章律》，再加上其他的一些法律规定，并且随着时间的流转而不断完善，从而使秦汉具有了一套比较完整的法律体系。这些法律的规定，特别是有关官吏的法律或限制性原则，虽然从现有文献资料中难以找到系统的记载，但从散见于众多史籍的具体事例中仍可勾勒其大略。不仅这些法律或限制对于"史"职同样适用，而且据文献资料和简牍材料，还有一些专门针对"史"职的规定。主要表现在以下几个方面：

3.2.1 秦汉"史"职任用时的限制

秦汉时，一般选用官吏的法律规定同样适用于"史"职的选用。

首先，在选用"史"职时，注意被选任对象的出身和个人履历，商人、赘婿等以及其他一些身份受到特别限制的人不能充任"史"职。例如孝惠高后时，规定市井子孙不得仕官为吏。文帝时，也有规定"贾人、赘婿及吏坐赃者，皆禁锢不得为吏"。云梦秦简《为吏之道》中《魏户律》对于赘婿为官也有限制。经商之人不得充任官吏，秦朝实行"重农抑商"，商人的地位是很低下的。西汉建立以后，商人的地位依旧，《汉书·食货志》载："高祖乃令贾人不得衣丝乘车，重租税以困辱之。"虽然在汉武帝时期，像桑弘羊、东郭咸阳等大商人曾入仕为大官，但是商人的法律地位并没有以此而完全提升，至哀帝时仍下诏"贾人不得为吏"。所以，这些出身不被当时的现统治阶层所认可的人，一般不能出任官吏，"史"职的选用也是如此。

其次，一些犯过罪的人是不能担任"史"职的，如前文中的"吏坐赃者"。而且，这些犯过罪的人即使被赦免以后也不得担任"史"职。云梦秦简《秦律十八种·内史杂》："令（赦）史毋从事官府。"释义为犯过罪而经赦免的史不能再在官府任事。还有"下吏能书者，毋敢从史之事"，"侯（候）、司寇及群下吏毋敢为官府佐、史及禁苑宪盗。""下吏"有两个层面的意思：一是指低级的属吏；二是指一种刑罚，即交给司法官吏审讯，如《史记·叔孙通传》："于是二世命御史案诸生言反者下吏。"《汉书·朱建传》载："人或毁辟阳侯，惠帝大怒，下吏，欲诛之。"云梦秦简《秦律十八种·工人程》："隶臣、下吏、城旦与工从事者冬作。"整理者认为秦汉时把原有一定地位的人交给官吏审处，称为"下吏"。这表明"下吏"确是一种惩罚，"下吏"应代指犯了下吏罪的人。还有"候"的本义为"伺望"，此处为一种被用以伺望敌情的刑徒，"司寇"也是刑徒名，《汉旧仪》："司寇，男备守，女为作。"所以，犯过罪或受过刑罚是不能担负"史"职的工作的。

任用或举荐人为官吏，也有相应的法律约束。如秦律规定"任法（废）官者为吏，赀二甲"，即保举曾被撤职永不叙用的人为吏，罚二甲，也就是说曾被撤职永不叙用的人不能再为吏，违反这些规定的人要依法承担责任，受到处罚。汉初《置吏律》规定："有任人以为吏，其所任不廉，不胜任以免，亦免任者。"可见，对于"史"职的任用，秦汉律确有明文规定了很多的限制。

3.2.2 有关秦汉"史"职的法律规定和其他限制

1. 有关秦汉"史"职的法律规定

前文已述秦汉时期有一些法律的文献或规定，这里，我们仅以历史资料中出现的有关"史"职的法律条文为基础，来分析秦汉时期"史"职在任期之间需要遵守的一些法律政策。这主要体现在对工作的态度，以及工作完成的质量上。例如，简牍材料中可见如下记载："不审，尉、尉史主者罚金各四两"，"发及斗杀人而不得，官啬夫、士吏、吏部主者，罚金各二两，尉、尉史各一两，……"，"盗铸钱及佐者，弃市，……尉、尉史、乡部、官啬夫、士吏、部主者弗得，罚金四两。"这些材料虽有所缺失，但从其中的"不审""不得""弗得"可以看出，是"史"职在工作中没有出色地完成任务，所以被处以"罚金"的惩罚。还有简牍中有这样的条文："马劳课殿，赀厩啬夫一甲，令、丞、佐、史各一盾。"也就是说，如果马服役的劳绩为下等，就要罚厩啬夫一甲，令、丞、佐、史各一盾。可见，"史"职在平时的工作中，要时时努力将自己的本职工作做好，否则是会受到处罚的，另一方面也反映了秦汉时期法律条令的详细完备。

2. 其他限制

根据相关史料，"史"职在其他方面上的限制，主要表现在服饰上的规定、同担罪责、禁止私自盈利等几个方面。

夏商周以来，就有一套"尊尊贵贵"的冠服制度，"战国时，打破了原来的一套礼服制度，秦又另起炉灶，西汉没有重大措施，到东汉明帝时重新建立起一套舆服制度"。但是这种明尊卑、划等级的冠服制度应是一直存在的，只是强调的程度不一样罢了，有关冠服的规定不仅体现在平民生活中，在皇室和官僚身上更是分外严格。所以，秦汉时期，对于官吏服饰有着严格的等级规定，甚至连"史"职这样的低级吏员在服饰上也会受到一些限制。例如《后汉书·舆服志》中就记载有佩、刀、印、绶等表示身份的佩带物，佩玉、佩刀、佩印都有具体规定。官印上的带子称为绶，有黄赤绶、赤绶、绿绶、紫绶、青绶、黑绶、黄绶多种，不同颜色的绶分别由不同等级的官吏佩带使用，如"公、侯、将军紫绶，九卿、中二千石、二千石青绶，千石、六百石黑绶，四百石、三百石、二百石黄绶，百石青绀纶（绶）。"另外，带子的长短、织法等也均有规定，所以，根据"史"职的秩级范围来看，一般情况下，"史"职的印绶很可能大多是黄绶或青绀纶（绶）。在《汉书·朱博传》中记载朱博为刺史时，敕功曹："官属多褒衣大祒，不中节度，自今掾史衣皆令去地三寸"。从表面上看，史料中刺史朱博是为了在官属中倡导节俭，对于掾史的服饰提出规定，但另一方面也反映出，掾史等"史"职的服饰是有规定的，不论是等级尊卑上的原因，还是勤俭节约的因素，还是会在常态或偶尔的情况下受到限制。

再有，当其他属史犯罪，"史"职有时也要跟着承担罪责。如秦《效律》规定："司马令史掾苑计，计有劾，司马令史坐之，如令史坐官计劾然。"意思是：司马令史掾管理苑囿的会计，如会计有罪，司马令史应承担罪责，和令史承担官府会计的罪责一样。还有律文规定，如果主管会计等事务不合乎法律规定而有出入，要承担下面的分支机构的罪责。

另外，在《睡虎地秦墓竹简·秦律杂抄》中有"吏自佐、史以上负从马、守书私卒，令市取钱焉，皆迁"的条文，即自佐、史以上的官吏有驮运行李的马和看守文书的私卒，如果用以贸易牟利的话，均加以流放，严厉禁止"史"职利用职务之便进行贸易、私自牟利。

总之，秦汉"史"职在选用时有一些身份、出身上的限制，在工作中也会受到法律上的限制，违法者会依律受到处罚。

◇ 3.3 秦汉史职的政治生活

秦汉"史"职的政治生活体现在其工作职能上，他们在政治上的活动又影响了其社会生活。

3.3.1 秦汉"史"职的工作职能

职能是事务、机构本身具有的功能或应起的作用，从人的角度来说，是指一定职位的人完成其职务的能力。秦汉"史"职的职能就是这一属吏在政治生活中的职责所在，以及具体的实行状况。具体来讨论"史"职的职能，主要应包括文书职能、其他的一些工作职能以及工作职能的辅助性特征几个方面，这些职能和特征反映了"史"职的基本政治生活面貌。

1. 文书工作职能

秦汉时，文书工作是很重要的，是官吏行政工作中的重要形式。如秦律《内史杂》规定："有事请殹（也），必以书，毋口请，毋（羁）请。"而"汉人有'以文书御天下之语'"，即是对公文文书所发挥作用的高度概括。先秦时期就有公文、文书的应用，秦汉时期的文书制度已发展得很完备，从皇帝御用公文，官僚疏奏、上书，到官府行移公文和官府考绩、管理公文等，这些公文、文书成为行政部门之间交流的途径。在秦汉行政事务的开展中，往往需要一些擅于文书工作的属吏，这也是"史"职在选用时注意文化素养的原因。汉代萧何就曾因为擅于写文书而成为属吏，《汉书·萧何传》载："萧何，沛人也。以文无害为沛主吏掾。"这样也就使很多官吏的属吏中常常有很多儒士文人，例如东汉时的"（隗）嚣宾客、掾史多文学生"。

此外，由于"史"职在工作中涉及文书方面事务，因此"史"职中不乏饱学之士。如宣帝时，刘歆校定秘书，见到古文《春秋左氏传》非常喜欢。"时丞相史尹咸以能治《左氏》与歆共校经传"，刘歆大概会向尹咸和当时的丞相翟方进学习，询问大义。这里，丞相史尹咸校定经传就是从事文字方面的工作。东汉和熹邓太后曾师从班昭学习经书，还兼习天文算数等，白天总理政事，夜晚则诵读学习，但害怕经书有谬误，会违背典章制度，"乃博选诸儒刘珍等及博士、议郎、四府掾史五十余人，诣东观雠校传记"。

对于秦汉"史"职来说，我们只要知道"史"职在政治生活中的最主要的工作职能之一是文书工作职能，这就与前面所述的"史"职通过"学室"来培养自身的文书能力以及在文化上有很好素养的人可以晋升为史有密切的联系，这些文书能力的培养最终就体现在工作上。大多数"史"职就是为上级或官府履行文书职能的属吏，凡与文书及文字有关的职务，一般均由掌握文化的"史"一类官吏担任。如《史记》中记载张汤向皇帝上书奏事："上善之，曰：'臣非之为此奏，乃正、监、掾史某为之。'"其中提到了掾史，这里就反映了掾史的文书职能。

另外，卜宪群先生也曾有过这样的观点："各级官府行移公文由该官府长官主发。如果长官不在署，则以'近次'兼行长官职权主发文书，汉简中常见。但是兼行者只能用自己的'小官印'或'私印'来主发文书，是表明兼行者对所发文书负有责任。公文结尾照例有经手人签名，他们一般为属吏，如掾、令史、书佐等……"

最为重要的是，"史"职虽掌文书工作，但是并不是说秦汉所有从事文书工作的人都是"史"职，而且文书是不能乱书乱发的，从前面所举史料也可看出，是在上级官吏的命令之下进行的，不能违背上级的规定或执掌的范围。正如掾属可以对文书进行签发、收录、归档等技术性的处理，但不能对文书内容进行决策性处理。即在履行文书工作的时候，要按照上级的安排、指示，并符合文书的内容规范，不能进行任意地修改或违背原意。所以，文书工作职能是"史"职的重要工作职能之一，而这种工作主要是在上级或明确的规章制度指导下进行的。

2. "史"职的其他工作职能

其他工作职能是"史"职除文书工作之外的一些工作状况，依据史料，主要有以下几个方面：

（1）巡行

巡行是对某地或某事进行巡视督察，一些"史"职在一些特殊情况下就会执行巡行的职能。如宣帝五凤四年夏四月出现日食，皇帝就下诏书："皇天见异，以戒朕躬，是朕之不逮，吏之不称也。以前使使者问民所疾苦，复遣丞相、御史掾二十四人巡行天下，举冤狱，察擅为苛禁深刻不改者。"鸿嘉四年，黄河水泛滥，淹没了三十一个县邑，"河堤都尉许商与丞相史孙禁一同巡视，图方略"。

汉代的边防是维护国家安全的重要工作，所以在边境地区设有一些候望系统。汉代候望系统中，每个候部有专职记录吏卒日迹的人员，"以主烽火、备候望、巡视天田为主要职守的各部候长、候史、燧长等下层戍吏，每月出勤的天数及职守情况，都要逐日登记在册，是为'戍吏日迹簿'"。这种"日迹簿"是对于下层戍吏进行监督的手段，以便积累戍吏的劳日，作为以后对其进行升迁的依据。在这些"日迹簿"的记载中有许多就涉及候史这一"史"职，如"候长武光候史拓七月壬子尽庚辰积廿九日迹从第卅遂北尽鉼庭遂北界毋兰越塞天田出入迹"。除了专门的候望系统外,靠近边塞的郡要设置尉,来履行边塞的一些防御工作,《史记·匈奴列传》中记载匈奴单于进入汉境欲攻汉时,"雁门尉史行徼",《索隐》如淳曰:"律,近塞郡皆置尉,百里一人,士史、尉史各二人也。"雁门尉史即正在进行巡察边境的工作。

（2）逐捕盗贼

一些"史"职也担任逐捕盗贼等工作。《汉书》卷八十三载"……广汉郡盗贼群起,丞相御史遣掾史逐捕不能克",卷八十四载"丞相、御史请遣掾史与司隶校尉、部刺史并立逐捕",反映掾史参与捕盗贼的工作。一些掾史也在逐捕盗贼的过程中,展现了自己的精明能干,如《汉书·叙传》曰:"（班伯）乃召属县长吏,选精进掾史,分部收捕,及它隐伏,旬日尽得。"在收捕过程中,连那些隐蔽的盗贼也只用了十天的时间,就将其全部拿获。

（3）决狱案事

"史"职中的廷尉史、狱史等主要负责的工作是决狱。如前文已引用的张汤想要附会古义来判决刑狱,"乃请博士弟子治《尚书》《春秋》补廷尉史",廷尉史做的就是"平亭疑法"的工作。又如,于定国的父亲于公曾经任县狱史、郡决曹等官职,"决狱平,罗文法者于公所决皆不恨"。因为于公判案公平的原因,郡中还为其立了生祠。于定国也从小跟随父亲学习法律,后也任过狱史、郡决曹、廷尉史等,都是以办理狱案为主要职责。除了真正的断狱之外,一些调查的事务,也会被交予"史"职办理,《汉书》卷七十三载:"案事丞相史乃与（韦）玄成书曰……"表明丞相史正负责调查某件事。《汉书》卷七十七,也记载了一件丞相史案验某事的史事,皇帝的舅舅王立占据了大量荒田,卖给皇帝超过了当时的市价一万万钱,孙宝就"遣丞相史案验,发其奸",检举控告王立欺君罔上的不轨之行。

又《汉书·魏相传》载:"（魏）相敕掾史案事郡国及休告从家还至府,辄白四方异闻,或有逆贼风雨灾变,郡不上,（魏）相辄奏言之。"史料反映掾史替上级去查访各郡国的事务,调查一些被隐匿的事情。

（4）给事

"给事"就是供事于谁的意思,相当于私人或私家的吏员,在汉代有很多的官吏,特别是这些官吏入仕的早期,以不同的原因给事于某某或某某家府,如"蔡义……以明经给事大将军莫府"。秦汉"史"职的职能中有一项即是"给事",如卫青的父亲"以县吏给事侯家",《史记》载"减宣者,杨人也。以佐史无害给事河东守府",还有《汉书·翟方进传》记载了翟方进"给事太守府为小史"。所以,"史"职的给事职能应该是类似于家臣一样的工作,而且有些给事于私府的"史"还在官府服务,即同时为官府和官吏的家府服务。

（5）上计

上计制度是秦汉时期地方守、相向朝廷申报一年的治理状况的制度,这一制度早在战国时期的魏、秦两国就有实行,汉代的法律中还有专门处置上计事务的律条。上计可以分为郡国上计和地方上计,对于从上而下形成层层的政绩督察,起到了积极的作用。

汉代的很多上计事务,是在"史"职的参与之下完成的,西汉从郡中派到中央去上计的官吏中就有丞或长史,东汉时有专职的上计掾、史。"汝南戴幼起,……为上计史,独车载衣资"，表明"汝南太守上计史载绍车"是欲往中央进行上计。"汉制，每年年底郡国遣史上计京师，被遣者，分别言之，有史有掾，总而言之，史、掾皆可称吏。"在汉代的画像石中，也有反映"史"职参与上计的内容，如山东诸城市前凉台村出土的几件画像石中，其中的上计图就"刻画了一座高堂，四周由回廊环绕，一位身穿冠服的老者坐于席上，正在听取属吏的审计汇报，一吏跪坐于前，十三吏环坐于院中，皆手捧计簿"。汉画整理者根据"汉故汉阳太守青州北海高"等字的题记，分析认为，画面中堂中坐者为汉阳郡属吏掾和史，院中为汉阳郡属县十三吏。

3. "史"职职能的辅助性特征

除了以上所列的工作职能之外，秦汉"史"职另外一方面的主要职能是作为上级官吏的助手，具有辅助性的特点。这不能完全指出"史"职所从事的具体工作，而是由其所从属的上级官吏的执掌来决定的。例如从史，《汉书·兒宽传》载："时张汤为廷尉，廷尉府尽用文史法律之吏，而宽以儒生在其间，见谓不习事，不署曹，除为从史，之北地视畜数年。"师古曰："从史者，但只随官僚，不主文书"。在古代，从事这种工作的官吏，也会被称为幕僚之类的。

"史"职职能的辅助性特征与其文书职能相结合，就类似于今天的秘书工作。一般认为，秘书工作指"协助领导综合情况、研究政策、密切各方面工作联系，办理文书档案，人民来信以及其他日常行政事务和交办事项的工作"，从事此类工作的人员就称为秘书。但是，我们需要知道，此种意义的"秘书"职名是在清末的时候才从国外引进的，其含义与一些学者所研究的我国古代的秘书或秘书机构的含义大相径庭。所以，我们只能说秦汉"史"职所从事的工作类似于今天的秘书工作，而不能将秦汉"史"职定性为一种古代的秘书。

除了上述的这些职能外，一些"史"职还从事一些特殊的工作，例如祭祀，有些县专门置祠祀掾、史和祠仁德掾、史，以及将作掾、庙佐之类的小吏，管理祠庙的修治和祭祀事宜。还有收取田租的工作，《汉书·匡衡传》载："（匡）衡谴从史之僮，收取所还田租谷千余石入衡家。"另外，"史"职在特殊时期还可能带兵打仗，如在秦末战争中，赵王武臣就"谴故上谷卒史韩广将兵北徇燕"，张晏曰："卒史，曹史也。"

总之，秦汉"史"职的职能很复杂，但我们只要记住其主要的工作，以及从属于上级的这一特点，就能对我们理解秦汉时期的"史"职的职能提供帮助。

4. "史"职在政治工作中的地位

"史"职在职能的履行中，从事的是最实际的工作，通过对"史"职职能的分析，还可以看出"史"职在政治生活中的一些情况。

第一，"史"职在工作中，建立了很好的人际关系。一些上级官吏很信任下属吏员，如汲黯为东海郡太守时，喜欢道家学说，"治官理民好清静，择丞史而任之。其治，责大指而已，不苛小。……岁余，东海大治，称之"。一些"史"职在某些情况下会劝谏自己的上级，如石庆为丞相时，想要致仕，后得到皇帝诏书的同意，便认为可以交还丞相印绶而归家，"掾史以为见责甚深，而终以反室者，丑恶之辞也"。这里掾史就对石庆进行了规劝，让其认真考虑皇帝诏书的意思。

第二，"史"职在工作中因为表现突出或其他的一些能力，可以得到晋升，这在前文有关

"史"职的迁转中也有涉及。例如《史记》载兒宽先为廷尉史，后因为"为人温良，有廉智，自持，而善著书、书奏，敏于文，……"位至御史大夫。还有减宣在当佐史时就无比能干，后被卫青推荐至京城，当官做事很公平，"稍迁至御史及中丞"差不多有二十年的时间。所以，很多"史"职有很多机会得到晋升，这在史料记载中很常见，有很多像"薛宣、朱博皆起佐史，历位以登宰相"的事例。

根据以上分析，我们可以看出，"史"职的工作职能涉及王朝建设的方方面面，而在其政治生活中，"史"职在职位等级上不是一成不变的，他们可以在某种特殊历史机遇下或通过自己能力的发挥得到提升。另外，很多上级官吏行使职责大多需要依靠"史"职，一些官吏还"谓掾史为师友"，"史"职处在一个相对宽松、和谐的政治环境中，这也反映了秦汉时期低级属吏的政治生活情况。

3．3．2 秦汉"史"职的印章

中国古代的印章文化在历史长河中是长盛不衰的，秦汉时期也存有一套完备的印章制度，特别是官印制度。秦汉"史"职在其政治工作职能的实行中，能直接表示其身份的事物，主要就是其印章。所以，根据有关"史"职印章的史料来体现其印章的使用，也是其政治生活的部分内容。

1．秦汉时期官印制度

秦汉官印制度的背景毋庸置疑的是中国古代印章制度及此制度的发展。"中国印章制度是以古文字为载体，它几乎与图形文字同步发展而来"。但是，中国古代的印章不仅历史久远，而且因为朝代、地域等的不同，称谓和内容也有所变化。幸运的是，中国古代印章的内容主要还是分为官印和私印两大类，"官印是政治权力物化的产物，私印与社会群体和个体相关联，是其所持有的一种身证信物"。秦汉时期，既有官印又有私人印章，秦汉官印从印文称玺、印、章，印章材料用玉、金、银、铜、铁，钮制雕刻螭虎、骆驼、龟、蛇、穿、鼻，到尺寸大小，以至于与玺印有关的绶带用多少根丝、长短、颜色也都作了规定。秦时，皇帝的玉制印称为玺，而官吏的官印只能称印，任官时授予印，辞官或免官时需归还印。汉代的印章则在继承秦制的基础上日渐地完善和规范，官印既有印又有章，特别在篆刻的艺术上达到了一个新的高峰。

最为主要的是，秦汉官印制度体现在各个等级的官吏身上，在材料等的规定上与官吏的秩级也是成相应比例的。如中二千石、二千石、比二千石的官员的印为银质，印文称为印或章，龟钮；千石以下、二百石以上的官员都用铜印，鼻钮，印文称印；百石以至斗食吏则根据具体情况颁发印章，有的不佩印，有的佩印，所佩印为半章印，即正方形印章的一半，就成为长方形印章，铜质穿钮。这些不同称谓、不同材质的官印，体现了秦汉时期注重尊卑等级的观念，代表了官吏在政治立场上的身份，也体现了不同官吏所掌职责的不同，是官僚制度完备的主要内容之一。

2．秦汉"史"职的印章

秦汉的史料记载中，有关"史"职印章的内容也很少，但是我们已经在前文例表概括了史料中出现的秦汉时期的"史"职。所以，我们以后对秦汉时期历史学习时，如果出现之前所列的"史"职的印或章，都将是秦汉"史"职印章的史料证明，而事实也证明，表示秦汉"史"职政治身份的官印确实存在。张家山汉简《二年律令》有"伪写彻侯印，弃市；小官印，完为城旦舂"。这是关于伪造印章的法律条文，但其中的"小官印"值得我们深思。《居延汉简释文合校》又有："初元元年四月壬子居延库啬夫贺以小官印行丞事☞。"一些学者的观点认为"小官"是职位较低的官，"小官印"是二百石以下小吏的印章，也就是"半通印"。我们不排除在一些史料中，"小官"是专指某种官吏，但可以看出也应是低级官吏。又《汉书新证》"作者按"中有"十钟山房印举举二、五十一页，有'史印''史左'半通式印，当为佐史所用，而汉印中之'少内'，亦可能为斗食、佐、史等所通用者"。陈直按："汉印文字徵第十三，二页，有'有秩狱史富纳'印，狱史与游徼，皆百石小吏也。"材料中的"佐史"使用的是半章印，也就是前文所说的长方形的印章。所以，"史"职印章形制为"半通印"是很有可能的。我们根据其他官吏的半通印来了解一下"史"职半通印的形制，如下图所示：

图 3-1 "挺县左执奸"印   图 3-2 "侯长"印   图 3-3 "廷尉史印"

　　根据上图可知，"廷尉史印"是正方形的印章，所以，"史"职的印章既有正方形的，也有长方形的"半通印"。虽然，我们很难找到"史"职印章的实物资料，也不能确定是否每种"史"职都有印章，但印章作为其政治身份的代表，作用和重要性都是很明显的。"亡印，罚金四两，而布告县官，勿听亡印。"这是《二年律令》中有关官吏丢失印章的法律，这对于持有印章的"史"职也是一样的，正如图 3-3 所示廷尉史的印章，若丢失，应该也会受到惩罚。

◇ 3.4 秦汉史职的经济收益

　　秦汉"史"职的经济收益是"史"职的主要生活来源，包括履行职责之后从政府得到的俸禄回报以及其他的一些收入，"史"职的经济收益连接了"史"职的政治生活和社会生活。

3. 4. 1 秦汉官吏的俸禄

1. 秦代官吏的俸禄

秦代"史"职的俸禄是以秦代官吏的俸禄形式为前提的，而有关秦代官吏的俸禄制度则与战国时期秦国的俸禄制有关。总的来说，秦代官吏的俸禄主要包括两个方面的内容：

一方面是与军功爵制所对应的俸禄。以军功立爵，爵位的高低决定了爵禄，20 等级军功爵有不同的爵禄相对应，爵禄的获得就是官吏俸禄获得的一个部分。爵位授以后，除了所对应的荣誉和利益外，有爵者和无爵者在平时的待遇方面也是存在差别的，甚至因爵位高低的不同，由国家供给的伙食标准也不一样。如《秦律十八种·传食律》中规定："御史卒人使者，食粺米半斗，酱驷（四）分升一，采（菜）羹，给之韭葱。其有爵者，自官大夫以上，爵食之。……不更以下到谋人，粺米一斗，酱半升，采（菜）羹，刍、稾各半斗。……上造以下到官佐、史毋（无）爵者，……粝粝米一斗，有采（菜）羹，盐廿二分升二。"这大概是一天的伙食标准，在这里，不更、谋人、上造、官佐等都是爵名，四级爵不更及"谋人"（三级爵簪袅的别称）按规定可吃精米、肉酱和菜羹，而一级的公士、上造和没有爵位的佐、史等低级官吏就只能吃糙米、菜羹还有一点盐，无疑爵位越高待遇也越优厚。正是在军功爵制的推行下，功越大爵位越高，爵位越高禄赏也越多，禄赏则推动了军队的战斗力，使秦国最终统一六国，建立了秦王朝。而这种爵禄也否定了之前的世卿世禄制，具有推动时代进步的意义。

另一方面是以"石"作为区分俸禄等级的秩俸制度，不同的等级反映不同官吏的级别。《韩非子·定法》篇里就提到秦国有"五十石之官"，六百石、五百石等名称也见于《史记》等文献中，"石"本为衡器的单位，亦用为量算谷物的量器。《史记》卷六记载："（王）翦将十八日，军归斗食以下，什推二人从军。"这里的斗食指的是年俸不满百石的俸禄较低的官吏，石级即是表示官员每年受取俸禄的总数，也是用于表示官吏级别的。另外，秦汉以前，中国北方的主要农作物是粟，所以秦国付给官员的俸禄一般以"粟"作为实物进行发放。例如《秦律十八种·仓律》有"为粟廿斗，春为米十斗"，"为粟廿斗"应为"稻禾一石为粟廿斗"，粟在这里指的是未脱壳的稻粒。但是，真正领取俸禄的时间是按月进行的，又称为"月食"。

秦朝统一后，秦国时期的俸禄制度也成为秦朝统一政权的基本俸禄制度，我们需要认识到，爵位是用来褒奖个人功劳的，赐其爵位是表明其身份的尊贵；而秩俸最主要的目的是用来标明官吏的品级高下和待遇的厚薄。

2. 汉代官吏的俸禄

汉代"史"职的俸禄与秦代一样，以汉代官吏的俸禄制度为依托。总体上来看，汉代的俸禄主要是以秩石为等级的，两汉时期将官吏分成高低不同的等级，其表现就是官吏所任官职的秩石，相同秩石或级别的官吏俸禄相同，这种俸禄制度也反映了官阶的不同，《汉书·惠帝纪》："赐给丧事者，二千石钱二万，六百石以上万，五百石、二百石以下至佐史五千。"这是西汉官吏有秩别的最早记录。这种以粮食的"石"表示的俸禄等级制度，是在继承秦代的俸禄制度的基础上发展起来的，并且加以完善，一些石级也随时间而有所调整，成为管理官吏的重要制度。一般情况下，秩六百石以上的官吏被称为高级官吏，在秦时也称为显大夫，《云梦秦简·法律答问》："可（何）谓'宦者显大夫?'宦及智（知）于王，及六百石吏以上，皆为'显大夫'。"这是在史料中最直接的反映；秩百石以上，六百石以下的官吏属于中级官吏，而享有百石以上的秩俸者在当时可以称为"有秩"；百石以下的官吏，也称斗食或少吏，属于低级官吏。《汉书·百官公卿表》就有"百石以下有斗食，佐史之秩，是为少吏。"

需要注意的是，这种用粮食的"石"表示俸禄等级的制度，这里的"石"是一个级别的名称，而非俸禄的实数，这在汉代俸禄的发放形式中有所体现。俸禄发放的形式反映在实物上时，要受社会经济及国家财政收入的影响，汉初以粟为主，发放时的标准量器是斛，也是按月发放的，《汉书·百官公卿表》唐颜师古注称："汉制，三公号称万石，其俸月各三百五十斛谷。"这是按月发放的史料证明。但是，汉代的财政收入主要是田租、口赋，租收谷粟，赋收铜钱。钱币是汉政府财政收入中的重要部分，随着汉代财政收入的发展，俸禄发放的形式也有所改变，至迟从汉武帝时开始，官吏的俸禄是以钱而不是以谷物的形式付给了，也就是说西汉大部分时期给的俸禄是钱。到了东汉时期的建武二十六年（公元 50 年）重订以粟为定俸的标准，而发放时是钱谷各半的。

除了俸禄之外，官吏还可以从政府得到一些额外的正当收入，例如赏赐，赏赐可以分为定期赏赐、庆典赏赐与功勋赏赐三个类别，其赏赐的内容有金钱、缯帛、器物、酒肉、奴婢、住宅、车马、衣服等。定期赏赐如《汉官仪》有记载："立春之日，遣使者赐文官司徒、司空帛三十匹，九卿十五匹；武官太尉、大将军各六十匹，执金吾、诸校尉各三十匹。武官倍于文官。"这是在立春之时的赏赐，另外还有冬至的腊赐等。庆典赏赐在史料中出现得很多，如《后汉书·明帝纪》载有："永平十五年夏四月，封皇子，赐……从官视事二十岁以上帛百匹，十岁以上二十匹，十岁以下十匹，官府吏五匹，书佐、小史三匹。"另外，如"皇帝加元服"等也会进行赏赐。功勋赏赐则是针对有功绩的官吏的个别赏赐，赏赐的数额一般很大。除了赏赐之外，两汉时期的高级官吏因为年老或因病免职，退休归家，还可以享受一定的"致仕"待遇。

另外，汉代也有爵位制度，特别是在汉初，继承了秦朝"故爵"，又有所发展，与爵位高低相应的经济待遇也是一部分官吏的重要经济来源之一，但主要也是高级官吏，这里就不再赘述。

3.4.2　秦汉"史"职的俸禄

汉代"史"职在工作职责实行的过程中，从政府获得的报酬，也就是其俸禄，主要也是根据以上所述的汉代官吏俸禄制度来实现的。首先是用"石"来表示"史"职的秩级，其次是发放时发放钱或实物。

"史"职俸禄的发放周期一般也是按月发放，《汉书·百官公卿表》颜师古注引《汉官名秩簿》云："斗食月奉十一斛，佐史月奉八斛。"一些斗食、佐史之吏当包含在"史"职的范围之内，所以，汉代"史"职的俸禄是按月发放的。俸钱的发放在汉代"史"职的俸禄中是一种主要的发放形式。但在一些财政收入缺乏的地区，有时不能如期发放俸钱，就会以粮食之外的一些实物，计价发给官吏来替代俸钱，这其中也有以这种形式发给"史"职俸禄的现象，如"出河内廿两帛八匹一丈四寸大半寸直二千九百七十八给佐史一人元凤三年（公元前78年）正月尽九月积八月少半日奉。"

此外，汉代一些"史"职也与其他官吏一样，除了规定俸禄的获得外，还有赏赐等另外的正当经济收益。孝惠皇帝即位时，就对官吏进行了赏赐，一些"史"职也在赏赐之列，如按官吏等级赐给主办高祖丧事者，"二千石钱二万，六百石以上万，五百石、二百石以下至佐史五千"。对于开拓土地为冢矿者，"二千石二十金，六百石以上六金，五百石以下至佐史二金"。

《后汉书》卷二《明帝纪》记载了永平二年冬十一月，皇帝到河东，"所过赐二千石、令长已下至于掾史，各有差"。永平五年冬十月下诏，免除元氏县（明帝出生地）六年的田租赋税，"劳赐县掾史及门阑走卒"。永平十五年四月，又因为封皇子为王而对一些官吏进行赏赐，其中有"官府吏五匹，书佐、小史三匹"。这是由于巡行某地或封皇子庆典等对官吏进行实物赏赐，掾史、书佐、小史之类的"史"职也在赏赐的范围内。

关于"史"职的赏赐，还有很多的史料可以证明，如东汉和帝永元二年夏五月封王，于是"赐公卿以下至佐史钱布各有差"。永元四年八月丁巳日"赐公卿以下至佐史钱、谷各有差"。所以我们可以推断，前文所述的对汉代官吏的赏赐原因之下的赏赐，很多也会涉及对"史"职这类吏员的赏赐，这只是视具体的情况和赏赐范围、多少而有所不同。

在秦汉爵制的影响下，有些"史"职也有被封爵的可能性，如汉平帝元始元年春正月，就赐给平帝受征即位前所过县邑的官吏"二千石以下至佐史爵，各有差"。当然，"史"职作为一种比较低级的吏员，虽然有时会有赏赐或封爵，但是赏赐的数额和封爵所带来的利益仍然是很少的，肯定不能和一些高级官吏作比较。所以，根据汉代"史"职的俸禄和另外的一些从政府获得的收入来看，汉代"史"职的经济方面的待遇是比较低下的，如杜周最初为尉史这一百石小吏时，仅有一匹马的财产，后官至御史大夫，家财累巨万，"杜周初征为廷史，有一马，且不全；及身久任事至三公列，子孙尊官，家訾累数巨万矣"。

又《汉书》载"并入公府，公府掾史率皆羸车小马，不上鲜明"，意思是公府中的掾史属官只有些瘦马破革，更没有光鲜的外表。这些都是"史"职与高级官吏待遇差别的体现，当然，随着"史"职的迁转等各方面的原因，秩禄也会随之有所变化。

3.4.3 秦汉"史"职的其他经济收益

秦汉"史"职除了基本俸禄之外，还有另外的一些经济收入。从西汉中期以来，个别的官僚就有经营工商业或田业的，东汉时，很多官僚往往都兼有大地主、大商人的身份。"史"职获取其他的经济收入并不像那些等级高、权位重的官吏那么容易，一般情况下，这种贸易关系也是不被允许的，但是，"史"职中也有通过经济贸易等获取收入的现象。例如，汉代居延地区，屯戍的吏卒之间，以及屯戍吏卒与当地的百姓之间，就会经常进行一些互通有无的经济贸易活动，这些戍卒中就有候史等"史"职。戍卒之间以及戍卒与当地百姓之间的买卖活动可分为"买卖"和"赍买赍卖"两种，两者之间主要的区别是后者属于不能立即付款的买卖，即赊买也。而"史"职之类的吏员进行贸易等方式获取钱财，主要还是因为其在政治工作中所获俸禄少，甚至还会出现一些获取非法收入的情况。史料载："夫百里长吏，荷诸侯之任，而食监门之禄。……—月之禄，得粟二十斛，钱二千。长吏虽欲崇约，犹当有从者一人，假令无奴，当复取客。"除此之外，还有各种衣食住行上的花费，俸钱根本不够，"于是则有卖官鬻狱，盗贼主守之奸生矣"。长吏的状况尚且如此，"史"职之类的属吏便可想而知。

为了缓和吏员的生活状况，一些统治者也采取过措施，如孝宣皇帝时就增加俸禄，下诏曰："吏不廉平则治道衰，今小吏皆勤事，而俸禄薄，欲其不侵渔百姓，难矣。其益吏奉百石以下十五。"即增加百石以下吏员十分之五的俸禄。但是，"史"职的俸禄低下的状况不是瞬间可以改变的。由此也可以看出，"史"职进行经济贸易等活动与其获得的俸禄较少有很大的关系，这些俸禄也许根本不能维持自己及家人的基本生活。所以，一些"史"职通过另外的一些方式增加经济收入是存在的，也是很容易理解的，因为这与其的物质生活息息相关。

3．4．4　秦汉"史"职的社会生活

社会生活有广义和狭义之分，广义上的社会生活指的是人类的整个社会物质和精神方面的活动；狭义上指的是社会的物质生产活动和社会组织公共活动领域以外的社会日常生活方面。秦汉"史"职的社会生活指的是狭义意义层面的社会日常生活，这是与前面所述的在政治生活中履行职务相呼应的，而且，秦汉"史"职的日常生活与其在经济上的待遇、收入有关，从政治生活中得来的收入很大程度上决定了社会生活的质量。但是，由于相关资料稀少，"史"职的婚姻、家庭等更多更深层次的内容将难以涉及，我们只能以衣食住行的物质生活状况和涉及"史"职的精神娱乐活动两个方面的内容为主，对"史"职的生活进行简单的分析。

1．秦汉"史"职的物质生活

物质生活的主要内容是衣食住行，秦汉时期，随着政治上的大一统，社会经济也逐渐得到恢复和发展，特别是汉代时期，根据一些汉代画像和文献资料的记载，民众的物质生活得到很大的提高。对于秦汉"史"职来说，他们的衣食住行反映在以下几个方面：

首先，从衣食方面来看，秦汉时期的衣食水平有了很大的提高。秦代衣服布料主要以麻织品为主，汉代时期则多了丝织品、毛织品等，衣服的样式也有长有短。如前文所述，"史"职的着装要受到等级观念等的束缚是肯定的。但是，"史"职具体穿什么样的衣服，样式很难知晓，布料的话应该也是以麻织品、毛织品等为主。另外，秦汉时期，人们的烹饪技术也趋于成熟，主食有禾、麦、黍、稻、稷、豆等，葵、瓜、韭等蔬菜，肉食的种类虽然也很多，但一般仍是上等人的标志。另外，酿酒、饮酒等风气也日盛。

根据秦汉"史"职的主要经济来源，也就是政府发放的俸禄来看，有钱也有实物，这些实物当中，有粟、稻等，这些粮食很大一部分就是供给"史"职平日的伙食。云梦秦简《传食律》载："上造以下到官佐、史毋（无）爵者，及卜、史、司御寺、府，糲米一斗，有采（菜）羹，盐廿二分升三。"即爵位上造以下到官府中没有爵的佐、史，以及卜、史、司御、侍、府等，每餐糲米一斗，有菜羹，并供应盐二十二分之二升。"糲米"是粗糙的米，菜羹应指浓汤的蔬菜，由此可知，一般的"史"职所食用的食物并非很好。但是，如果有赏赐之类的话，可能会有酒、肉等，《二年律令·赐律》就有："赐吏酒食，率秩百石而肉十二斤，酒一斗；斗食、令史肉十斤，佐史八斤，酒七升。"这种按官吏等级高低的赏赐，对于低级属吏的"史"

职来说，毕竟不会太多。

其次，在住宅方面，秦汉时期的住宅在名称上有着严格的区分，如"皇帝所居，称宫称殿，官吏与市民百姓的住处称为官邸、府第、住宅，此外又有楼阁、台观、别馆、客舍之类。"这些住宅名称不仅体现了明确的等级观念，而且表现了明显的贫富差异。在秦汉官吏的住宅建筑中，豪门大院与简陋宅第的差别是很常见的。对于"史"职来说，根据"史"职在秦汉官僚系统中的地位和俸禄秩级来看，"史"职在住宅方面应该呈现两个特点：

一是部分"史"职随上级居住。比如给事于某某官府或某某官的"史"职，其住宿条件相对普通百姓来说，应该还是不错的。

二是大多数"史"职的住宅条件简陋。从"史"职的待遇来看，大多只能供养自己，其生活住宿水平和秦汉时期社会的水平差不多，是不能和那些高级官吏相提并论的。

另外，车船马匹是秦汉时期主要的交通工具，秦汉官吏或富人出行一般有车马，对于车马的规定如住宅、服饰一样，有着严格的等级规定，这当然也与贫富的差异大有关系。但是，依照当时的社会状况，秦汉"史"职在出行的时候，肯定也不可能经常有车马等交通工具，而且前面还提到过，不能利用政府的车马等谋取私利，所以，"史"职出行大多应是依靠步行。

总的来看，"史"职在物质方面的生活应该是与当时社会发展状况相适应的，对于在官府任职的"史"职来说，其俸禄等经济收益虽然不会太高，但与其他处于社会底层的贫民相比，相对可能好一些。例如，在官府任职的佐、史，在吃饭等方面，存在专门为其做饭的人，还有牛车等交通工具，这在云梦秦简《秦律十八种·金布律》中就有证明："都官有秩吏及离官啬夫，养各一人，其佐、史与共养；十人，车牛一两（辆），见牛者一人。都官之佐、史冗者，十人，养一人；十五人，车牛一两（辆），见牛者一人；……"其中的"养"就是做饭的人，反映了当时对官府任职人员的一些照顾，而牛车的配置主要还是为了方便开展行政工作。

2. 秦汉"史"职的精神生活

秦汉"史"职的精神生活是其精神世界的体现，既有其参与到当时社会娱乐活动的部分，也有其政治生活影响下的内容，更有其内心世界偏爱、追寻美好事物的表现。

秦汉时期，社会活动种类繁多，在很多的汉代画像中，描绘了很多内容丰富的社会生活，涉及的范围也十分广泛。在精神文化生活方面，例如宴请嘉宾、观赏歌舞等，还有汉代人们喜闻乐见的投壶、赌博、六博、斗鸡、武术、游艺等娱乐活动。在这样一个文化娱乐活动丰富的社会背景之下，"史"职当然也能多多少少感受到这样的精神氛围，偶尔也会参与其中，充实生活。

另外，据史料记载，汉代官吏都有休假的惯例，《汉书》卷八三载："及日至休吏。"师古曰："冬夏至之日不省官事，故休吏。"也就是汉代的官吏至少在夏至和冬至到来时有休假的可能。其中记载了一个叫张扶的贼曹掾在冬至时没有休假，"坐曹治事"，薛宣开导张扶曰："盖礼贵和，人道尚通。日至，吏以令休，所繇来久。曹虽有公职事，家亦望私恩意。掾宜从众，归对妻子，设酒肴，请邻里，壹相乐，斯亦可矣。""史"职可以在休假的时候与家人团聚，共享天伦之乐，这也是莫大的精神享受。

秦汉时期，存在一些有名望或有良好品质、义气的人，"史"职生活在有某些人物影响的环境之下，偶尔也会对其产生崇拜之心，从而被崇拜之人有可能影响"史"职的一些活动。

例如《史记·游侠列传》记载了郭解是一个很有名望的人，"解出入，人皆避之。有一人独箕倨视之，解遣人问其姓名。客欲杀之。皆曰：'居邑屋至不见敬，是吾德不修也，彼何罪！'乃阴属尉史曰：'是人，无所急也，至践更时脱之。'每至践更，数过，吏弗求。"

郭解能够吩咐尉史按其意思办事，尉史也遵循，说明一些"史"职也有自己精神上的追求，也许这一尉史也和郡县里的其他人一样，对郭解有着仰慕之情。还有一些"史"职对那些很会为人处事的人，也会产生佩服之情，如丙吉为丞相时，为人宽宏大度，会礼让他人，如果掾史有了罪过，则给掾史放长假，让其自己去职。对待自己的属官掾史，总是替他们掩过扬善，有时还把自己的能干归功于属吏的劝告，所以，"掾史繇是益贤吉"，掾史都很佩服他。

总之，秦汉"史"职生活在秦汉社会的大背景下，其社会生活也反映了当时社会生活的一些状况和水平。

"史"职是秦汉时期普遍设置的一种从事实际工作的属吏。"普遍设置"表现在"史"职的多种称谓和多种执掌上，所从之事包括政治、经济、文化等方面，"从事实际工作"也与其所掌的这些职能对社会的正常运转有关系。

"属吏"有从属于上级的意思，一般情况下，我们说某一低级官吏从属于某一高级官吏，这个"属"字至少有以下两种含义之一：

一是高级官员掌握下级官吏的任免权；

二是低级官吏执行职务要受所属高级官吏指挥监督。

对于"史"职来说，"史"职并不是完全由其上级选任，但是，从"史"职所从事的工作来看，"史"职是附属于上级的，一般情况下，"史"职所做的工作不会超出上级的执掌范围。

从"史"职选用时所注重的文书等能力来看，我们还可将"史"看作是一种文化素养，是秦汉入仕的基本条件之一。秦汉"史"职在当时虽是低级属吏，但是，很多具有真才实干的"史"职是能够升迁的，甚至成为地位很高的官吏，这体现了秦汉时期选官制度有一定的开放性。

通过对秦汉"史"职的研究，可以看到秦汉"史"职的背后实则有一个很有序的职能结构。以汉代的"史"职来说，从中央到地方，都有不同"史"职的设置，这些"史"职看似有不同的执掌，其实是分层次地结合在一起的，为不同的行政事务的开展提供服务，形成了汉代行政工作的网络。所以，"史"职在秦汉官僚系统中起着非常重要的作用。

第4章　秦汉官史品位结构

◇ 4.1　品位结构的框架

本章以秦汉时期的官僚品位结构及其变迁为对象。我们首先应说明的就是"品位结构"。

4.1.1　品位结构：分等与分类

中国官阶制经历了三千年的连续发展。早在周朝，官员组织就颇具规模了，相应地也出现了最初的官员等级制，如公、卿、大夫、士那样的等级。此后帝制的两千年中，王朝使用过的位阶序列，形形色色而蔚为大观。像周代爵命、秦汉禄秩与二十等爵、魏晋以下的九品官品与将军号等、唐朝文武阶官与勋官、宋朝的寄禄官等，不一而足。

前所列举的各种等级序列，以往的学者已进行了大量研究，但大多是分别考察的，例如封爵研究、官品研究、阶官研究等。这里想尝试的则是一个综合性观照，不但分别考察各种等级序列，尤其要考察它们之间的关系，即：立足于不同位阶的特定功能，进而观察它们是如何互相组合搭配在一起的，组成了一个什么东西，而这就是"品位结构"。

为什么要把官阶结构表述为"品位结构"呢？还得回到官阶研究的对象上来。目前学界的研究把官阶研究对象概括为两个方面，即官职的分等和分类。

也许有人认为，官阶主要是用于"分等"的。但这种看法并不全面。"分等"无疑是官阶的主要功能，但不可否认的是，官阶也用于"分类"。"分等"和"分类"问题的产生，来自官僚组织的结构特征。官僚制是一种"科层制"，其特点就是分科分层。"分层"主要指向"分等"，而"分科"则指向"分类"。各种职位是被配置于不同的"科""层"之上的。"事"必须由"人"来承担。行政事务之所以用"职位"做最小单位，是因为"职位"对应着一个人，是分配给一位官员的一份权力、责任和资源。所以，等级管理的对象除了"事"之外还有"人"。"人"的等级管理显然构成了官僚组织的又一个子系统，如其涉及的考核、任命、薪俸、待遇、奖惩、培训等。简言之，官僚组织除了职位结构之外，还有一个人员结构，二者都要分等分类。

官员不仅是一个行政工具，也是一个身份主体和利益主体。他的职业动力在于寻求更高的地位和更多的报酬。为保障其身份与利益，有时候就要在职位的等级与类别之外，另行安排官员的等级与类别，为之制定相应的位阶，以体现其资格、地位与薪俸，保障其升降调动，并以此实施激励奖惩。那种独立于职位结构的官阶就是"品位"。"品位"是官员的个人级别，是其待遇、资格和地位的等级，而不是职位的等级。现代文官等级制被分为两大类型，一类是"职位分类"，一类是"品位分类"。若简单来说，只给职位分等分类，不为官员个人设置级别的等级制，就是"职位分类"。在这时候，官员居于什么职位，就是什么等级，其地位依职而定。若在职位分类之外，另行为官员个人设置级别的，就是"品位分类"。这时官员的实际地位是由职位等级和个人级别综合决定的，而职位等级与个人级别未必——对应，有较高级别任较低职位的，也有级别较低但职位较高的。"职位"必须被纳入不同的等级和职系，"品位"则是"可有可无"的，有时设置，有时候就不设置。

发达的文官组织总会有一些基本的共性，中国传统文官制度并不例外。有学者这么说：中国传统官阶只管分等，不管分类。其实不是那样的。古代很多官阶安排与"分类"相关。战国以下，官分文武。汉代文官与武官即有清晰区分，而且体现在官阶上了：武官都被列在"比秩"上，使用比二千石、比千石、比六百石等带"比"字的秩级。战国秦汉还有一种"宦皇帝者"，就是一种非常特别的职类概念，这个职类也用"比秩"。唐代阶官有文散阶与武散阶之分。宋朝的医官有专用位阶，与今天所谓"职称"并无大的区别。到了金朝，天文官、医官、内侍和乐师，都有了专用"职称"了，它们各分 25 阶。可见中国传统官阶并非只管分等，不管分类。

现代文官理论的基本前提之一，就是根据职位结构来考虑人员结构，即：根据行政需要把职位划分为不同等级和职类，再把适当的人员任命到相应职位上去。不妨说那是一种"填充"的视角——用"人"来填充职位，用中国古语说就是"为官择人"。在那个视角中，人员结构与职位结构在相当程度上是同构的。尤其是实行"职位分类"的政府，可以根据职位的等级和类别来实施人员管理，包括等级管理。在这时候，职位管理是"主体建筑"，人员管理属"配套设施"。

倘若中国古代也像现代政府那样，传统官阶研究就简单多了，因为那样一来，"人"的等级与类别就将等同于或近似于"职"的等级与类别，弄清某"官"属于某品、某阶、某职类就可以了。但传统中国的情况大多不是那样的。中国官阶所面临的重大问题，就是人员结构远大于职位结构。"官人"和"官职"不是一回事儿。"官人"的数量，或说拥有朝廷位阶名号者的数量，远远多于行政职位之数；而那些"官人"，都在王朝人事管理的范围之内，需要用各色位阶衔号来标识区分。

随手举几个例子。秦汉官制虽很简练，但仍有"散官"存在着。如郎官、大夫等，他们多的时候可达数千人。而且他们不算行政吏员，或说散官不算行政职位。汉朝经常向民众赐爵，拥有爵位的男子数量是极其庞大的。魏晋南北朝时，没多少甚至根本没有行政事务的府官、属吏、国官、东宫官和东西省散官则大量存在着。魏晋还有一种叫"王官司徒吏"的官僚候选人，其等级资格主要是中正品，在曹魏西晋其数量约在两万以上，东晋初一度还达到了 20 余万人。北魏道武帝时，仅一次向"诸部子孙失业"者赐爵就达两千余人。北魏还曾向民间的老者颁授军号和郡县长官衔，那么只要够年龄就能成为"官人"了。北齐、隋和唐初有一种"视品官"，据李锦绣先生研究，其数量在万人以上，而唐初的职事官数不过两千多员。唐宋朝廷想方设法解决官人的"就业"问题，例如设置员外官、添差官等。宋明清时排队候选者是一支浩浩荡荡的队伍，很多人数年乃至十数年都轮不到官做。类似事例还有很多，暂不赘举。大量的类似事实告诉人们：传统王朝的人员结构、位阶名号的适用范围，远远大于职位结构。简言之，中国传统政府的职位结构和人员结构在相当大程度上是不同构的。官阶不仅要覆盖官职，还要覆盖所有"官人"。而这就将影响到品位和等级的结构上。这主要表现在以下几个方面：

第一，拥有"官人"身份者，在多数情况下远远多于行政职位（通称"职事官"），那么其身份和类别都需要某种品位来确认。

第二，朝廷大量颁授衔号名位必然造成大量"一人数衔"的情况，从而大大增加了品位结构的复杂性。

第三，特定的人员结构往往会导致特别的职类概念。例如汉代曾用"正秩"标识行政官职，用"比秩"标识非行政官职。而后者即包括所谓的"宦皇帝者"，"宦皇帝者"是帝国前期散官制度的一部分。早期散官的特殊性在于其有很强的品位意义，例如构成选官资格，但又不是全无职事，文职散官往往是随机事务的承担者，武职散官有宿卫之责。

第四，人员结构还可能反作用于职位结构，从而导致"职事官的品位化"。也就是说，有时优待官员和安排人员的压力是如此之大，迫使朝廷把职位用如品位，把职事官当名号用了。官员有其位而无其事，反过来令职位结构膨胀、扭曲了。魏晋南北朝时散官虚位的畸形膨胀就十分明显。在唐宋间，"职事官的品位化"的巨大冲击甚至令昔日的省部寺监之官大批量地转变为"寄禄官"，变成了官僚个人的资位尺度，王朝另用"差遣"寄托权责，原先作为职位架构的六部寺监整个被架空，官品近乎失效了。那是中国官阶史的一大变故，不妨说是很"骇人听闻"的。

第五，衔号名位的拥有者往往不限于正式在任官员，王朝品位的涵盖面经常超越行政边界，而向民间和社会延伸和渗透。这包括三种情况：

一是向民众中的某些分子颁授名号用作褒奖，这成为调控整合社会的重要手段。

二是给特殊群体提供入仕机会，如士人、学子或官僚子弟。"入仕预备队"的存在，进一步扩大了人员结构的外缘。"官僚预备役"经常变成了正式的品位安排。魏晋南北朝的"中正品"就是如此，只拥有中正品并不等于入仕，但已在朝廷人事管理范围之列了。

三是官贵家属，如其父母妻子，因"子贵父荣""夫贵妻荣"而被给予名号。

人员结构和名号管理的范围大于王朝职位结构的情况，不妨以图4-1显示。

图4-1 职位结构

在上图中，"职位或职事官"对应的是职位结构；"品位性官职衔号"的拥有者也是官员，然而其官职衔号溢出职位结构了。值得注意的是，"民间的朝廷名号拥有者"连官员都不是，但其名位也由朝廷人事部门颁授。

因此，中国传统官阶制和现代文官等级制的差异就显露出来了。现代文官等级管理的重心在于"事"、在于职位，是一种"职位管理"的手段；相形之下，中国传统官阶除了用于管理职位，在更大程度上还是一种"身份管理"的手段。现代人事管理采用"为官择人"原则；而传统人事管理则经常"因人设官"，即先有了一支"官人"的队伍，再考虑如何安排他们，让他们各得其所。因而在绝大多数情况下，这里的人员结构与职位结构是不对称的，"官"不等于"职"，"官"多于"职"；王朝统治者不仅是在管理职位，还是在管理身份。这是传统官阶区别于现代文官制的最大特点之一，从而也是传统官阶研究最引人入胜的课题之一。

以色列学者艾森斯塔得曾指出，"罗马、拜占庭和中国，各自都有双重的衔号制度。一种衔号确认其拥有者具有从属于某一特定阶级的一般标志，……另一类衔号则确认其拥有者的职能和官位"，统治者为了他的个人权力，将力图"创置新的衔号与官位，对世袭性称号和职能性官位加以区分"[①]。艾森斯塔得也看到了不同位阶具有不同的性质和功能，有用于确认身份的，也有用来配置职能的。"职位管理手段"和"身份管理手段"的区分提示我们，在统治者规划品级位阶时，他至少将有两种考虑："运作考虑"和"身份考虑"。"运作考虑"着眼于行政运作和政治运作，可以说是以"事"为本的，即按政务需要来安排行政层级、官署等级和职位等级，其目的可以归纳为三：

（1）标示职位的类别与统属，确认其间的指挥与协作关系；

（2）标示各职位在行政或政治上的重要程度，把较重要的职位置于较高品级；

（3）为人员的录用、酬报、激励和奖惩提供等级尺度。

但在另一维度，"身份考虑"则以"人"为本，其目的也可归纳为三：

（1）安排地位与身份，用官爵去适应或去调整社会等级秩序。

（2）分配权势利益。在这时候，官爵是作为一种"权益"甚至"福利"而被授赐的，封官授爵是一种分配机制。如葛承雍先生的概括："这套金字塔式的官僚等级权力结构，使得各级官吏享有与其官品相应的政治经济特权，是社会财富的合法瓜分者。"[②]

（3）维持政治效忠，比如通过特定衔号等级来维系"拥戴集团"，由此强化"效忠机制"。

就"运作考虑"而言，传统中国王朝与现代文官制还是有很多相通之处的。当然在职位结构上，传统行政组织与现代行政组织的差异也昭然可见。现代法治国家的行政部门只是三权分立下的一个子系统，而传统中国政府却是一个一元化体制，司法、立法与行政不分立。现代政府的复杂程度适应了现代社会的高度分化，传统政府则相对简单得多了，而且还存在着一些较原始的或现代社会所没有的职类，例如皇帝侍从、后宫女官等。

从"身份考虑"看，现代政府与传统王朝的差异就更大了。中国官阶是一种安排社会身份的手段，是一种分配权势利益的手段，是一种维系政治效忠的手段。那虽然也将体现于职位结

①　艾森斯塔得：《帝国的政治体系》，贵州人民出版社 1992 年版，第 136—137 页。

②　葛承雍：《中国古代等级社会》，陕西人民出版社 1992 年版，第 4—5 页。

构，例如为安排人员的特殊需要而设置职位，但主要发生在人员结构方面，是通过品位安排体现出来的。中国品位体制的繁复精巧，在前现代社会中少有匹敌。

在"国家—社会"的二元对立视角中，"国家"往往被视作一个施加政治调节的功能组织；然而换一个角度，中国的传统国家也是一个身份组织、"生活组织"，即一群人赖以谋生牟利的组织，它的内部就是一个"社会"。除行政效率的最大化之外，安排身份的尊卑贵贱，也是国家的重要组织目标。进一步说，国家的外缘是弥散的，还与社会交织纠缠在一起，这从名号向民间颁授一点上，也能看得出来。那个所谓"国家"是一个"大共同体"——古人所谓"天下"——的一部分，是其核心、主干部分；由此看过去，"社会"反而成了国家的外围、枝叶和根基了。因而"国家"的生活结构与身份结构，与外部社会构成了连续体，王朝等级管理范围的普泛化即其体现。

等级管理的"普泛化"，除了体现在管理范围之上，还体现在"品秩构成要素"上。位阶是由"形式"与"内容"两方面构成的。"形式"就是品秩的样式，如级名、级差等；"内容"则是品秩所规定的权责大小、资格深浅、薪俸丰薄之类。那些构成品秩"内容"的事项，学界称之为"品秩的要素"。在现代法治国家中，品秩要素一般只包括权责、资格、薪俸三项。但传统中国就不是那样了。还有多种特权，如经济特权、法律特权、选官特权等，也构成了品秩的"含金量"。甚至各种生活细节，都通过所谓"礼"而被纳入了等级管理，广及于车马、服饰、用具、住宅甚至墓地，几乎无所不包。而且还能看到，中国等级礼制广泛使用数列手段，体现为十二、九、七、五、三、一或八、六、四、二之类"礼数"。中国礼制是高度"数字化"的。从无所不包和繁密精细上说，中国无愧于一个"礼仪之邦"，并使我们不得不把"礼遇"也列于品秩要素之中。关于品秩要素，下一节还要具体阐述。这又一次告诉人们，仅从技术角度或管理角度观察中国官阶，是远远不够的。中国国家不仅是一个功能组织，还是一个"生活组织"；中国官阶不仅是一种行政制度，还是一种社会制度；中国官阶的特点，除了"管理范围的普泛化"之外，还包括"品秩要素的普泛化"。

总之，基于中国传统等级管理的基本特点，我们把研究对象"官职和官员的分等与分类"，进一步具体化为"品位结构"。"品位结构"的考察包括两点：品位自身的样式与特点，品位高下与职位等级的关系。至于单纯的职位结构，不是我们考察的重点。

4.1.2 品秩五要素与品位性官职

我们所面对的那些品秩位阶，是为哪些东西分等分类呢？在它们的各个级别之上又配置着什么样的具有差异化的东西呢？这些都是我们要关注的。学者在分析各种位阶时，常常要分门别类地罗列相关待遇，例如政治待遇、经济待遇、法律特权、文化特权等。"品位结构"视角强调各种位阶的分工配合样式，那就包括不同等级要素在各种位阶上的配置样式。研究者们将构成品秩的要素概括为五点，即权责、薪俸、资格、特权及礼遇。这五个方面又被简称为"品秩五要素"。下面对"品秩五要素"略加阐释。

第一是权责。权责是配置于职位之上的。品秩被用作权责的尺度，传统文官制亦然。若一个官号上配置有权责要素，那么这官号就是一个职位。俗话说"官大一级压死人"，说的就是官阶较高，则权势较重。权责配置的基本原则就是：权力较大、责任较重之职，其品秩应安排得较高；反之，权力较小、责任较轻的职位，其品秩应安排得较低。

第二是薪俸。品秩也是向官员付酬的依据，包括俸禄及其他待遇，品秩高则薪俸厚，品秩低则俸薄。在这一点上，古今官阶也没有什么显著不同。

第三是资格。品秩经常用作资格的尺度。资格是从属于个人的，是个人的任官条件，它标示着某人可以升入的职级和可以进入的职类，如文资、武资，以及其他专业资格。年资也是一种基本资格。汉代的察举科目、魏晋南北朝的中正品、唐宋明清的科举学历，都构成了资格。文资与武资之别在宋以后日趋严格，文武职类间不容易流动了。

第四是特权。传统品阶勋爵上总是附着着各种特权，涉及政治、经济、法律、文教等方面的特殊待遇，如任子特权、占田特权、官当特权、入学特权。

第五是礼遇，例如舆服等级之类。应承认某些礼制也有维系行政秩序的意义，如印绶等级礼制、致敬礼制等。同时，礼制等级保障了官贵的特殊生活方式，是安排官场尊卑身份的重要手段。当然也可以把礼遇划入"特权"，但考虑到"礼"在中国政治文化中的特殊重要性，研究者们将其单列一项。传统国家具有浓厚"仪式组织"意味，则等级礼制这个要素更需独立考虑了。

"品秩五要素"的概念，可以协助我们进一步解析位阶，具体观察权责、资格、薪俸、特权与礼遇诸要素是如何配置于不同品位或职位之上的。不妨想象：某王朝使用 A、B、C 三种等级序列，在这时候，有可能 A 序列配置了权责和报酬，B 序列主要用于确定入仕迁转资格，C 序列则更多地附着着特权与礼遇。它们各有分工，并由此链接组合起来。我们可以爵位为例略加说明。我们知道秦汉的二十等爵是不能依爵叙官的，也就是说爵级不构成资格，但是随着历史变迁，到了北朝隋唐时期，五等爵级可以叙阶了，那么资格要素转而被配置在爵级上了。又如魏晋时中正品高下构成了任官资格，但不涉及薪俸的多寡。官品在魏晋时诞生时只有 9 级。北朝对九品官品进行析分，先分正从品，再分上中下阶，这样官品就有了 54 阶；旋改正从上下 30 阶之制，加流外九品，共 39 级。隋唐承袭了北朝制度。而明清官品就只用正从 18 等，无上阶下阶了。由此可知，历代品级的疏密程度是发生过变化的。对于这一变化，我们就可以从"五要素"的角度去进行观察。从行政层级说，宰相、六部以下不过四五个层级；从官署和职位说，考虑到长官、副职和属员有别，设十多级一般也就够用了。汉代禄秩有十八九级，若不考虑"比秩"，也就十级上下。唐朝俸禄分 18 等，上下阶无别。若从薪俸要素说，官品设正从 18 等就够了。那么，唐官品的 30 阶（合流外则为 39 阶）显然是用来处理"资格"要素的。唐官品的品阶之繁密，表明此时的官僚等级管理特别重"资"。

众所周知，"权责"是职位的核心构成。不含权责要素，却配置有薪俸、资格、特权及礼遇要素的官号，就是品位。成熟的品位是序列化的，有整齐的阶次。此外，王朝还经常使用品位性官号。这种官号尚未序列化，或序列化程度不高。经常能看到一些官职，它们在形式上仍是职位，同时又有强烈的品位功能。这类官职，研究者称之为"品位性官职"。还有一些官号不大单独使用，主要用做加号，往往通过"兼""加"等形式授给职事官员。它们在形式上也不是职位，是为"品位性衔号"。二者合称"品位性官号"，其特殊作用包括提供一个起家之位，一个升迁之阶，增添一分荣耀，使之享有一分俸禄，甚至只是给人一个朝廷名号，使之成为"官人"而已。

我们所说的"品位安排"，既包括"品位序列"，也包括"品位性官号"。二者的区别是相对的，品位序列是明显呈序列化的，而品位性官职和衔号则还处于零散不成序列的状态。

品位序列与品位性官号通常变动不居，其变动会呈现出一些规律性来。我们可以从"职阶转化""品位趋滥"和"品位价值变化"三个维度进行阐述。

就职阶转化而言，随着"职事"含量的不断下降，或日益"品位化"或"阶官化"，职事逐渐向品位转化，为此还要另设职事官以资弥补。秦汉二十等爵的爵称，很多来自军职，魏人刘劭即以军职来解释二十等爵称的来源。汉朝的将军是军职，而魏晋以下，将军号大批演变为军阶，军中另外形成了都督、军主、幢主、队主的军职体制。唐朝勋官发源于西魏的府兵军职，如柱国、大将军、开府、仪同及大都督、帅都督、都督、子都督，因其越授越滥、有官号而无职事，最终演变为勋官序列，府兵系统中另用大将军、将军、鹰扬郎将、鹰扬副郎将、校尉、旅帅、队正等为军职。北宋初的"寄禄官"，使用唐代省部寺监的职事官称，那些职事官的原有职事另以"差遣"委寄。宋初的武阶，来自唐五代的内诸使职的阶官化。清朝的民世爵最初也是爵、职不分的，后来逐渐变成了世爵，然而仍经常称为"世职"。所以，职事官的品位化在中国古代是经常性现象。

就品位趋滥而言，中国古代的品位趋滥是经常性现象。品位趋滥的原因，在于品位授受的刚性：若官僚们消受某种品位的权益荣望已成习惯，要想取消它们就很困难，只能继续授下去，越授越滥。分配利益时做加法容易，做减法难。历史上的品位趋滥，有时会滥到惊人的地步。就江陵张家山汉简《奏谳书》所见，汉初的求盗、亭校长、发弩、狱史之类走卒胥吏都拥有了大夫、大庶长的爵位。北魏后期，边外小县所领不过百户，而令长皆以将军居之。东魏北齐的尚书令史，皆加将军之号。品位趋滥到一定程度，王朝就无力向庞大的位阶拥有者支付相应利益了。

就品位价值变化而言，它表示某一位阶的"含金量"是变化的，而不是固化不变的。一般来说，在职事官刚刚发生品位化时，其"含金量"最高，因为职事官的全额待遇没有发生变化，但拥有者又是在品位意义上占有它的，这意味着他不必承担多少实际权责，却能消受它的全部好处。但那个官职用如品位的情况越来越多，其特殊荣耀就会因拥有者的增多而降低，毕竟物以稀为贵。而且这时王朝将着手削减其待遇，使之变成虚衔空名，最后在无可再滥时将之废止。那么"品位价值"就会涉及待遇厚薄、权责轻重和头衔多少（官号设置的多少和拥有者多少）等三个变量。一般说来，"品位价值"与待遇厚薄成正比，与实际职事的轻重和头衔数量成反比。汉代三公在西晋变成"八公"，则"公"的品位价值肯定是下降了。当然，品位价值还要结合多种情况具体判定。

观察历代官阶就能看到有些时代品位安排比较发达，有些时代则没那么发达。然而在作出评估之前，"发达"与"不发达"就要看（1）品位待遇的优厚或微薄程度，（2）品位安排的复杂或简单程度。就（1）而言，如果某时代官员的品位待遇优厚，则可以说其时品位分等比较发达，若某时代官员的品位待遇微薄，待遇更多地附属于职位，则可以说其时品位分等不够发达。就（2）而言，一般说来，复杂的制度总比简单的制度的发展程度更高。

所谓"复杂"至少包括两点：

一是序列结构的复杂程度，例如位阶本身的繁密整齐，多种位阶的并存互补；

二是运用规则的复杂程度，例如迁降、转改、回授等方面的复杂细密规定。

优厚的品位待遇，在政权比较粗糙原始的情况下，照样能够出现；但复杂的品位安排就不同了，它是精致化的管理手段，只能出现在高度发达的官僚体制之下。品位的结构样式与运用规则的复杂程度，也就是官僚体制的复杂程度。那在政治体制尚很粗糙原始的情况下，是不会有的。在周王朝，以"世袭"和"采邑"为内容的爵级特权是非常优厚的，然而那时的爵序却很简单，只是公、卿、大夫、士数级而已。构成对比的是唐宋，其时品、阶、勋、爵繁复多样，品位性官号琳琅满目。那是因为唐宋官僚政治的发达程度远远超过周朝。

4.1.3　品位结构变迁的四线索

"品位—职位"的概念，是阎步克先生为观察传统官阶提供的一个新视角。由此视角审视官阶的变迁发展，可以看到变化的不只是级名、级差和待遇而已，官阶制的结构特性也有过重大变化。总的说来，我们就能看到一个"五阶段"的历史进程：

1. 周代：公卿大夫士爵级和命数，属品位分等；

2. 秦汉：禄秩具有从属于职位的性格，有强烈职位分等意味；

3. 魏晋南北朝：中正品、散官、军号，显示了这是一个"品位化"的时代；

4. 唐宋：唐朝的文武阶官和宋朝的寄禄官，属品位分等；

5. 明清：阶官制明显淡化，各种待遇向职位靠拢，又向职位分等有所偏转。

对以上五个阶段的发展变迁，根据阎步克先生的研究又可以从"贵—贱""士—吏""文—武""胡—汉"等四个方面加以考察。兹将有关研究简述如下：

首先来看"贵—贱"。这是一条与"贵族化"相关的线索。古代某些品位序列，具有区分身份与阶层的意义。在周代，士以上爵的拥有者是一个高贵的阶层。可见周爵区分贵贱，这与贵族政治是相适应的。魏晋南北朝的九品中正制及官位"清浊"制，保障了门阀的身份特权。南朝沈约云："周汉之道，以智役愚，台隶参差，用成等级；魏晋以来，以贵役贱，士庶之科，较然有辨。"秦汉"以智役愚"，即选贤任能，品位秩序的流动性强、身份性弱；中古不相同，变成了"以贵役贱"，很多品位安排用来维护门阀士族和部落贵族的门第权势。

曾有人强调，不管品位分等还是职位分等，关键在于特权。其实那也正是我们所关注的地方，并在概念框架中给予了充分考虑。传统官阶的发展历程显示，偏重品位分等的等级秩序，与官僚的"自利取向"，即身份化、特权化、封闭化以至贵族化倾向，有较大亲和性；偏重职位分等的等级秩序，则与官僚的"服务取向"有较大亲和性，其时多半存在着强大的皇权。若作简化表述，则品位结构的变迁，是在皇权、官僚和贵族三者的关系变迁中展开的。这时要特别强调，"官僚"与"贵族"概念应理解为"连续统"的两极，有如色谱，现实中的官僚可能处于居间的色层。品位分等是"以人为本"的，或者说是以人的身份为本的。所以当官僚发生了身份化、贵族化时，就更容易出现品位化的等级安排。这不但是我们对中国官阶最基本的认识，而且纵观古今中外，往往如此。有时能看到品位安排很简单，甚至阙如的情况，有时却看到了发达的品位分等。在这时候，上述论断就提示人们，这时应想到什么，即：当你看到了偏重职位分等的等级秩序，那么那里的官僚身份性可能较弱；而当你看到了较为发达的品位安排，那么那里的官僚的身份性就是比较浓厚的。

再看"士—吏"问题。中国王朝的行政人员分为"官"与"吏"两大类，前者的主体是科举士大夫、文人，后者是胥吏，这使流内流外的划分具有了特别意义，不只是高级文官与低级文官之分了。以文人或士人居官，是中国王朝品位结构最富特色的地方之一，也是中国"士大夫政治"的直接体现。周朝爵命体制中，已孕育着士、吏两分的格局了。其时卿大夫士也可以通称"士"，是一个垄断文化的阶层，属"君子"；其下由府史胥徒承担各种细小职役，属"小人"，其分等用"稍食"之法，"稍食"就是主子发放的衣食。周朝士、吏两分的品位结构，可称"爵—食体制"。"爵"系品位分等，既是行政等级，又是贵族等级；"食"适用于胥吏层次，它依事发放、依功定等，蕴含着职位分等的种子。"士"不仅是贵族，还是文化贵族、精神贵族，士、吏之别不仅是有爵者与无爵者之别，也是承载文化者与不承载文化者之别。也可以说，二者不仅是分等之别，也是分类之别。

与周相比，秦汉品位结构在分类上士、吏有别——儒生、文吏是两种不同资格，仕途不尽相同；但分等方面则士、吏无别，儒生、文吏兼收并用，官资管理上明经、明法双峰并峙，并无轩轾。不过在两汉的漫长发展中，儒生逐渐赢得了优势。东汉后期的公府征辟、孝廉察举，明显优待名士，由此阻碍了单纯职业吏员的晋身之途。实际上，那就是后世流内、流外之分的最初萌芽。

再看"文—武"问题。"文武"首先是一种职类区分，文职、军职各自使用不同位阶，现代社会也是如此。但文官和武官也是两种政治势力，政权中哪种势力占优，可能影响那个政权的形态和倾向性。李开元先生对"军功受益阶层"和"马上天下"作过讨论："这是一个武力的政治优先的社会，武力产生了政权，政治决定着经济、身份、文化等其他方面"，这"暗示了一种极为严重的破坏性和贫乏的创造性"。[1] 军事、军政，还有"武装夺取政权"的政权更迭方式，都是塑造王朝政治与制度的重要因素。但"破坏性"的提法略显简单了。在王朝周期性地衰落崩解之时，"马上天下"是一种通过改朝换代而再度强化专制集权的有效途径。罗素指出："战争对于王权的加强一定起过很大的作用，因为战争显然需要统一的指挥。"[2] 梁启超亦言："专制权稍薄弱，则有分裂，有分裂则有力征，有力征则有兼并，兼并多一次，则专制权高一度，愈积愈进。"[3] 军事体制与官僚体制具有重大同构性、亲和性，它们都依赖于严格的等级制、法制、功绩制、集权制，以强制命令和高度服从的关系为基础。亨廷顿看到："在君主集权官僚体制中，军队是最现代和最有内聚力的典型。"[4] 所以"军事化"往往有强化等级制、强化法制、强化功绩制和强化集权制之功，这一点学界有普遍共识。作为比较，由"禅

① 李开元：《汉帝国的建立与刘邦集团——军功受益阶层研究》，三联书店 2000 年版，第 256 页。
② 罗素：《权力论：新社会分析》，商务印书馆 1991 年版，第 53 页。
③ 梁启超：《中国专制政治进化史论》，收入《梁启超全集》第 3 卷，北京出版社 1999 年版，第 777 页。
④ 亨廷顿：《变化社会中的政治秩序》，三联书店 1989 年版，第 185 页。

让”形式实现的改朝换代，皇权往往相对软弱。

"文—武"关系是王朝品位规划者必须处理的重大问题。周爵不分文武，那时因为周代贵族"允文允武"，也就是能文能武。战国变法时，各国都通过军国主义道路，而实现了集权化、官僚制化的历史转型。军爵的主导地位就是这个转型的历史遗产。西嶋定生把这种用于奖励军功的位阶，视为汉代身份体制的主干。这是有鲜明时代性的。当然，军人的权势过大，也可能流为一种粗放的军人政治，并增加军阀割据的可能性。但是从历史结局看，中国官僚政治最终成为"重文轻武"的文官政治，相对于武人，士大夫占绝对优势。余英时先生指出，汉代列侯非军功不能获致，而"宋代进士正式取代汉代侯爵的资格，这是士的政治地位上升的一个显著的象征"。[①] 帝国早期品位的军爵主导，在帝国后期变成了学历主导，它维系着"士大夫"或"绅士"阶层的强势地位。那么帝国初期与后期的政治变迁，就在主干性位阶上表现出来了，可见"文—武"不仅是职类之分，也是身份之分，本身就具有品位意义。但这不意味着王朝对军人品位权益完全漠视。

最后再看看"胡—汉"。这主要发生在异族政权之下，体现在优待统治部族的品位安排之上。北魏前期的刺史官资，宗室一人、异姓二人。五等诸侯的起家资格，又以同姓、异姓、清修（汉人士族）为别。北魏的虎贲、羽林起家之途，主要就是面向鲜卑武人的。

钱穆先生指出，元与清以蒙古人和满洲人为其拥护者，而且"任何一个独裁者，都有拥护他独裁的一个特定的集团"[②]。部落贵族的品位特权，特别显示了品位体制的一个重要功能：标示"拥戴群体"，构建"效忠机制"。异族政权的结构性特点之一，就是存在特殊效忠集团。部族的自身凝聚力，其尚武传统，以及异族统治下民族压迫造成的政治张力，在与汉制结合之时，都可能转化为专制集权的强化动力。中国历史上的几次异族入主，几乎都造成了类似的政治影响。在此意义上，异族入主是一种特殊类型的"马上天下"。当然，异族政权下的特殊品位有时候是隐性的，亦即一些实际优待并不体现为正式位阶。张帆先生曾谈及这样的情况，有时候异族统治者对汉式衔号的荣耀不怎么敏感，可能听任汉官占据显赫名号，但那不意味汉官拥有实际权势。

4.1.4　品位结构的三层面

发达的农业社会通常都存在着巨大的不平等，并且"权力、特权和荣誉的非常不平等的分配是从其政治系统的作用中产生的"[③]。

帝制中国的品位结构，实际包含着三个层面，即"君—臣"层面，"官—官"层面，"官—民"层面。假如只从技术角度考察官阶，那么埋头于"官—官"层面就足够了。然而官贵们并非虚悬空中，他们的实际地位是相对于君主和民众而被确定的。帝国的品位体制，事实上也是参照"三层面"而规划的；品位样式、级差设定等很多细节，都事涉君臣关系、官民关系。若希望理解传统等级制的整体意义，全面考察其政治、社会与文化功能，就不能不把视野拓展到

---

①　余英时：《朱熹的历史世界：宋代士大夫政治文化的研究》，三联书店 2004 年版，第 201—202 页。

②　钱穆：《中国历代政治得失》，三联书店 2001 年版，第 150 页。

③　伦斯基：《权力与特权：社会分层的理论》，浙江人民出版社 1988 年版，第 235 页。

那权力金字塔的另外两个层面之上。

先看"君—臣"层面。帝王与官贵的身份截然不同，但也不是没有制度联系的。其间的等级关系，多方体现在爵制、礼制等等安排之上。举几个例子。对周天子之位，古有"天子亦爵"之说，天子是高于诸侯的一级"爵"。《周礼》，王畿方千里，公国方五百里，侯国方四百里，伯国方三百里，子国方二百里，男国方百里，这个等级数列，不就是周天子实际权势的一个折射吗？不但天子是"君"，诸侯也是"君"，甚至卿大夫在自己的领地上也是"君"。先秦礼制，往往以十二、九、七、五、三为差，或以八、六、四、二为差。那便以一种"数字化"方式，显示了君臣间的等级距离。又如，周代祭祀之礼是一种等级祭祀制度，祭祀冕服的等级安排具有一种"如王之服"的结构特征，即从天子、诸侯、卿大夫到士，地位高者可祭祀的种类多，相应可穿着的祭服种类多，地位低者可祭祀的种类少，相应可穿着的祭服种类少，但他们有共同的祭祀和祭服。《周礼》"五辂"的运用也遵循类似原则。而至魏晋，舆服运用原则就被另行表述为"上得兼下，下不得僭上"，与"如王之服"的原则大不相同了。两晋南北朝时，皇帝的通天冠五梁，官僚的进贤冠三梁、二梁、一梁；而在唐宋，皇帝通天冠变成了二十四梁，官僚进贤冠则变为七梁到一梁。若说那梁数变化是"君尊臣卑"在礼制上的反映，应能成立吧。周朝卿大夫以上都能服冕，然经漫长发展到了明朝，冕服变成皇帝和皇族的禁脔，官僚不能问津。明清时的宗室皇族封爵，变成了单独的爵列，与文武官僚的封爵一分为二了。这都是君臣关系变化在品位安排上的反映。这类例子都告诉我们，君臣关系的变化，确实影响到了品位的结构与形式。

"官—官"层面发生的主要品位问题，前面所引述的阎步克先生的"贵—贱""士—吏""文—武"及"胡—汉"诸线索，即在其中。观察皇权的形态及强弱，既要看正式制度，也要看皇帝与各种官贵势力的关系。比如，文吏政治往往对应着一个刚性的皇权，儒生参政能促成一个弹性的皇权；王朝初年的军功受益阶层，异族政权下部落的军功显贵，则往往是客观上促成皇权强化的力量，等等。而如前述，诸势力的消长，都可能在品位安排上反映出来。

官僚"自利取向"与品位分等的关系，直接涉及了皇权、贵族与官僚的关系。虽然在概念上"专制"不必然与"官僚制"相关，但典型的专制集权一般都伴随着复杂的行政组织和一大群官僚。就此而言，官僚与皇权是一致的。但那只是问题的一个方面。官僚组织的常规行政，也会对皇权的任意行使形成一定限制。孔飞力的《叫魂》一书，就向读者展示了专制君权与官僚的"常规权力"间所存在的矛盾。士人官僚所承载的"道统"，也是对皇权的一种制衡与调节力量。中国相权有时会与皇权发生矛盾，而相权的根据就在于他同时是官僚常规行政和士人阶层的代表。

按照阎步克先生《士大夫政治演生史稿》的研究，在官僚帝国演生之初，刻意强化个人权势的统治者往往从打击贵族开始；若君主面对着一群大贵族，那君主是否还能专制，就有疑问了。然则贵族较强，则专制集权程度下降。面对着众多大贵族的周天王显然就不能算专制集权君主。田余庆先生把东晋门阀政治的特征概括为门阀当权、皇帝垂拱；而士族门阀，就是一种具有贵族性质的身份性官僚。可见官僚若发生了"贵族化"，就可能削弱皇权。在这一意义上，官权与皇权间又存在此消彼长的关系，而并不总是"高度一致"的。若官僚家族任官特权过大、身份性过强，皇帝操纵名位、予取予夺的权力，官僚政治的选贤任能、按劳取酬的原则，就可能同时遭遇侵蚀。强悍的皇权则有能力无视官僚权益，强迫他们接受较苛刻的待遇，服从于选贤任能、能上能下，干活就给钱、不干活就不给钱，由此促成位阶品级制度的变迁，例如使用偏重职位分等的制度安排；反之亦然。

"官—民"层面的考察则可以从帝国金字塔的下端和底层提取出若干有价值的信息用以展示中国等级社会的另一些重要特点。"官"，或说王朝的品阶勋爵在颇大程度上决定着权力、地位、声望与资源的社会分配。秦汉二十等爵和魏晋南北朝隋唐的官品，都曾与传统农业社会最基本的生产资料——土地的占有额度相关。在整个帝国历史上，"官僚地主"都是最有权势的社会阶层。瞿同祖先生论传统中国的阶级特权，其所涉等级几乎都是王朝品爵。他还指出，那些规定无所不包，广及于各种生活的细节；特权不仅授予了在位的官贵，甚至旁及于退休者和官贵的家族。王朝的位阶名号管理和颁授范围，是超出职业文官队伍的，这已阐述于前了。二十等爵就是如此，拥有爵号的民众数量巨大。北朝向乡里耆老授军号、授地方官号，宋朝制定了赐予道士和隐士的名号，明朝赐民爵用里士、乡士、社士之号。封赠制度，使朝廷名号旁及于官僚家属。民间的有道有德者，渴望着王朝的赠谥。王朝名号还为民间所模拟，例如宗教的神谱，起事者的名号，以及日常生活中的称谓，往往会借用官称。甚至劝善书中的"功过格"，也采取了类似官僚考课进阶的形式。进而，传统中国是一个"四民社会"，一个"士阶层"的存在是其最有特色的地方；"士阶层"的等级位置，则被安排在官、民之间。先秦就萌生了私学免役的习惯法。汉代亦然。九品官人法之下，被认定了德才出众的士人，初次以"王官司徒吏"的形式，纳入了王朝人事管理。科举时代，学生和学历拥有者系法定身份，居官、民之间。据顾炎武、张仲礼等学者估算，明清生员约五十万余。秀才、举人的特权及礼遇等级（如顶戴等），王朝有正式规定，而且跟官员的品级形成了连续的级差。

总之，把品阶勋爵置于"三层面"的架构之中，就更能看清那是一个高度行政化的社会，其特点是"品级、等级与阶级的更大一致性"。

◇ 4.2 秦汉冠服体制的特点

4.2.1 "冠服体制"概念与冠服的分等分类

今天我们穿戴何种服饰主要取决于个人偏好和消费能力；而传统社会的特点之一，却是服饰的等级性。如格罗塞所云："在较高的文明阶段里，身体装饰已经没有它那原始的意义。但另外尽了一个范围较广也较重要的职务：那就是担任区分各种不同的地位和阶级。"[1] 傅克斯把性别和等级视为服饰史的两大主题："每个时代的服装总是重新决定并试图解决两性问题以及阶级隔离问题。君主专制主义也必定要考虑解决这两个问题的新路子。"[2] 这种说法有些片

---

[1] 格罗塞：《艺术的起源》，商务印书馆 1987 年版，第 81 页。
[2] 傅克斯：《欧洲风化史·风流世纪》，辽宁教育出版社 2000 年版，第 113—114 页。

面，服饰的主题还可能包括职业、民族、地域等等差异区分。但无论如何，区分等级是服饰最重要功能之一。在组织之中也是如此，服饰等级可以成为组织制度，以及组织文化的一部分。凯瑟云："当人们充当各种角色并且衍生及维持层级结构时，外观在组织生活方面便占据相当大的比重。在组织中，大部分人都能很快地领悟到可被接受的，以及能够促使个体朝向顶层阶级进军的各种服装款式。"[①] 在传统中国的官场内外，冠服是最耀眼的身份标志。你是什么身份、处于什么地位、承担什么职事、属于什么人员，由服饰一望即知，且不准僭越。

传统中国的各个王朝，都实行等级服饰制度，各色官僚贵族用冠服来标示其官阶，即标识其等级和类别。研究官阶，就是研究如何为官职、官员分等分类；而冠服等级是配合官阶品位发挥功能的，二者携手合作、互助互补。冠服体制的背后是帝国品位结构，品位结构的变化将导致冠服体制的变化。反过来说，从王朝冠服反观王朝的品位结构，也就成了研讨传统官阶的一个途径了。当然，服饰与官阶并不是一一对应的简单关系，因为服饰变迁还有自己的规律，还受制于时代与风俗。那么就可以说，中国的王朝冠服体制，是官阶史与服饰史的"叠加"。这一视角中的王朝冠服，与单纯的服饰史研究很不相同了。我们所提出的"冠服体制"概念，其意义如下：各王朝的各色冠服及各种服饰元素（色彩、图案、款式和质料等），在总体上呈现出的分等分类样式，及其与官阶品位的配合方式。

历代冠服等级的变迁千头万绪，都可供观察王朝品位结构的特点与变迁，如士与吏、文与武、贵与贱、胡与汉的特点和变迁。以往论著还用过"等级性的强化"之辞，来描述某一时代的冠服演进趋势。我们不可能同时从众多问题入手，只选择"等级性强化"作为论题。

分等与分类，必定是通过概念来实现的。"冠服体制"既体现于具体的冠服及服饰元素之中，同时也必然是一套人为的概念。王朝会通过命名来把不同冠服区别开来。在各代典章史志叙述冠服时，首先可以在两种办法间做选择。第一种是以"服"为纲。服装本身，会因色彩、图案、款式和质料的不同及用途不同，而形成不同种类，依此叙述就会有一种叙述模式。但也可用另一种办法，以"人"为主，即：不是先罗列各种服装，而是先罗列不同人员，再叙述其各自着装，由此形成另一种叙述模式。若先叙服类，再叙穿着之人，是一种"纲举目张"之法；若先叙人员类别，再叙其穿着之服，也是一种"纲举目张"之法。二法虽非截然两分，而是互相渗透的，但两种模式的差异是能看出来的。例如汉朝叙冠服，采用的就是"以冠统服、由服及人"模式。

人员的分等分类是个行政问题，服饰分类的基础则是服饰差异，讨论冠服的分等分类，就是讨论如何利用和制造差异。服饰差异是如何形成的，或如何被制造的呢？那就有很不相同的情况了。因生活方式和环境变迁，各种冠服会"自然"生发出来，从而呈现出特异性来。比如南方人戴斗笠，北方人戴皮帽，诸如此类，由此就形成了"自然差异"。这里所谓"自然"，是就其还没有基于等级需要而被王朝编排改造而言的。在生活与工作中，又能看到校服、军服、警服、各色工作服之别，及邮电、工商、城管等部门的制服之别，诸如此类。不止中国如此，不同职业穿着不同服装的做法，在各社会各时代是普遍存在的。传统中国的特点，在于对职业

---

① 凯瑟：《服装社会心理学》，中国纺织工业出版社 2000 年版，下册第 447 页。

服饰王朝经常用法令去规定。此种类型的人为差异，可以叫"职事差异"。你还可能拥有很多种服装，穿哪样因活动的场合与规格而异：隆重的典礼上穿高档礼服，家居场合穿休闲装。装束打扮依活动场合、依典礼规格而异，姑称"场合差异"。还有一种情况，军人穿着同样风格的军服，但以肩章、领章等徽章区分军衔高下。在同一服装上，进一步利用服饰元素区分尊卑，可名之为"级别差异"。

围绕不同差异，可以形成不同的分类分等。基于"自然差异"，就会有"自然分类"；基于"职事差异"，就会有"职事分类"；寻求"场合差异"，可能形成"场合分等"；寻求级别差异，可能形成"级别分等"。当然就一般情况而言，"职事差异"也可能形成分等制度，即若某职事高于或低于某职事，则某职事的服饰高于或低于某职事的服饰。如汉初商人不得衣丝，晋朝市侩一足黑履、一足白履，日本的"非人"不得束发，印度不同种姓各有不同衣饰和着装方式。而"场合差异"也可能只是"分类"而已，各场合所使用的不同服装，不被认为有尊卑高下之别。比方说，不一定婚服高于丧服。我们之所以使用"职事分类"和"场合分等"，是基于周秦汉唐冠服体制的实际发展线索的考虑。

在同一个冠服体制中，几种差异往往是同时被利用的，但其重心落在了哪种分类或分等上，却不相同。所谓"重心"，是就官僚队伍的主体而言的，这个主体就是品官。品官之外还有各种杂色人等，他们人数众多且各有其服，但其杂服并不构成王朝冠服体制的主体。"重心"和"主体"的概念是有意义的，因为品官冠服和杂色人员的杂服，其变迁趋势很不一样，二者应加区分。

4.2.2　周代冠服体制：自然分类与级别分等

首先来看周朝的情况。夏商周属早期国家阶段。经夏商而入周，典章大备而文物灿然，冠服体制也略具形态了。"衣冠"成了这个"礼乐之邦"的重要标志。赵武灵王打算"胡服骑射"，随即就遭遇了"莅国者不袭奇辟之服，中国不近蛮夷之行"的抵制。

古人是很重冠的，或说"以首饰为重"。"在身之物，莫大于冠"。冠礼上的三次加冠都有庄重的象征意义。各种冠帽之中，"冕"是最重要的礼服与祭服，以致后来"冠冕"都成了仕宦的代称了。礼书说周代大夫以上戴冕，士戴爵弁。《周礼》还描述了一种复杂严整的"六冕"等级制，由大裘冕、衮冕、鷩冕、毳冕、絺冕、玄冕组成。天子服大裘冕以下，公服衮冕以下，侯伯服鷩冕以下，子男服毳冕，孤服絺冕以下，卿大夫服玄冕以下；士不服冕，而服皮弁以下。六冕等级，主要依冕旒之数和服章之数而定，旒章等级则遵循着十二、九、七、五、三、一的级差。这种在同一套服装上，用类似的服饰元素制造等级的做法，在我们看来就属"级别分等"。

当然，冕服的旒章等级是否真像《周礼》说得那么整齐，是可疑的，不能全信。从《左传》"乘轩服冕"的记载看，礼书"大夫服冕"说法不是空穴来风。周代册命官员时的赐物中，往往有命服。就册命金文看，命服有"玄衮黹屯"，也有"玄衣黹屯"。"衮"是龙形纹饰，"玄衮"和"玄衣"的区别，就在于是否绣有龙纹了。是否能用"龙"为服章，看来因地位高下而异。《荀子·富国》："礼者，贵贱有等；长幼有差，贫富轻重皆有称者也。故天子袾裷衣冕，诸侯玄裷衣冕，大夫裨冕，士皮弁服。"① "裷"即"衮"。天子、诸侯可以服衮，但大夫不能；大夫可以服冕，但士不能。《荀子》是先秦作品，他说礼服有等级，应有其据。

又如，册命金文所见命服中，各种"市"和各种"黄"呈现不同组合，等级现象是很明显的，对之学者已尝试了各种排比。"市"即"芾""韍"或"韠"，本来是一幅兽皮蔽膝，后来尊贵起来，成了身份标志。"黄"即"璜""珩"，是玉组佩中一块横玉。《诗经·小雅·采芑》："服其命服，朱芾斯皇，有玱葱珩。"看来，"朱芾"和"葱珩"中是"命服"最夺目耀眼的地方。芾、珩等级，礼书有载。《礼记·玉藻》："一命缊韍幽衡，再命赤韍幽衡，三命赤韍葱衡。"《说文解字》卷七下："天子朱市，诸侯赤市，大夫［赤市］葱衡。"珩或璜的数量和颜色，都是有等级性的。由出土组玉佩看，一璜、三璜、五璜、六璜、七璜、八璜的都有。金文赐物中还有"朱黄"。古人很少用红颜色的玉，但古玉中却有玉器涂朱现象，"朱黄"大概就是涂朱的璜。作为赐璜之一种，将之涂朱，是为了制造等级差异吧。"市"的颜色，就册命金文看也有等级差异。前面所引的《荀子·富国》篇也说天子穿朱衮、诸侯穿玄衮。后代的"服色"制度，周代已有先声了。"市""黄"的组合与命数相应，也属于一种"级别分等"。

西周春秋的制度还比较原始，礼服等级肯定也不像帝制时代那么井然有序。战国以下的礼书作者，把礼服的纹样、色彩、质料和尺寸等等弄得过分整齐了，那未可尽信。不过首先，那种把礼服等级整齐化的努力不是空穴来风，而是渊源有自，乃是早期中华文化的等级精神孕育出来的。进而就今所知的周朝冠服而言，人们毕竟能看到，其时服饰安排主要围绕"分等"而展开，由此强化"级别差异"；其具体表现，就是在外观相似的礼服上，通过是否戴冕，以及纹章、佩玉、服色等差异来区分等级。而"职事差异"即特定的职事群体穿着特定服饰的做法呢？这方面的人为安排，史料所记就少得多了。那并不说明西周春秋冠服不存在"职事差异"，只能说，当时仍是一个职能分化简单，而身份分等非常严明的社会。冯尔康先生观察周代社会结构，得到了一个"简单而贫乏的社会群体"的印象。那时候统治者对服饰之区分功能的关注，主要是分等。

从考古材料看，商周的冠与服，其实是形制各异、多姿多态的，其"自然差异"相当之大。但"冠服体制"不完全是自然状态，而是一套人为规划和人为概念，是统治者如何安排和阐述冠服。在面对"自然差异"时，人们有意识地强化一些东西，同时略去了另一些东西。比如描述冠服吧，是用史学家的眼光尽力客观叙述各色冠服呢，还是站在社会生活支配者的立场来规划冠服呢？二者是不一样的。早期史料中所看到的更多是后者，考古所见繁多冠服在文献中没有充分反映出来，只看到少数有等级性的冠服。富裕的人穿得阔、饰物多，那也算一种自然差异吧；然若人为规定某等级的富人才准使用某服某物，甚至将之安排为数列形式，不准逾等僭用，那就是"冠服体制"了。若暂时排除了"自然"成分，而重点观察冠服上那些人为安排的痕迹，以及周人对冠服的阐述，那么他们最关心的东西，不是如何把不同职事及其承担者区分开来，而是如何把人的尊卑贵贱区分开来，让天子、诸侯、卿大夫、士、庶人各得其所。正如《管子》所云："度爵而制服"；或如《周礼》所云："其宫室、车旗、衣服、礼仪，各视

---

① 王先谦：《荀子集解》，中华书局 1988 年版，第 178 页。

其命之数。"打仗穿军服，祭祀穿祭服，朝廷穿礼服、丧礼穿丧服之类情况，当时当然有，但也不如等级差异那么引人注目。

据此我们判断，周代冠服的"自然分类"仍很浓重，同时冠服体制的重心落在了"级别分等"上，以分等为主。也就是说，可以从"自然分类"和"级别分等"两点，认识周朝冠服。究其原因，前一特点在于周朝还处历史早期，冠服的进化尚未远离"自然"状态，等级礼制还不如后代精密复杂；后一特点则在于周朝是一个贵族社会，身份凝固而等级严明。

4.2.3　秦汉冠服体制：自然分类与职事分类

周朝冠服的特点是以"自然分类"和"级别分等"为主，下面再看秦汉。秦汉冠服体制的特点，可以表述为以"自然分类"和"职事分类"为主。所谓"特点"，是比较前朝后代而言的。

战国社会发生了重大变化，新鲜的服饰在各处不断涌现，异彩纷呈，展示了一个多元化时代的蓬勃活力。"战国以来，人自为礼，家自为俗，岂知古之司服有制哉！"[1] 赵武灵王颁《胡服令》，标志着冠服运用上的"实用"精神，已冲破了贵族服饰的礼制传统。"首服中的冠突破了传统礼制的限制，出现了许多新的冠式，如獬豸冠、鸡冠、鹖冠、高山冠、远游冠、巨冠、高冠等。"[2] 众多史料显示，战国服饰的变异性，君臣民众穿衣戴帽的随意性，都是相当之大的。一些新兴群体也拥有了特殊服装。例如殷朝留下来的某种服装，变成了"儒服"。那表明"士人"已从贵族等级体制中分化出来了，"儒服"是一种社会角色的标识，但不是一个政治等级的标识。用本书概念，"儒服"具有"职事分类"的意义。

秦汉统治者着手整饬冠服，在这个过程中，新的冠服体制逐渐成形了。《续汉书·舆服志》所叙东汉冠服，就是战国秦汉服制变迁的一个结集；下面将《续汉书·舆服志》相关内容摘要于次：

> 长冠：又称斋冠、刘氏冠，祀宗庙诸祀则冠之。据说为刘邦早年所造所服，故为祭服，尊敬之至也。
>
> 委貌冠：行大射礼于辟雍，公卿、诸侯、大夫行礼者冠委貌，衣玄端素裳。
>
> 皮弁：与委貌冠同制，以鹿皮为之。行大射礼于辟雍，执事者冠皮弁。
>
> 爵弁：一名冕。祠天地五郊明堂，云翘舞乐人服之。
>
> 通天冠：乘舆所常服。深衣，有袍，随五时色。
>
> 远游冠：制如通天冠，有展筩横之于前，无山述，诸王所服也。
>
> 高山冠：中外官、谒者、仆射及洗马所冠。
>
> 进贤冠：公侯三梁，中二千石以下至大夫、博士两梁，自博士以下至小史、私学弟

---

① 《大明集礼》卷三九《冠服》，明嘉靖九年内府刻本。

② 戴庞海：《先秦冠礼研究》，中州古籍出版社 2006 年版，第 107 页以下。当然也有学者认为，"总的说来，'衣服不贰，从容有常，以齐其民''禁异服''同衣服'，重共性而限个性发挥，求观念守常而轻款式繁化，是春秋战国时各国统治者安民导俗的通举。"参看宋镇豪：《中国春秋战国习俗史》，人民出版社 1994 年版，第 182 页。这个判断也许适合春秋，但不适合战国那个变革时代；既令统治者真的都有"禁异服"的"通举"，也没能限制住新服饰的蓬勃涌现。

子，皆一梁。

法冠：侍御史、廷尉正监平服之，又名獬豸冠。

武冠：或称武弁大冠，诸武官冠之。侍中、中常侍则加金珰、附蝉、貂尾。刘昭云其为"鵔鸃冠"，不过鵔鸃冠系郎官之服，上插鸟尾，非貂尾。

建华冠：据说来自古代的鷸冠。天地、五郊、明堂之礼，育命舞乐人服之。

方山冠：似进贤冠，祠宗朝，大予、八佾、四时、五行乐人服之，冠衣各如五行五方之色。

巧士冠：郊天时宦官黄门四人冠之，乘舆车前以备宦者四星。

却非冠：制似长冠，下促。官殿门吏仆射冠之。负赤幡，青翅燕尾。

却敌冠：制似进贤，卫士服之。

樊哙冠：汉将樊哙造次所冠，制似冕。司马殿门大难卫士服之。

术氏冠：前圆，吴制，差池逦迤四重。赵武灵王好服之。

鵔冠：武冠加双鵔尾则为鵔冠。五官、左右、虎贲、羽林五中郎将、羽林左右监，及虎贲、武骑皆鵔冠。"羽林"即指鵔尾如林的意思。《后汉书》卷五二《崔烈传》："（崔）钧时为虎贲中郎将，服武弁，戴鵔尾。"

汉廷冠服当然不止这些。比如，还有一种"帩头"，曾是羽林中郎将及羽林孤儿的发式；还有一种"小冠"，曾为县令县长所服。此外儒生官僚往往把官服放在一边而另穿儒服。当然，不同时代冠服式样也会有变化。

读者也许会说，《续汉志》乃晋人司马彪所作，难以反映汉人的冠服观。不过我想这问题不算很大。像汉末蔡邕《独断》一书叙述冠服的模式，就与《续汉志》类同：依照冠类，一一叙述冕、帻、通天冠、远游冠、高山冠、委貌冠、进贤冠、法冠、武冠、长冠、建华冠、方山冠、术士冠、巧士冠、却非冠、樊哙冠、却敌冠等。这与《续汉志》大同小异。此外由残留史料片段所见，应劭《汉官仪》、阮谌《三礼图》、董巴《大汉舆服志》等书，记述冠服的笔法也差不了多少。

《续汉志》那种叙述模式的特点，可以概括为"以冠统服、由服及人"，即：以冠为纲，先述冠，再述服，再叙使用此冠此服的其人其事。那是一种很"原始"的做法。首先它体现了中国早期服饰"以首饰为尊"的传统。其他民族的服饰史上，也有过"重头"现象，能看到"琳琅满头"的盛况。《续汉志》的叙述给人一种感觉：它是在展示王朝搜罗到和拥有了多少种冠服，随后才是什么人如何使用这些冠服。而这就表明，汉代冠服体制比较地"原生态"，保留着浓厚的"自然差异"。"自然差异"源于生活。社会生活发生了巨变，新鲜的冠服大量涌现。汉代冠服体制，就是在周朝的礼服传统断裂后，由其他来源另行形成的。

在这个断裂、转折过程中，"秦始皇定冠服"的事件，具有决定意义：

《后汉纪》卷九汉明帝永平二年（59 年）春正月："自三代服章皆有典礼，周衰而其制渐微。至战国时，各为靡丽之服。秦有天下，收而用之，上以供至尊，下以赐百官。"（《两汉纪》，中华书局 2002 年版，下册第 165 页）

《续汉书·舆服志上》："降及战国，奢僭益炽，削灭礼籍，盖恶有害己之语，竞修奇丽之服……及秦并天下，揽其舆服，上选以供御，其次以锡百官。"

《晋书》卷二五《舆服志》："逮礼业雕讹，人情驰爽，诸侯征伐，宪度沦亡，一紫乱于齐饰，长缨混于邹靓。……若乃豪杰不经，庶人干典，彰鹬冠于郑伯之门，蹑珠履于春申之第。及秦皇并国，揽其余轨，丰貂东至，獬豸南来。……除弃六冕，以袀玄为祭服。"

通天冠据说是秦冠，术士冠则是"吴制"，非秦产。獬豸冠据说是楚国的王冠，有獬豸之象，秦灭楚而得之，赐给了御史戴；远游冠据说也来自楚国的王冠，秦汉统治者给太子诸王戴，改其名称为远游冠；惠文冠据说是赵国王冠，上垂貂尾，秦灭赵而得之，赐给了侍中戴；高山冠据说是齐国王冠，秦灭齐而得之，赐给了谒者戴。在楚汉间，一度连小吏贱民都戴那高山冠了。赵国还有一种骏𬴂冠，冠上饰羽，也是王冠，秦汉时却成了侍中、郎中之冠，大概也始于秦始皇的"收而用之"。"丰貂东至，獬豸南来"，列国之冠在新的土壤中滋生出来，冲破了周朝礼服传统，又在秦欢聚一堂了。展示罗列被"收而用之"的各国冠服，也就是在展示秦始皇统一六合、天下一家的光辉业绩。

在服饰史研究者看来，秦始皇收六国冠服而用之，表明那些冠服被沿用了，是"连续"；但从"冠服体制"，即从冠服的分等分类与帝国品位结构的配合看，则还能看到"断裂"与"创建"。秦始皇赐冠时，他重新确定了那些冠的用法，昔日的王冠，转给御史、侍中、谒者或郎中戴。列国的王冠，由此割断了其旧日用法，那就造成了"断裂"；它们变成了官员的服饰，以全新方式与王朝等级制配合起来，新的冠服体制被"创建"了。秦始皇把列国王冠戴到自己近臣的脑袋上，其时一定洋洋得意，我们则看到了"断裂"和"创建"的双重意义。还要注意，秦始皇"赐百官"做法，其"职事分类"的色彩特别浓，即按官职的类别赐冠的，是让某一职类官僚的戴某冠，而不是让某一等级的官僚戴某冠。

汉初礼制极为简陋："高帝悉去秦苛仪法，为简易。群臣饮酒争功，醉或妄呼，拔剑击柱。①""周礼"传统荡然无存了。此后有叔孙通制礼仪。长冠系楚冠，乃刘邦早年所好，后由平民之冠变成了"尊贵之至"的宗庙礼冠；樊哙冠因樊哙而得名，而樊哙原先只是个杀狗的。长冠、樊哙冠由微而显、平步青云，显示了楚汉间确实是"天地间一大变局"，是个"布衣皇帝""布衣将相"的时代。诸冠多系新起，又各有来源，不难想象，它们在相当一段时间中，是保持其原形原貌的。统治者一时还来不及按等级需要改造之，尚未对冠服细节做精心推敲，以造成后世那种繁密等级。《续汉志》的冠服叙述给人的"原生态"之感，可以拿"自然差异"作部分解释。

汉朝的文官戴进贤冠。进贤冠的来历不怎么清晰。《后汉书·舆服志》说它是"古缁布冠也，文儒者之服也"，似不可信。春秋礼帽、居冠礼"三加之一"的缁布冠是黑麻布做的，其形制与进贤冠并不相类。还是蔡邕《独断》"汉制"的说法比较可靠："进贤冠……汉制，礼无文。②"进贤冠跟缁布冠不会有沿承关系，而是新起的。学者指出，河南三门峡与河北平山出土的铜人灯座及若干秦俑所戴之冠，都可以看成是进贤冠的先型。一方面礼书中看不到进贤冠的痕迹，另一方面在汉朝连卑微的小史都戴进贤冠，则其最初不可能是高贵的礼冠，也不会是

① 《史记》卷九九《叔孙通传》。
② 蔡邕：《独断》卷下，上海古籍出版社1990年版，第19页。

"文儒者之服"，只能是普通人束发的东西。吏是"庶人之在官者"，也许吏的冠形比庶人大，以示吏民有别；冠形大了，则其梁数就会多起来。汉代进贤冠确实是有小冠、大冠之别的，"小冠"在试用期间使用。其实高山冠、远游冠、通天冠，可能都由进贤冠的冠形加大而来。"进贤冠"那名字也不会是最初就有的，应是在它成为官服之后，汉朝什么人给它新起的嘉名。从小史到丞相都用进贤冠，后来冠下加介帻，仍是"上下群臣贵贱皆服之"。这"贵贱皆服之"告诉我们，汉代官僚政治的身份性较弱，流动性较强。

汉朝的军人和武官戴武弁。这武弁，很容易与礼书中的"皮弁"联系起来。但用作礼帽、居冠礼"三加"之一的皮弁，是白鹿皮做的；秦汉武冠却是漆纱做的，来自实用军帽。王国维说汉代的武弁"疑或用周世之弁"，而我们觉得，武弁与礼书所记载的礼帽"皮弁"，也没有直接的源流关系。总之，进贤冠与武弁都有非常实用的来源，它们分别成为文官与武官之冠，乃是战国秦汉文武分途的直接结果，是文吏和军吏两个新兴群体由微而显、成长壮大的结果。

汉代冠服中的分等元素，主要就是进贤冠的一梁、二梁、三梁了，由此造成了"级别分等"。一梁、二梁、三梁的"三分法"比较粗略。首先是分等粗略，明清补服分为9等，密度就高了3倍。其次用来分等的服饰元素之粗略，只有冠梁而已，而唐宋明清的冠服上，就用众多服饰元素去体现等级差别。秦汉天子服通天冠，诸王服远游冠。高山冠与通天冠、远游冠样子差不了多少，属于一个系列。天子也服高山冠，谒者、仆射、太子洗马也服高山冠，跟天子差不了多少。后来魏明帝把高山冠的样子改了，就是因为它跟通天冠相似，造成了君臣无别。又如，巧士冠也很像高山冠，只不过高山冠高九寸，而巧士冠或高七寸，或高五寸而已，七寸的黄门从官服，五寸的扫除从官服。就是说皇帝身边有一群从官，他们的冠服乍看上去跟皇帝很相似。官服上的佩玉、印绶也有等级。但总的说来，在充分利用服饰元素以区分等级上，汉廷"前修未密"，远不像后代王朝"后出转精"。

秦汉冠服体现了一种"不同冠服用于不同事务或人群"的精神。如宗庙祭祀，用长冠；辟雍大射、公卿、诸侯、大夫用委貌冠，执事者冠皮弁；祠天地五郊明堂，云翘舞乐人服爵弁；天地、五郊、明堂之礼，育命舞乐人服建华冠；宗庙、大予、八佾、四时五行，乐人服方山冠；郊天，宦官黄门四人服巧士冠，等等。"职事分类"的色彩，显然是很浓重的。文官用进贤冠、服黑，武官用武冠、服赤，也是"职事分类"重要体现之一。这是战国以来官制"文武分途"的直接结果。学者有时会为某官是文是武而费神辨析，其实那时不妨看看冠服，就一目了然了。"职事分类"方面的安排，又如法官专有其服，侍御史、廷尉正监平等官员服法冠；又如宫殿门吏仆射服却非冠，卫士服敌冠，司马殿门大难卫士（大难即大傩）服樊哙冠，等等。秦汉的侍从及郎官属"宦皇帝者"职类，后来叫"郎从官"。侍从如侍中、中常侍，以武冠加金珰、附蝉、貂尾；五官、左右、虎贲、羽林五中郎将、羽林左右监及虎贲、武骑，皆服鹖冠；郎官服骏蚁冠。侍中、郎官的鹖冠、骏蚁冠，本属武冠服类；但武官服赤，郎从官却是服黑的。宿卫郎官服黑，系先秦传统，先秦的宿卫士官被称为"黑衣之数"。那么"宦皇帝者"那个职类的特殊性，在冠服上也体现出来了。

不同职事承担者使用不同冠服，也就是"因职而冠"了。《续汉书·舆服志下》："安帝立皇太子，太子谒高祖庙、世祖庙，门大夫从，冠两梁进贤；洗马冠高山。罢庙，侍御史任方奏请非乘从时，皆冠一梁，不宜以为常服。事下有司。尚书陈忠奏：'门大夫职如谏大夫，洗马职如谒者，故皆服其服，先帝之旧也。方言可寝。'奏可。"任方认为，"非乘从时"即非陪同太子的时候，门大夫、洗马应戴一梁冠，这是从"分等"角度立论的；而陈忠所谓"皆服其服"，却是从"分类"着眼的。从职类上说，"门大夫职如谏大夫"，所以让门大夫戴进贤两梁冠；"洗马职如谒者"，所以让洗马戴高山冠；而且不管"乘从"与否，各种场合"皆服其服"。皇帝采纳了陈忠的意见，因为依秦汉观念，冠服更多地与职类相关，应依职类而定。

杂色人等各有其服，后世也是如此，甚至更严更繁了；但杂服在冠服体制中的分量，或说冠服主体部分的重心所在，各代却不相同。在《续汉书·舆服志》中，杂色人等的冠服，首先是作为"冠"之一种而与其余诸冠并列的，然后再叙其服，再叙服其冠服之事和服其冠服之人；而那些事、那些人，有些在后世看来是较为微末的。像服却非冠的宫殿门吏仆射，服樊哙冠的司马殿门大难卫士即是。宫殿门吏仆射、司马殿门大难卫士从地位来说微不足道，没法跟大臣比；但他们的却非冠、樊哙冠作为冠之一种，堂而皇之地跟进贤冠、獬豸冠、高山冠等比肩并列了。又如巧士冠，仅 4 个宦官在郊天时服用，但因巧士冠也是王朝的冠之一种，所以就与大臣之冠列在一块了。后代典章就不同了，先叙人的类别，再叙其冠其服的类别；杂色人等的冠服，与品官分叙。帝国前期的"以冠为纲"叙述模式，既体现了古老的"重冠"观念，又较多顺应了冠本身的差异，即"自然差异"，所以在法典与史志中，有一种冠就列上一种冠；而后代典章则是"以人为本"的，冠服体制全面服从官僚等级，杂色人等之服不与品官并列。

若与前朝后代相比，秦汉冠服体制的特点，就是相对突出的"自然分类"和"职事分类"。其所提供的分类信息，多于分等信息；其分类色彩强于周朝及后世，但分等功能弱于周朝及后世。可以从战国秦汉间贵族传统的断裂、秦汉官僚政治重事不重人、其品位结构相对松散、一体化程度不高等方面，理解这些特点。

拿"秦始皇定冠服"和汉廷的冠服安排，去跟同期儒生所构拟的冠服礼制加以比较，能看出某种差异来。以冕服等级为例。《礼记·礼器》云："天子龙衮，诸侯黼，大夫黻，士玄衣纁裳。天子之冕，朱绿藻十有二旒，诸侯九，上大夫七，下大夫五，士三。"《周礼》"六冕"制度更复杂，所用大裘冕、衮冕、鷩冕、毳冕、絺冕、玄冕等名，也算是汇聚了古今冕名，但另按章旒十二或九、七、五、三、一重新分等了。《礼记》《周礼》都是"度爵而制服"的，依天子、诸侯、卿大夫、士的爵级定等，都采用"级别分等"，即在同一套冕服上进而通过服饰元素章旒实现分等。

秦汉新冠服却不是"度爵而制服"的。秦始皇把列国王冠赐给近臣，系依职类而赐，不依爵级而赐；汉廷文官服进贤、武官用武弁，其余职类各有其服。就现有史料看，秦汉的新冠服体制，与二十等爵没有直接的对应关系。刘邦虽规定了"爵非公乘以上毋得冠刘氏冠"，但那是一个否定性指令，亦即，公乘以上可以戴刘氏冠，但不是必须戴刘氏冠；你觉得别的冠好看，但戴无妨。

秦始皇定冠服，依"职事分类"；儒生传礼制，重"级别分等"。在同一时间，帝王与儒者以不同思路规划冠服，泾渭分途。儒生是"周礼"的传承者，他们规划冠服时，把周朝贵族时代的等级礼制传承下来了。秦始皇却是贵族政治的终结者。纳六国冠服于一廷，显示"六王毕，四海一"，中央集权时代到来；依职类而不是依爵级赐王冠，暗示贵族等级制已成明日黄花。

周朝贵族与其传统服饰如冕服、玄冠、皮弁等，退出了政治舞台的中心；一大批新式冠服在战国秦汉涌现；在这背后，就是一大批新兴人员和新兴职事的拔地而起。那些职事，对统治者来说至关重要，不容马虎；而对那些人员的个人荣耀与服饰尊卑，统治者一时操心不多。好比黑心矿主雇了一群劳工，随他们穿什么好了，卖力干活就成；若手头贩来了一堆旧衣服，也是随意发、随便穿。秦汉皇帝似乎没有太强的迫切感，觉得必须去精细区分官场尊卑、确保官贵的荣耀体面，对不同职位做纵向大排队，并以繁密等级服饰体现之。只要各项职事都有人在干，皇帝就心满意足了；至于那些人的服饰各异，缺乏一元化的可比性，皇帝的脑袋里还没多想那个事情，用梁数大致把官员分为三大段落，就可以了。秦汉政治精神就是"以吏治天下"，其官阶用"职位分等"，给官僚的品位特权远不如前朝后世；汉代冠服体制之所以分类功能较强，分等功能较弱，就生发在这个历史背景之中。

帝国初期的新式吏员刚刚登上政治舞台，还没来得及发展为一个官僚阶级。但随着政治演进，官僚在神州大地上逐渐扎下根，官僚等级与官场尊卑越来越严明，越来越精细，冠服体制也越来越严明，越来越精细了。明代的朝服高度"一元化"了，不论文官、武官还是法官，一律梁冠，赤罗衣、赤罗裳，然后再用九等梁冠区分高低；汉朝则是文官、武官、法官、"宦皇帝者"和各色杂职各穿各的。不同职类穿不同冠服，你穿你的，我穿我的，就不利于等级比较；让不同职类穿同一种冠服，就便于进一步用服饰细部来区分尊卑、比较高下，从而强化"级别分等"了。

◇ 4.3　品位结构中的士阶层

中国官僚政治的典型形态是"士大夫政治"，即由士人或文人充当官僚。这是传统中国最重大的政治特点之一。秦帝国任用专业文法吏的政治形态，并没有维持很久；在汉代，文吏逐渐被士人排挤，士人占据了政坛的中心。

有人不认为儒生与文吏的区别有多大意义，儒生也好、文吏也好，都是为封建统治阶级服务的。另一方面，用非专业的士人承担官僚政治，却引起了来自不同文化传统者的重大关注。

法国学者白乐日评价说："中国士大夫……坚决反对任何形式的专门化。"

美国学者赖文逊评价说："他们的人文修养中的职业意义，就在于它不具有任何专门化的职业意义。"

社会学家韦伯也看到中国缺少专家政治："士大夫基本上是受过古老文学教育的一个有功名的人；但他丝毫没有受过行政训练。……拥有这样官吏的一个国家和西方国家多少有些两样的。"

进而人们看到，士人政治与军人政治也大相异趣。

利玛窦在中国惊讶地发现，中国是由"哲学家"们统治的，"军队的官兵都对他们十分尊敬并极为恭顺和服从"。欧洲中世纪有一个骑士阶层，"于是历史被缩减为君主的荣誉与骑士的美德的展示"；而这与中国的"文士"恰好形成对比，中国历史经常被缩减为皇帝仁爱和士人德才的历史，士人拥有崇高的社会地位。

日本的"武士"阶层以"刀"为"武士之魂"，"刀"成了民族性格的象征物，武士们 5 岁开始就学习用刀；中世的武士教育内容就是习武。

罗素有言："哲人是与武人大不相同的人物，由于哲人的治理而产生的社会也和武人统治下产生的社会截然不同。中国和日本就是这种对比的实例。"

雷海宗先生称秦汉以后的中国文化是"无兵的文化"，这曾引起若干学者的共鸣，把它视为"劣根性"和"积弱"的根源。

春秋战国之际，社会中演生了一个士人阶层，此后他们对中国历史产生了巨大影响，包括政治社会的等级安排。本书上编第一章第三节阐述了"品位结构变迁的四线索"，即"贵—贱""士—吏""文—武"与"胡—汉"。"士"与"吏"、"文"与"武"的问题，都直接与士人阶层相关。"贵"与"贱"、"胡"与"汉"也与士人阶层相关。在这个架构中，"士"之身份资格，是同时在"官—官"和"官—民"两个层面被规定的。在"官—官"层面，他们成了"士大夫"，并与军官、胥吏等区分开来；在"官—民"层面，"士为四民之首"，在官民间占据了一个结构性位置。

在唐宋明清，通过文化考试而来的学历，成为一种正式资格，士人的社会资格和任官资格。由此，中国传统国家与社会的一个特点，即"品级、等级和阶级的更大一致性"，就显露出来了。"士"的基本特征是"学以居位"，帝国统治者因其"学"而予其"位"，士人在王朝等级和社会分层中的地位，由此而定。不过，"士大夫政治"经历过曲折发展历程。在某种意义上，周代政治形态已略有"士大夫政治"的轮廓了。但战国秦汉间发生了历史的断裂，文吏和军吏一度霸占了政治舞台。汉代士人进入政权了，并在魏晋以降，经"门阀化"而获得了特殊显贵地位。在北朝与隋唐，士族门阀开始衰落，"士人的门阀化"的趋势转变为"士族的官僚化"。

我们就是在这个背景之中，从"三层面"和"四线索"出发，通过比较前朝与后代，观察秦汉品位结构中"士"的地位的。下面将讨论三个问题：

第一，选官体制和资格管理中的"士"的安排；

第二，社会身份结构中"士"的免役特权；

第三，王朝礼制中对"士"的特殊礼遇。

4.3.1　选官与资格视角中的士人

春秋以上"士"，可以是贵族最低等级之称，也可以是贵族之通称，包含卿大夫在内。公、卿、大夫、士都取决于家族地位和宗法身份。贵族既是行政政治的承担者，又是一个文教深厚的阶层。他们从小接受"六艺"，即诗、书、礼、乐、书、数的教育。据说做大夫得有九种能力——"九能"："建邦能命龟，田能施命，作器能铭，使能造命，升高能赋，师旅能誓，山川能说，丧纪能诔，祭祀能语，君子能此九者，可谓有德音，可以为大夫。""士"这个称谓，由此就具有了浓厚的"文化人"意味。他们属"君子"阶层，是道德与礼乐的代表者。而"君子"那个词恰好也有双重意味：既指身份高贵的人，又指拥有道德才艺的人。

周代政治体制已孕育着士、吏两分的格局了。其时的政务承担者分两大层次：有爵的贵族卿大夫士和无爵的胥吏。有爵者以采邑、禄田的报酬方式，胥吏则以"稍食"为生。古文字中"吏"与"事"原是一个字，"吏"即任事者。所以，"吏"这个称呼强调的是职位和任职能力。府、史、胥、徒承担各种细小的职役，属"庶人在官者"，属"小人"。"君子勤礼，小人尽力"。换言之，在周代政治结构中，已蕴藏着后世士、吏两分的制度先声和观念先声了。制度先声就是"爵禄—稍食"体制，前者乃品位分等，后者则蕴含着职位分等的种子；观念先声就是士大夫被视为"君子"，胥吏等于小人。

周代贵族又是文武不分途，"允文允武"的。顾颉刚先生有言："吾国古代之士，皆武士也。士为低级贵族，居于国中（即都城中），有统驭平民之权利，亦有执干戈以卫社稷之义务。"不光是士，卿大夫也往往如此，像晋国六卿，就同时又是三军将帅。贵族教育"六艺"之中，射、御都是军事技能。刘师培《论古代人民以尚武立国》指出，周代"士"乃军士，国子学习干戚之舞，选拔人才用射礼，由军官司马负责。那么学校、礼乐、选举、进士制度，都带有军事色彩。

由此看来，周朝品位结构的特点，就是贵贱不通，士吏有别，文武不分。这些特点被战国秦汉间的剧烈社会转型打断了。贵族制度衰落后，士人分化为一个独立的社会群体；各国都通过军国主义措施来推动富国强兵；官僚政治日新月异，新式吏员崛起，文武明确分为二途；法治需要和耕战需要，造成了文法吏和军吏的特殊尊贵地位。

这时候"人"与"职"发生了分离，士、吏、文、武等概念发生了交叉。职类、位阶与群体归属不一定对应，文职与武职、文号与武号不等于文人与武人。文人可能出任武职、拥有武号，武人也可能出任文职、拥有文号。儒生也可能担任文法吏职，这时从群体归属说他是士人，但从所任职务说他也是文法吏。

较之周代的贵贱有别、士吏有别而文武不分，秦汉帝国品位结构，一度"贵贱相通""文武有别""士吏无别"。当然这是"概而言之"的，具体详下。

首先从"贵—贱"线索看，汉代官僚政治的特点是"布衣将相之局"，选官并不限定于某个特别的高贵阶层，身份性相当淡薄，小吏亦可迁至公卿，是为"贵贱相通"。官秩和爵级都是可变动、可晋升的，入仕者因官而贵、因爵而贵。用做官阶的禄秩来自周代胥吏"稍食"，甚至直接承袭了"稍食"以"若干石"谷物额度为秩名的做法，这是一种面向吏员的管理方式。

再从"文—武"线索看，在职位设置和职类划分上文武分途，吏员有文吏、有武吏、有军吏，各有不同冠服。汉代朝位遵循"文东武西"规则，即文官和武官东西两列对立。在秩级安排上，文官用"正秩"，而武官用"比秩"。就是说汉代品位结构上"文武有别"。但也要指出，秦汉职类上文武有别，但官僚迁转上文武无别，文官可以任武将，武将也可以任文官。而且汉代的品位结构，其"尚武"的色彩比后代浓重得多：二十等军功爵变成了社会的基本身份尺度，这与历史后期科举功名构成了社会身份的情况，形成了明显对比。"大将军""将军"被用作辅政者的加衔，而这与后世用"大学士"作为辅政者的加衔，也构成了明显的对比。汉代

"校尉"有时被用作儒者的荣衔。郎署是王朝选官的枢纽，郎官具有浓厚品位意义，而郎官本是执戟宿卫的士官，这种晋身之阶也是"尚武"的。"允文允武"的古老理想，依然是官僚形象的典范。

再从"士—吏"线索看，秦帝国"焚书坑儒"，汉帝国也是"以吏治天下"的。文法吏沿行政等级向上伸展，一度弥平了周代品位结构中士大夫与胥吏的鸿沟。秦汉的文法吏没有显示出跟哪个社会阶层有特殊关系，其品位特权比后世少得多。在刚刚登上政治舞台时，文吏还没有马上发展为"官僚阶层"，只是作为"新式吏员"活动着。随汉武帝独尊儒术，"公卿大夫士吏彬彬多文学之士矣"。帝国品位结构中由此出现了新的因素。但儒生加入行政官僚队伍之后，相当一段时间中，其迁转被视之如吏，原则上要经郡县吏职、为"乡部亲民之吏"。南朝沈约、宋人刘邠及徐天麟，都敏锐注意到了汉代仕途士、吏无别、不同于后代的重大特点。冷鹏飞先生的研究显示，西汉之由太学射策入仕者不过寥寥数人，而东汉103名太学生之可考者，无人由太学直接入仕，"这说明东汉时期太学生考试制度虽然存在，但经由考试入仕的太学生是很少的。据文献所示，许多太学生卒业后的出路是'归为郡吏'"。小吏亦能由卑而显，士人亦须由吏而显，若以此两点与后世比，则秦汉官僚等级管理上的"士、吏无别"是相对突出的。

然而儒生与文吏并立朝廷，毕竟带来了最初的士、吏之别。这时候的士、吏区别，我们发现其"分类"意义大于"分等"意义。具有品位意义的相关制度安排，是辟召"四科"与察举诸科。这些科目承载着选官资格，而我们已把"资格"列于"品秩五要素"中。在历史后期，科目和学历变成了最重要的品位安排之一。那么它们在帝制初期，是什么情况呢？

首先看"四科"。汉代选官以"四科"取士，"四科"即德行科、明经科、明法科和治剧科。（"剧"是难治的县，能治理这种县的人才称"治剧"。）丞相任用吏员，或三公征辟掾属，都按"四科"分类任用。丞相府的西曹南阁祭酒、侍中，按规定应该用德行科；议曹、谏大夫、议郎、博士及王国傅、仆射、郎中令等，按规定应该用明经科；侍御史、廷尉正监平、市长丞、符玺郎等，按规定应该用明法科；三辅令、贼曹、决曹等，按规定应该用治剧科。德行、明经两科偏重儒生，明法和治剧两科偏重文吏。"四科"资格是并列的，无尊卑优劣之别。

其次看察举诸科。汉文帝举贤良，汉武帝举孝廉，汉代察举制由此而成立。由此各种察举科目，就成了前所未有的官僚资格，从而具有了品位意义。从察举科目看，贤良、文学、方正、明经、有道、至孝之类，以德行和儒学为条件，显然是面向士人的。"明阴阳灾异"科也不妨说是面向士人的，因为汉儒与方士合流，喜欢因灾异以说治道。而如明法、治剧、勇猛知兵法、能治河者之类科目，则以政事为本，士人在这些科目面前处于劣势。秀才科主要面向在职官员，无儒、吏之分。孝廉科则同时面向儒生、文吏。东汉顺帝的孝廉考试制度，就是"诸生试家法，文吏课笺奏"，以儒生、文吏分科的，从制度上两种资格也是比肩并列的。

总观汉代"四科"和察举科目反映出的儒、吏关系，从资格分类上来说，儒、吏有别；就资格分等来说，儒、吏无别。士人参政后，其在品位结构上最初造成的士、吏之别，主要体现在横向的资格分类上，而不是纵向的资格分等上。结构性的分析，向人们展示了汉代察举科目与唐以后科举科目的主要区别之所在。如果说唐代"明法"之科，多少还带有汉代科目体制之余绪的话，宋以下诸科向"进士"一科集中，则无论从分等还是分类看，科目已完全面向士人了。

两汉四百年中，贵、贱、文、武、士、吏各种因素在不断沉浮演变着。汉代儒生与文吏间既有疏离、冲突，二者又在缓慢融合。因朝廷崇儒，文吏开始学习经典而逐渐"儒生化"；而儒生士人们日益熟悉了文法故事，也趋于"文吏化"。经两汉几百年发展，士人已是一个文化雄厚、影响巨大的社会阶层了。他们成为官僚队伍的主要来源，即令未仕，也被人称为"处士"。"处士"之称明有待价而沽之意，暗示了朝廷屈尊礼贤的义务。东汉画像石中有一位乘牛车的"处士"，县功曹居然向其跪拜。一旦在士林获得好评、赢得"士名"，则州郡察举、公府辟召纷至沓来。所以时人感叹着"序爵听无证之论，班禄采方国之谣"，"位成乎私门，名定乎横巷"。可见汉末士林的人物品题，已在相当程度上支配了朝廷选官。有个著名隐士叫黄叔度，当时的三公陈蕃有言："叔度若在，吾不敢先佩印绶矣！"还有个民间经师郑玄，董卓时公卿们举其为赵相，袁绍征其为大司农。大名士竟被视作公卿之选，可以迳登公卿之位。概而言之，秦汉文吏并不来自某个特定的社会阶层，但汉末选官已明显向一个特定的阶层——士人倾斜了；士人阶层已推动了一种社会期待，官场也出现了一种选官新例：给予名士或士人以更高起家资格，高于非士人的普通吏员的起家资格。

起家资格上的"士优于吏"，由此而始。秦汉的典型仕途，本是先做郡县小吏，然后再依"功次"逐级升迁。尹湾汉墓出土《东海郡下辖长吏名籍》所记迁、除实例约110多个，其中标明"以功迁"的就有70多例，占到65％。又据廖伯源先生统计，尹湾汉简中属吏以功次升迁为朝廷命官的，占到45．54％，"则属吏与朝廷命官之间，并无所谓非经传统所知之仕途不得跨越之鸿沟"。当然廖先生这话还不全面，多少忽略了"郎署"这个选官枢纽。自汉初就有"长吏多出于郎中、中郎"的情况。东汉"孝廉察举"与"公府辟召"呈现为两大选官枢纽和渠道。郡县的吏员与士人经察举孝廉或辟召公府掾，方能获得更高资格，由此成为朝官并继续迁升。秦汉的"以功迁"制度本是个连续性的仕途，而今被"拦腰斩断"了，呈现出了阶段性和层次性。进而随士人的影响力上升，这两途逐渐被儒生名士所充斥了。孝廉越来越多地面向儒生，郎官队伍日益"士人化"。许多官职，被特别指定为"孝廉郎作"，非孝廉的郎官不得予其选。公府掾也是如此，越来越多地以名士为人选。大量名士直接由州郡察举、公府征辟入仕，非士人的单纯文吏难以晋身了，只能长居小吏干佐。这意味王朝的资格管理，在"分等"上也开始向"士阶层"倾斜了。中国官阶史上的"士、吏有别"以及"流外"制度，由此发端。

东汉王充对儒生、文吏问题曾有专论，他的看法中有两点值得注意。

第一，是"取儒生者，必轨德立化者也；取文吏者，必优事理乱者也"，阐述了儒生与文吏各有不同政治功能。

第二，他还指出"儒生犹宾客，文吏犹子弟也"。这说法也大有深意。看不出文吏与哪个特定的社会阶层有特殊关系，朝廷就是他们的"家"，统治者也拿他们当"子弟"。儒生可就不一样了，他们居官之后，其背后还有一个士人阶层。文吏是职业吏员，是忠实贯彻指令的行政工具；儒生却有自己所奉之"道"，他们经常据"道"抗"势"，以其政治理想衡量和改造政治，跟统治者并不完全"同心同德"。"宾客"的比喻，很形象地反映了士人官僚在文化上的相对独立性。在简单化了的"阶级分析"中，"道高于势"被鄙夷为"知识分子的自恋"；但从政权类型的角度看，"士大夫政治"确实是各种政治形态中独具特色的一种，对中国史的影响至深至巨，包括等级秩序。

如果说汉末选官的"士、吏有别"还只是初具轮廓的话，魏晋以下那种区别就充分制度化了。从某种意义上说，东汉官僚发生了三个重大变化：

第一是吏员的"官僚化"，职业吏员群体逐渐演化为一个"官僚阶级"了；

第二是官僚的"世家化"，先秦一度中断的"世家"传统，在汉代开始再度缓慢积累起来，出现了若干世代居官的门阀；

第三就是官僚的"士人化"。

三个变化的"叠加"，使汉代的"士阶层"在魏晋间发展为"士族阶层"，并波及品位体制上来了。其体现至少有四：

一是察举制的变化。魏文帝时的孝廉察举，"儒通经术，吏达文法，到皆试用"，因袭了东汉的儒生、文吏分科；魏明帝则不同，"申敕郡国，贡士以经学为先"，这等于取消了单纯文吏的察举资格。西晋秀才科实行了对策，对策逐渐变为一种文学考试，那么秀才科变成文士的晋身之阶了。由此，孝廉和秀才两科都面向士人，成为"士"的资格标志，而把非士人的"吏"排斥在外了。唐代科举进士试诗赋、明经试经学，这种两科并立体制，由此发端。从"资格"角度观察，科目作为重要的品位性安排，开始占据主导了。

二是魏晋以下实行的九品中正制。这个制度规定，由"中正"之官根据德才，把士人品评为"上上"至"下下"九品。中正通常要任以名士，品评标准也是"士人化"的，而这就意味着，中正品是一种偏向士人、偏向名士的品位安排。非士人者是难以获得中正品的，他们就只好去屈就九品以下的吏职，或者军职了。南朝还有明确的"二品士门""吏门"和"役门"概念。"役门"是编户，"吏门"就是中正品太低、只能充任低级吏职的人。"士、吏有别"之制，由此获得了充分的发展。多数学者认为，中正人选用名士、中正品评称"清议"，都是受了汉末士林品题的影响；而汉末士林品题对王朝选官的影响，其所造成的"吏"的仕途阻隔，已见前论。中正制维护了门阀选官特权，这一点已是学者共识。也就是说，九品中正制是一个具有阶层针对性的制度，那个阶层就是文化士族。

而且中正制度还以一种特殊形式，强化了对士子的身份管理，那就是"王官司徒吏"制度。对这一点，研究中正制的人很少言及。司徒府负责中正品评，得到其品评的士子由此拥有了选举资格，就成为"司徒吏"。曹魏正始年间，"郎官及司徒领吏二万余人，虽复分布，见在京师者尚且万人"。"王官"是郎官，属散官，他们和"司徒吏"都处在候选状态，并不在职；但因他们已得到中正品评，所以就进入中央人事管理的范畴，不属地方了。司徒吏被免除了编户所负担的征役，但要"应给职使"，即承担某些定期职役和临时差使。西晋拥有中正品的司徒吏，大概也在两三万人以上。可见九品中正制以"司徒吏"的方式，赋予"学以居位"的士子以特殊社会政治地位。汉末士人的居位资格还只是潜在的，或说惯例性质的，中正制则使之更为制度化了。在这个意义上说，"司徒吏"这个人群，与历史后期的举子、生员人群，具有类似的身份。

三是选官论"清浊"的制度。朝廷的官职被分为"清官"和"浊官",文化士族只任"清官",或只从"清官"起家。寒庶之人不能染指"清官",只能任"浊官"了。清浊制度,可以看成是中正品的进一步发展。"清"这个概念,本是个用以描述与士人相关的事项的用语,如士人的节操称"清节",士人的才华称"清才"。在中古时代,"清族""清华"被用于特指士族门第。所谓"清官"多是文翰性官职,如秘书郎、著作郎之类,这反过来表明中古士族是文化士族,所以他们的特权性起家官偏重于文翰。

四是南北朝时形成的"流内流外"制度。九品中正制本来有9个等级,中正二品以上是士族的品第,中正二品以上官是士族所做的官。而北魏孝文帝很有创意,他把中正品三至九品7个等级,转化为官品中的流外七品了,"流外"制度由此而生。比如,某官原先由中正三品的人担任,那么现将此官降为流外一品;某官原先由中正四品的人担任,那么现将此官降为流外二品……;至于此前二品士人所任之官,则留在官品九品之内。这样,流内九品面向士人,流外七品面向吏员的体制,就正式出现了。孝文帝说得非常清楚:"士人品第有九,九品之外,小人之官,复有七等。"流内流外之别,就是"君子""小人"之别。梁武帝稍后也实行官品改革,设十八班和七班,中正二品以上的人和官职置于十八班,七班是"位不登二品"的寒人寒官。北齐把流外七品增加到流外九品,其制为隋唐所沿用。可见,中国官阶史上的流内流外之制,其实是从九品官人法脱胎而来的;流内流外之间的那道鸿沟,发源于中正品二品与中正三品间的那道鸿沟,"士门"与"吏门"之间的鸿沟。

因以上四制,"士、吏之别"大为强化了。魏晋南北朝"士、吏之别"的强化动力,在于东汉以来官僚的阶层化、世家化和士人化。察举科目、中正品制度、清浊选例、流内流外四制,是贵贱(士庶)有别的,重文轻武的,重"士"轻"吏"的。

由北朝进入隋唐,官僚政治重新振兴,中古士族衰落下去了。中正制旋即被废除,科举制从察举制中破土而出。学者对科举制取代中正制的变革意义,给予了充分强调。竞争性的科举考试打破了士族门第特权,为寒门学子开拓了晋身之阶,大大强化了官僚队伍的流动性。在学历主导的资格制度下,再度出现了"贵贱相通"的情况。但另一方面,科举学历面向士人;就"面向士人"一点论,科举功名与魏晋南北朝中正品,其实又是一脉相承的。从"士"的历史发展看,汉代儒生、中古士族和唐宋文人是一脉相承。他们传承的是同一文化传统,并同样以"学以居位"为特征,只不过中古士族阶层具有更大封闭性、特权性和家族性而已。

正是由于士阶层发展的连续性,中古若干制度设置被继承下去了,当然其形态和内容也发生了变化。像"清官"这个概念,就被唐王朝承用了。"清"构成了对职位等级的一种附加评价,是对官品的微调。"清官"和"清资常参官"子孙的起家资格,还因其父祖居于"清官"而提高一品,四品者相当三品,六品者相当五品。礼制待遇上也有区别,例如四五品清官可以立私庙。什么人可以任清官也有资格限制,"凡出身非清流者,不注清资之官"。为什么要优待清官呢?章如愚的说法值得参考:"唐之制虽不纯于周,而其亲近儒士之意,则犹古意也。何也?有常参官、有供奉官、有清望官、有清官,皆儒士也。"可见"清"的概念仍与"士"密切相关。当然唐之"清官"与魏晋南朝还是不同了。魏晋南朝是"官因人而清",士族习居之官就是清官,士族不居其官亦"清",寒人居之亦不"清";而唐朝则是"人因官而清"的,某些官职被确定为"清官"后，居其位则"清"，不居则不"清"。宋明清以后"清官"概念淡化，是因为科举士大夫已成为官僚主体，大家皆"清"了。

被沿用的还有流内流外制度，它依然被认为具有区分君子、小人的意义，"吏"被涂抹为一个无道德的卑劣层次。宋朝"吏人皆士大夫子弟不能自立者，忍耻为之"。明朝甚至把"充吏"用作对学子的惩罚。汉代服制，文官一律服黑，小史与丞相皆同；所别仅在于冠梁，一梁或三梁而已。隋唐以下就不同了，礼制上士、吏有别了。隋制"胥吏以青，庶人以白"，胥吏的服饰既有别于官僚，也有别于庶人。唐朝的流外官与庶人同服黄白，仍不同于流内。元代"吏"地位一度颇高，但低级吏员仍有专门服装，即檀合罗窄衫、黑角束带、舒脚幞头，儒官则用襕衫和唐巾。明初一度士子与胥吏同服，但是不久，朱元璋就觉得有必要为士子另制巾服了。

汉代的大夫、郎官和将军、校尉，经魏晋南北朝，在唐发展为文散阶和武散阶，各 29 阶。从职类管理来说，文武分途的制度更严整了。文武阶的互转尚无大碍。例如千牛备身和备身左右出身属于武资，但有文才者可以由兵部转到吏部，铨为文资。武阶出身者可换为文阶，文阶出身者也可以换为武阶，"出将入相"很常见。不过随着"进士集团"崛起，军人地位开始下降。相应地，与"武"相关的资格与品位，往往贬值。北周府兵号称"侍官"，原系尊称，在唐朝却逐渐成了骂人话。用于奖酬军功的勋官，其品位待遇明显低下。唐后期三卫日趋猥滥，唐武宗下令终止卫官的"文简"资格。到了宋朝，"重文轻武"成为时风，文资、武资界限森严，跨越互换异常艰难。明朝同品官员，武职远比文职卑下。清末有位叫樊燮的总兵官去见抚帅，自以为是二三品官了，不肯向举人师爷左宗棠请安；左宗棠遂称"武官见我，无论大小，皆要请安"，大骂"王八蛋，滚出去"。樊燮大受刺激，从此严课其子，功名务必超过左宗棠。这个历史花絮，也可反映出功名在区分文武上的品位意义。

那么，现在就可以对"士"品位安排变迁，做一概括了。若把周王朝的"士"看成贵族通称，而且是拥有文化教养者之称，则周王朝"士"居"吏"上，即士、吏有别。而且这是一种贵贱之别。不过此时并没有针对文士的特殊品位，因为历史早期贵族是允文允武的，官制上文武不分途，"文士"没有构成一个独立人群。

汉帝国的品位结构，从资格分等上说士、吏无别，"儒吏"亦吏；但从资格分类上说则士、吏有别。辟召"四科"与察举诸科中，面向士人和面向吏员的科目被明确区分开来了；博士、文学等属文化职类，被列在"比秩"，行政吏员则在"正秩"（参看本书下编第五章第二节）。与此同时，二十等爵用为身份系统，将军、校尉和宿卫郎官发挥着品位功能，这两点给汉帝国的品位结构涂上了浓厚的"尚武"色彩。东汉的情况发生了不小变化，察举、征辟逐渐向名士倾斜。士人往往直接由州郡察举、公府征辟入仕，由此，士人与单纯吏员的仕途起点出现明显区别，那也是流内外制度的最初萌芽。

魏晋以来的中正品、清浊官之制，赋予士人——主要是士族——以特殊身份与资格；在中正品影响下，官品低端与其上段分离开来，由此演化出了流内外制度。科举制由察举制直接发展而来，上承察举科目，科举学历在宋明清进而发展为主干性品位；流外和文武分途，令胥吏和武人相形见绌。由此反观汉朝，其士、吏无别，其文、武平等，就构成了早期帝国品位结构的重要特征。

4．3．2　阶层的标志：士子免役

对传统中国的社会等级，古人有一个"士、农、工、商"的经典表述。很多学者也采用"四民社会"的说法，并把这种特别的社会分类看成是中国社会的重要特点。"学以居位曰士"，以"学以居位"为特征的士人成为"四民之首"，是"四民社会"最富特色的地方。按余英时先生的看法，作为"四民"之一的士阶层在战国就初具规模了。费孝通先生指出："绅士是士，官僚是大夫。士大夫联成了中国传统社会结构中一个重要的层次。"张仲礼先生把"绅士"视为"阶层"，这是一个"以学衔和功名划分的集团"，其最低一级是生员，而"生员"的确切意思是"官办学校的学生"。周荣德的考察也显示，士人是一个阶层群体，有共同的生活方式，形成了一套控制个人活动和相互关系的行为规范。

当然也有青年社会学者，坚决反对把"四民"说成社会分层。社会学一般根据收入、权力和威望等来确定社会分层。但"阶层""分层"之类概念，在社会学中的定义也有分歧，而且那些定义未必充分考虑过中国的历史经验。史学的概念运用是经验性的，因而更鲜活，这时抽象概念的过度纠缠就显多余了。毕竟是中国史学家直接面对着中国史，不一定非得对社会学亦步亦趋。

那么传统中国的"士"，是否可以看成一个阶层呢？很有意思的是，当代中国社会分层的研究者，几乎形成了一个共同认识，就是中国国家的若干制度设置，在塑造社会分层上发挥了巨大作用，这一点与西方的社会分层很不相同，也是一种"中国特色"，而且是非常重要的"中国特色"。社会学研究者"可以把行政等级放入社会等级来研究，……中国政治和社会结构基本上是连续的"的意见，完全适用于传统中国。在"品位结构三层面"的概念中，我们设定了一个"官—民"层面，用以彰显王朝品级在决定社会等级上的重大作用，即"品级、等级和阶级的高度一致性"。基于此，这里对士人阶层的关注，也集中在传统国家的制度设置之上。

在认识"士阶层"上，"免役"是个有帮助的线索。我们都知道，编户的赋役义务是"无所逃于天地之间"的，"民不出粟米麻丝、作器皿、通货财以事其上，则诛"。尤其是徭役负担，"天下黔首，不惮征赋而惮力役"。徭役不但重于赋税，而且是适龄人口的身份标志。"官绅等级与庶民等级的差别是多方面的，是否向封建国家承担徭役则是主要标志之一。官绅有免役权，而庶民必须服役当差。"官贵们的田产大抵不能免税，但其本人甚至家庭却能免役，编户就不一样了。明朝是有田必有役，军田出军役，民田当民差，灶田当灶差，匠田当匠差；至于明清生员以上的士人，不但本人可以免役，其家庭还可以免差徭2人。

士人拥有特殊身份及免役权利，可能在周代就萌芽了。周朝国子学中的"学士"不服役，即"不征于乡"。由此形成了一个古老传统：学士免役。孔子据说有三千弟子，其中很多一直追随着老师，我们没看到其课役迹象。其余诸家的学士及弟子亦然。商鞅、韩非的叙述也都显示，一旦成为学士，就可以"弃田圃""避农战"了。那在先秦似是一种"习惯法"。当然在授田制下，士人不服役，国家就不授田，不得授田就没有家业。所以做学士也是有代价的，选择了做学问，就得"弃田圃"，放弃受田。

汉武帝建太学，太学的博士弟子是免役的。东汉后期京师的太学生曾达三万余人，他们都应免役。地方学官的学子是否免役，由长官自行决定。那么私学呢？秦禁私学，汉初朝廷大概也不许私学者脱役。但随文教兴盛、官学逐渐免役了，王朝就下令"通一经者皆复"，"复"即免役，这应该就包括私学弟子了。很多私学弟子长年在外求学、"事师数十年"，不在原籍服役，朝廷也没拿他们当逃亡人口。长沙走马楼孙吴简牍中能看到很多"私学"和"私学弟子"，他们可以免役。魏晋南北朝以下，太学或国学生，地方官学生，得到官府认可的私学生，都可免役。平民迁移，汉晋以来即有限制，但诸生四方游学，王朝不禁。顺便说，宗教徒往往也可以免役。我想那也跟学者免役的古老传统相关，佛教、道教被认为也是一种"学"。所以，教徒免役是学者免役古老传统的有力旁证。

唐代国子学、太学、四门学生及俊士等在校生，还有州县学生，本人可以免役，而且还可以免课。寻求科名者"名登科第，即免征役"；若进士及第，还可以免除一门课役，成为所谓"衣冠户"。韩国磐先生说，"衣冠户是科举特别是进士科出身者的专称"，他们是宋代"官户"的前身；"唐代的衣冠户和宋代官户，都是在科举制的形成、发展下而形成发展起来的"。科举制及授予学历获得者的相关特权，使士人继续向一个特殊阶层演进。至于尚未及第的举子，唐朝也很乐意给他们特殊身份，比如让省试不第、滞留京师的士子隶名于四门学，从而拥有了免役权；甚至士人尚未省试，只要是有志举业，也可以通过隶名中央和地方的官学，而获得免役权。举子往往要离乡"寄客"，王朝对这些"学宦者"不责以"浮浪"之罪。非官学的学子，地方长官也可能格外开恩，免其徭役。当然，私学的法律地位是低于官学的。

宋代的太学生有免役权，州县学生也免役。"上户多是衣冠读书赴举仕族"。宋徽宗崇宁年间："凡州县学生曾经公、私试者复其身，内舍免户役，上舍仍免借借如官户法。"上舍生已可享受"官户"的待遇了。大观三年（1109年）据朝廷统计，全国24路学舍95298楹，学生达167622人。学者云，其经费之大、学舍之广，实为旷古未有。

元代科举很不发达，由科举入仕者人数寥寥。但王朝特设了一种"儒户"，儒户必须送一人入学就读，除纳税粮外，可免科差。儒户不能世代承袭。北方儒户经两次考试确定，元太宗九年（1237年）取中4030人，元世祖至元十三年（1276年）再经考试、分拣，定为3890户。南方的儒户不须经考试，由地方官奏报。至元二十七年的江南户口登记表明，儒户约为总户数的1%左右。

明代把儒户并入民籍，但户籍上注明为儒籍。士子从童子试起，即应登录为"儒籍"。《明进士题名碑录》中每名进士籍贯之下，都注明"儒籍"等特殊身份。据顾炎武估计，天下生员不下50万人，"一得为此，则免于编氓之役，不受侵于里胥"，因其优免特权，"杂泛之差乃尽归于小民"，"故生员于其邑人无秋毫之益，而有丘山之累"。宋代的地方学校生员，可达20万人，约占总人口的0.45%；明末的生员之数，陈宝良先生估计约在60万人以上，占人口的0.46%。（东汉后期的学生数量，我们推测也能接近这个比例。）

至于清代，据张仲礼先生统计，太平天国之前的生员与监生的总数为109.4万人。这时候，这个人群依然享有法律、经济和文化上的种种特权。朝廷经常申说生员不同于平民。学官前的卧碑上镌刻着顺治皇帝的谕旨："朝廷建立学校，选取生员，免其丁粮，厚以廪膳，设学院学道学官以教之。各衙门官以礼相待，全要养成贤才，以供朝廷之用。"康熙九年（1670

年）上谕："生员关系取士大典，若有司视同齐民挞责，殊非恤士之意。今后如果犯事情重，地方官先报学政。俟黜革后，治以应得之罪。若词讼小事，发学责惩。"王朝给予了学子以法律特权。雍正四年（1726 年）上谕："士为四民之首，一方之望。凡属编氓，皆尊者奉之，以为读圣贤之书，列胶庠之选，其所言、所行，俱可以为乡人法则也。"这"士为四民之首，一方之望"之言，被官僚士大夫视为"最高指示"而不断地引述申说。

免役特权显示士人处于臣、民之间，士人把"居位"作为政治期望，而朝廷也视之为一个官僚后备队伍，一群"准官僚"，他们处于朝廷品官的下端，在等级管理上被置于一个特定层次。由此士人拥有了经济特权、法律特权，以及更高的社会地位与威望。

4.3.3 服饰等级中的士子礼遇

学校的学生穿校服或学生装，校服、学生装当然不是"阶层"的标志，但在现代社会如此，传统社会却不一样。鲁迅先生的小说《孔乙己》，区分了"长衫主顾"和"短衣主顾"两种人；"穿长衫而又站着喝酒"，就是孔乙己所属阶层及其个人沦落的象征。著名油画《毛主席去安源》，把前去安源号召劳工的毛泽东画成了穿长衫的形象。毛泽东本人对此不甚满意，他说："我在安源不是穿长袍，是穿短衣。"学生与有身份的人都穿长衫，短衣是劳动者的装束。毛泽东似是强调学生出身的他，那会儿已同工人阶级打成一片了；现在画成了穿长衫，看着就像没打成一片似的。

传统社会中的服饰是职业与身份的直观标志，特定人群穿着特定服饰，一望即知，王朝往往以法规规范之。士子也是如此，他们有特殊冠服，那往往还是朝廷正式规定的。"贤贤"本是中国"礼乐"的基本精神之一，士子们就是被培训的贤者，是未来国家政治的承担者。换言之，王朝是在其与政权的关系之中，处理这个人群的身份与地位的，包括他们的礼遇。冠服属"礼"，"礼"是国家的制度安排，其基本精神就是区分尊卑贵贱，因而也是塑造"阶层"的能动力量。透过士子冠服的变化，来旁证不同时期"士"的身份变化与品位安排，就是本节下文的目的。

学人有特定服装，先秦典籍中已有若干迹象了。《诗·郑风·子衿》，据小序说是"刺学校废也，乱世则学校不修焉"。其中有句："青青子衿，悠悠我心。"《毛传》："青衿，青领，学子之所服。"这种说法应有某种历史根据。孔颖达疏云："《释器》云：'衣皆谓之襟。'李巡曰：'衣皆，衣领之襟。'孙炎曰：'襟，交领也。'衿与襟音义同。衿是领之别名，故云'青衿，青领也。'衿、领一物。色虽一青，而重言青青者，古人之复言也。……《深衣》云：'具父母衣纯以青，孤子衣纯以素。'是无父母者用素。"那么周朝的国子学生，可能穿着一种交领的青色服装。《子衿》又云"青青子佩，悠悠我思"，那青年既有佩玉，应为贵族子弟。

战国时代，国家对"士"的服装似有专门规定。《管子·立政》："天子服文有章，而夫人不敢以燕以飨庙，将军、大夫以朝，官吏以命，士止于带缘，散民不敢服杂采。"这里的"士"，张佩纶释为"不命之士"。因上文云"官吏以命"，即官吏穿命服，则后文的"士"应指未命无官者，张说是。"带缘"指带子上的缘边，那是平民所不能使用的。这也显示处在官、民之间的士人，确实拥有一种法定身份，朝廷要专门安排其服饰。不要以为衣带事小。贾谊

《新书·服疑》特别指出："高下异，……则衣带异。"

先秦有一种"儒服"，但它是逐渐成为"儒服"的，起初不是。《礼记·儒行》："鲁哀公问于孔子曰：'夫子之服，其儒服与？'孔子对曰：'丘少居鲁，衣逢掖之衣；长居宋，冠章甫之冠。丘闻之也：君子之学也博，其服也乡；丘不知儒服。'"。在春秋末，鲁哀公还弄不清什么是"儒服"呢，按孔子之说，那只是"其服也乡"而已。《仪礼·士冠礼》："委貌，周道也。章甫，殷道也。毋追，夏后氏之道也。"胡适先生认为章甫是殷服，孔子"懂得当时所谓'儒服'其实不过是他的民族和他的故国的服制。儒服只是殷服，所以他只承认那是他的'乡'服，而不是什么特别的儒服"。

《墨子·公孟》也记载有"儒服"，"公孟子戴章甫，搢忽，儒服，而以见子墨子"，自称"君子必古言服，然后仁"。墨子回答说："然则不在古服与古言矣。且子法周而未法夏也，子之古非古也。"冯友兰先生因而提出："则公孟子之古言服，乃是周言周服，墨子时所谓'古'不必即'指被征服的殷朝'。"钱穆先生干脆说孔子之服就是士服。不过我们看到，"章甫，搢忽，儒服"是被看成一种特殊服装的，所以公孟子才会用穿"儒服"来自我标榜，所以鲁哀公才为"夫子之服"疑窦丛生。至于墨子称其是"法周"，我想那只是就"周代"而言，却不是就"周制"而言的。墨子意谓：这章甫，在我们周朝仍有人戴，并没有消亡，不能算是"古服"。然而墨子指其不算"古服"，不等于儒者不把它看成"古服"。好比今天有人穿中式褂子，以示热爱传统文化；有人就出来说，"汉服"才是华夏正宗呢，褂子不是。冯、钱二先生的批评，不算有力。

杨宽先生认为，委貌、章甫、毋追都是玄冠的别名，而玄冠是贵族的通用礼帽。"孔子少居鲁，还未成年，因穿逢掖之衣；长居宋，已过成年，因戴章甫之冠。……也可能西周、春秋时宋人所戴礼帽，通用章甫的名称，其式样也还保存着殷人的遗风"；"后来儒家讲治周礼，沿用古服，章甫又成为儒服"。杨先生的推测相当合理，孔子的章甫必定有些特别之处，保留着殷人遗风，跟鲁国的章甫不一样，才引发了鲁哀公的疑问，以及孔子"其服也乡"的回答。同理，公孟子拿"章甫"来显示特立独行，则其章甫式样也不同凡响。周人的通用礼服是"端委"，"端"即礼服玄端，"委"即礼帽委貌。清人江永推测说，"似章甫与委貌亦有微异"，又怀疑"当时章甫与委貌亦通行，可通称"。既"微异"而又"通称"，在于风俗名物是因时因地而变化着的。兼用"微异"与"通称"两点，我想就可以较好地解释章甫与委貌的关系。

《庄子·田子方》："庄子曰：'鲁少儒。'哀公曰：'举鲁国而儒服，何谓少乎？'庄子曰：'周闻之，儒者冠圜冠者知天时，履句履者知地形，缓佩玦者事至而断。君子有其道者，未必为其服也；为其服者，未必知其道也。'""举鲁国而儒服"是极言鲁国儒服者之多，那套儒服包括圜冠、句履、缓佩玦等。再看《荀子·哀公》："孔子对曰：'生今之世，志古之道；居今之俗，服古之服；舍此而为非者，不亦鲜乎！'哀公曰：'然则夫章甫、絇屦，绅带而搢笏者，此贤乎？'孔子对曰：'不必然，夫端衣、玄裳、絻而乘路者，志不在于食荤；斩衰、菅屦，杖而啜粥者，志不在于酒肉。生今之世，志古之道；居今之俗，服古之服；舍此而为非者，虽有，不亦鲜乎！'"可见"章甫、絇屦，绅带而搢笏"，确实就是古服、儒服；鲁国朝廷另有礼服，即"端衣、玄裳、絻（冕）"。二者是不同的。

总之，由于孔子及其门徒的原因，逢掖之衣、章甫之冠，后来真就成了儒服、儒冠了。子路早年喜欢打架，装束上"冠雄鸡，佩猳豚"，后来在孔子诱导之下，居然"儒服委质"了。《孔丛子·儒服》："子高衣长裾、振褒袖、方屐麤翣，见平原君。君曰：'吾子亦儒服乎？'"刘邦不好儒，来了戴儒冠的客人，"沛公辄解其冠，溲溺其中"；郦生"衣儒衣"而见刘邦，通报者云其"状貌类大儒"；"叔孙通儒服，汉王憎之；乃变其服，服短衣，楚制，汉王喜。"可见人们习惯认为，读儒之书就必须服儒之服，服儒之服者必定是读儒之书者。《淮南子·泛论》有"丰衣博带而道儒墨者"云云；《法言·孝至》："假儒衣、书，服而读之，三月不归，孰曰非儒也？"可见战国秦汉间确有一种社会公认且样式特定的"儒服"，被认为是儒生、学子之服。它是孔夫子及其学生留下来的，不是政府规定的。顺便说，战国秦汉间有一种侧注冠，周锡保先生把它说成"儒冠"，恐非如此。

秦朝的儒者大概仍穿儒服，皇帝的脑袋还没想到为学士另行制服。汉帝国尊儒兴学，当局开始根据官僚行政需要规划师生服饰了。《续汉书·舆服志》："进贤冠，古缁布冠也，文儒者之服也。前高七寸，后高三寸，长八寸。公侯三梁，中二千石以下至博士两梁，自博士以下至小史、私学弟子，皆一梁。"进贤冠既不是来自古缁布冠的，也不是文儒者之服。这一点本书已辨之于前了。我们的看法恰与《续汉志》相反：汉初儒者另有儒服，王朝是在文吏普遍使用进贤冠后，复令儒官改服进贤冠的。"进贤"那名字给人以"礼贤下士"的感受，不过我想那名字是后起的，进贤冠其实是文吏之冠。你们儒生来我朝当官，那么就该改服易容，不能是先前的那种打扮了吧？！

儒生做官即改服，是从什么时候开始的呢？叔孙通投汉之前服儒服，他在秦朝以文学征，为待诏博士。推测秦博士依然沿用先秦旧习，是儒生就服儒服。《汉仪》又记："文帝博士七十余人为待诏。博士朝服：玄端、章甫冠。"若这条记载可信，则汉初博士承先秦遗风及秦制，仍穿玄端、章甫，不用吏员制服。秦博士七十多人，汉文帝博士也是七十余人，系承秦制，冠服也一脉相承。

博士最初服儒冠，说明那时候政府只把他们看作民间延请而来的顾问，不算吏员。汉武帝时情况有了变化。武帝末年有个隽不疑，"治春秋，为郡文学，进退必以礼，名闻州郡"，绣衣直指使者暴胜之约见他，"不疑冠进贤冠，带櫑具剑，佩环玦，褒衣博带，盛服至门上谒"。"褒衣博带"虽系儒服，但"进贤冠"却是官服，而非儒服。隽不疑虽然只是一位郡文学，"芝麻官"毕竟也是官儿了，换上官帽子了。文学既已如此，博士似可类推。推想汉武帝在尊儒兴学同时，给了博士、文学们戴"进贤冠"的待遇。那是皇帝的一项荣宠呢，等于给予"国家干部"身份了。不知博士摘掉了先师的章甫，换上皂色朝服和进贤冠时是什么心情。本来，二千石以上官才可以戴两梁冠的，博士秩比四百石，只有二千石的1/5，却获得了两梁殊恩。《晋书》卷二五《舆服志》："博士两梁，崇儒也。"博士、文学的进贤冠表明，"崇儒"的同时，儒生本身也"官僚化"了。

进而我们看到，朝廷允许私学弟子也戴"进贤冠"。这显示朝廷承认学士应有特殊服装，进而认定他们是一个特殊人群，是"学以居位"者。由此，私学弟子也有了一项进贤冠扣在脑袋上，等于有了干部待遇。那顶官帽子标示出他们的"官僚预备役"身份，应"时刻准备着"

步入仕途为帝国献身。我们看汉代画像上的儒生形象，不少都戴进贤冠。像成都青杠坡《讲经图》画像砖，儒师与若干弟子戴进贤冠；南阳沙岗店《投壶图》画像石中的三位投壶者应系儒生，也戴进贤冠。这帽子的事还牵连到了孔子及其弟子，甚至老子：在汉代画像中，他们都被扣上了进贤冠。作画者似乎不记得孔子是"长居宋，冠章甫之冠"的，把孔子弄得跟汉朝的官儿一个样了，说其"数典忘祖"不冤枉吧。

顺便说说汉代佩玉制度："佩双印，长寸二分，方六分。乘舆、诸侯王、公、列侯以白玉，中二千石以下至四百石皆以黑犀，二百石以至私学弟子皆以象牙。""双印"即"刚卯"与"严卯"两种成双佩戴的玉印。在佩双印上，二百石以下吏员与"私学弟子"，也是被安排在同一层次的。私学弟子如此，则官学弟子可知。

概而言之，汉朝的士人冠服，其"亮点"就是给了博士及其弟子以文吏之冠，即进贤冠。士人的服装由此向王朝官僚靠近了。进而私学弟子也用官僚制服——严格说来，是官僚"制帽"，等于是赋予了学子以某种特殊身份，"四民之首"的特殊地位。

同时另一些史料暗示人们，儒服依然是可选项，有人穿。比如，河间王刘德"好儒学，被服造次必于儒者。山东诸儒多从之游"。汉昭帝元凤年间有个太史令唤作张寿王，服儒衣。宣元之时王式被征，"衣博士衣而不冠，曰：刑余之人，何宜复充礼官？"东汉桓荣："车驾幸大学，会诸博士论难于前，荣被服儒衣，温恭有蕴籍，辩明经义。"《盐铁论·利议》："大夫曰：……文学褒衣博带，窃周公之服；鞠躬踧踖，窃仲尼之容。"东汉初光武崇儒，"其服儒衣，称先王，游庠序，聚横塾者，盖布之于邦域矣！""儒衣"说明什么呢？上述居官者或在学者，可能已戴上进贤冠（河间王应是远游冠）了，但衣服还是"儒衣"，装束"半儒半吏"。西汉后期，还有"孔光、平当、马宫及当子晏咸以儒宗居宰相位，服儒衣冠"的事情。他们大约连头带身都是儒生扮相了。这些人在什么场合"服儒衣冠"呢？也许只是日常活动，而非朝堂典礼。

以上我们对士人选举资格、士子免役资格和士子冠服进行了叙述。我们的目的，就是从"中国国家的制度性设置"出发，面向"官—民"层面，探讨中国社会中"士阶层"的结构性地位。中国古文明在周代就已展示了一种倾向，以拥有高度文化教养者承担政治。这在战国时代催生了一个"士阶层"。在两千年中，这个阶层与王朝政治历经磨合调适，与政治体制一体化了，在帝国品位结构中占据了一个稳定而明确的地位。

◈ 4.4　官本位与一元化

秦汉官阶用禄秩，魏晋以下用官品。九品官品是在曹魏末年出现的。在中国官阶史上，九品官品的出现，意味着什么？从秦汉禄秩到魏晋官品，是否只是级差级名发生了变化，以前分十八九级，现在分九品；以前叫"若干石"，现在叫"第几品"，如此而已呢？

以往学者对魏晋官品做过不少探讨，探讨涉及了官品的诞生时间，各种官职的具体品级，官品与九品中正制的关系，等等；至于九品官品的结构性和功能性的意义，则还有很大的考量推敲余地。本章将从"品位结构"视角，即各个序列的结构与功能，它们之间的组合、连接与搭配的样式，来考察九品官品的意义，以此显示秦汉品位结构的变迁方向和演化归宿，就是"官本位"和"一元化"。

4.4.1 "一元化"与"官本位"的推进

我们认为，九品官品体制的最大意义，就在于它是一种"一元化"的、"官本位"的官僚等级秩序。这是相对于秦汉"爵—秩"二元体制而言的；再往前说，也是相对于周代的"爵本位"而言的。

所谓"一元化"，是说九品官品表现为一个整体性框架和综合性尺度，把各种品位笼括其中，可称为"一元化多序列的复式品位体制"。秦汉等级秩序在一段时间里，各种位阶堆砌错杂，还没有那么一个充分一元化了的综合性尺度，或者说其发展并不充分。

所谓"官本位"，就是以行政级别为本位。进一步说，就是权势、地位和声望的获得，以官位占有和职能履行为准。你有官儿、有事儿、为朝廷干活，才有名位俸禄。官大、权责大、贡献大，就位重禄厚；官小、权责小、贡献小，就位卑禄薄；而若无官守、无权责，朝廷一般不白养你。周朝的"爵本位"就不是如此，贵族的权势，来自对土地人民的直接占有、来自家族传统和世卿传统，不是行政性的。"爵"就是这种权势的一种"外化"形式。

从"爵—秩"体制到官品体制，帝国品位结构发生了若干显著进化。这种进化，体现在哪些具体方面呢？首先体现在对各职类的等级管理手段的"行政化"上，进而体现在品秩要素配置的"行政化"上。各职类等级管理上的"行政化"，是指那些行政化水平较低的职类，例如具有依附、私属性质的"宦皇帝"职类，逐渐也用行政级别的手段加以管理了；若干非行政性职类，在管理上与吏职一体化了，例如军职。品秩要素配置的"行政化"，是指特权、礼遇等品秩要素，逐渐向行政级别转移，更多地被配置在行政级别之上，而不是身份等级之上，例如爵级之上。

制度变迁是个"长时段"的问题。我们先从回顾周王朝的品位结构开始。周代官员品位结构的特点是"爵本位"，其主干是公、卿、大夫、士爵列，它以贵族官员的身份地位为本。贵族之下还有一个无爵的胥吏层次，他们以"稍食"为生，承担各种事务杂役，宛如主建筑之下的础石。那么周代品位结构，可以进一步表述为"爵—食体制"。这个体制是"一元性"的，因为"爵—食体制"的结构是一个纵向单列，"爵"叠压在"食"上。与爵级相关的等级礼制虽很烦琐，爵级本身却很简单，它是贵族时代社会分层的体现。

战国秦汉间的品位结构变迁，其要点可以概括为三：

第一，周代贵族官员的身份尺度——公、卿、大夫、士的爵列在不断衰微、变质；

第二，源于稍食、作为"吏"之定酬定等之法的禄秩，在不断伸展扩张，变成了官职的级别；

第三，功绩制性质的二十等军功爵，变成了官员身份以至社会身份的主要尺度。

这三个变迁催生了"爵—秩体制"，其主体结构，就是禄秩与军爵两个序列的双峰并峙。在一段时间里，各种品位安排都搭置于这两根支柱之上。这个体制呈现了某种"二元性"，其特征就是"爵、秩疏离"，进而是各种品位间的"疏离"。对这种"疏离"，可从"要素配置"

"等级关联"等方面加以观察。

"品秩五要素"即权责、资格、薪俸、特权和礼遇。"爵"上没有配置"权责"要素，历代大抵如斯；但"爵"上是否配置了"资格"要素，历代就不相同了。汉代的二十等爵上没有配置"资格"要素，不能凭爵级起家，这样一点，就既与周爵不同，也跟南北朝隋唐不同。南北朝隋唐时各级爵位的起家资格，有明确规定。与前后时代相比，汉爵不能凭之起家居官，进而占有政治权势，这就显示了此期品位结构的特殊性。军爵用于军中褒功，列侯与关内侯爵也用来褒赏官僚功绩，但官僚的例行赐爵，却引人注目地采用了"赐满"的形式。而这就意味着，二十等爵在更大程度上被用作身份尺度，官员达到某秩级以上就被认为属于某个身份层次。配置于二十等爵上的经济待遇、特权和礼遇，其优厚程度明显高于后世。再从"等级关联"方面看，爵与秩之间的"比视"比较杂乱，也说明二者还没有精巧地整合在一起。

总之，汉代的爵级与秩级间显示了某种"疏离"；这种"疏离"与周王朝"爵—食体制"的历史影响相关。汉"秩"源于周"食"，而周代的"食"居周爵之下，是卑微胥吏的酬报定等方式。秦汉"以吏治天下"造成了"秩"的伸展和扩张，但爵级和秩级间的紧密整合与对应，却是需要一段时间来调适的。"爵"与"秩"疏离，意味着帝国等级制中身份制因素和官僚制因素，是以一种特殊的样式两存并立的。

进而与魏晋以下相比，汉王朝各种品位安排间的关系，也显杂乱松散，很有点儿"各行其是"的意思，尤其在汉朝前期。比如"宦皇帝者"职类，其赏赐、晋升和管理自成一系；比如"将军""校尉"等军职已有了一定的品位意义，但还没演化为军阶，并与秩级形成级级对应的关系；比如秩级只到中二千石为止，中二千石之上另用"上公""公"来区分地位；上公、公、上卿、卿、大夫、士既是礼制等级概念，同时又以职位和秩级定公、卿，二法并不完全相互吻合。汉朝的禄秩中有"比秩"，"比秩"的区分职类功能，也可以看成那种松散性的表现。"比秩"表明：文学之职、军吏和"宦皇帝者"最初无俸无秩，其等级管理各异，与吏员不同；在有了"比秩"之后，这些职类也属"另类"。秦汉品位结构相对松散，是因为刚刚经历了社会政治结构的剧变。剧变中新兴阶层、新兴人群、新兴官职、新兴名号大批崛起，相当一段时间里，新旧阶层、新旧群体、新旧官职、新旧名号之间，呈现出了位置不定、错综复杂的情况。

"吏"是一个新兴群体，来自周代的府史胥徒层次。由于他们富有专业性，又容易驾驭，所以得到统治者青睐，带着他们的身份标志"禄秩"，在战国逐渐崛起。但府史胥徒本是个无爵的卑微阶层，被压在有爵的贵族的大山下面，"爵"是传统的高贵身份标志。在传统观念之中，若以"爵"为吏，等于是让贵族去当厮役。汉代"爵、秩疏离"，爵级上不配置资格要素，不实行依爵起家的制度，就是很好理解的了。

文学之士盛于战国而衰于秦。在统治者一意寻求富国强兵时，"文学"一度被认为可有可无，是外在于富国强兵的东西。当然统治者也有爱好文学、奖崇学术的，也需要博古知书的顾问。齐有稷下学官，学人在其中可得到"比大夫"的待遇。士人还可以去做大夫、郎官，或做大臣的舍人、门客，但它们既非吏职，也不是专门的文学之位。秦朝的博士和博士弟子体制，专门化程度高了一些。汉朝的博士、掌故、文学、诸生，已是专门的文学之职了。然而王朝又以侍从之位安排士人。总之，士人之被帝国接纳是一个曲折的过程；帝国体制中文学之官的职类、等级和资格安排，当然也是需要若干时间才能严密、精致起来的。

"宦皇帝者"有其古老的来源，源于周朝的士庶子体制。战国秦汉间"宦""仕"有别的积习还很浓厚，所以"宦皇帝者"一度跟新兴吏职分成两系。"宦皇帝者"的等级相当散漫：自身级别既不清晰，与吏员的级别对应也不清晰。战国郎官的官称是很简单的，通称"郎中"而已，看不出"花色品种"来。秦汉郎官之名就复杂化了，有了车郎、户郎、骑郎、陛楯郎、执戟郎、中郎、郎中、外郎等名目。

细审其命名，其法有二：车郎、户郎、骑郎、陛楯、执戟等，是以职事为别的；中郎（或侍郎）、郎中、外郎，则是以服役地点来区别的。中郎大概服役于内省，"中郎"之"中"显示其与皇帝更为亲近，郎中稍远，外郎大约不在禁中。学者认为，中郎、郎中、外郎是三个级别，其实最初不过是与君主的亲近程度之别，有如内寝中的贴身丫头与外堂杂活丫头之别，既不是升迁阶梯，也不好看成行政级别。先秦到汉初郎官无秩，其时中郎、郎中、外郎之别，与后来中郎比六百石、侍郎比四百石、郎比三百石，严格以秩级为别，而且构成晋升阶梯的情况，很不相同。汉初的郎名显示他们当时偏重职事分类，级别分等尚不发达。侍从们依靠传统的供养方式为生：没有固定俸禄，以廪食和赏赐为生。因无秩级，所以他们进入行政体制的渠道和层次也不确定。"宦皇帝者"若得到皇帝赏识，就可能被认定为"宦皇帝而知名者"，给他们与爵级五大夫、秩级六百石相近的待遇。但可想而知，得此待遇的随意性是很大的，不过是看皇帝脸子罢了。总之，"宦皇帝者"之所以在品位结构中地位模糊，在于他们作为侍从的"私人性"。

战国文武分途，由此军队、军官、军人自成系统。将校、军吏的等级管理，使用军职与军爵。秦国军功爵制之下，"动作者归之于功，为勇者尽之于军"，"使天下之民，所以要利于上者，非斗无由也"。授爵基本以"军功"为依据。"从军当以劳论及赐，未拜而死""隶臣斩首为公士""工隶臣斩首及人为斩首以免者"之类秦律律条，都显示了军爵与"从军"、与"斩首"密切相关。是为"武爵武任"。所以，一段时间里，军爵主要是军人或从军立功者的品位，而非王朝吏员的品位。看到某吏员有爵，若无其他特殊情况，则以推测那位吏员曾经从军立功更好一些，就是说其爵位与其吏职无大关涉。

战国秦汉间的历史剧变中，新旧阶层、群体、官职、位号波荡起伏。用汉人的话说："古今异制，汉自天下之号下至佐史，皆不同于古。"帝国大厦的骨架业已筑就，但局部修建和内部"精装修"还没完成。云其松散粗疏，并不意味着先入为主、预设标准，而是在历史比较中看到的。通观两千年的等级制度进化，只能说是"前修未密、后出转精"。好比一伙人刚凑在一块儿共同创业，虽采用了什么经理、部长、主任之类职衔，但亲朋旧友、同学战友关系又掺杂其中，谁大谁小、谁该拿多少钱、什么事谁说了算，往往因人因时而异，尚不确定；不能像历史悠久的大公司那样，等级清晰而秩序井然。

但随着"帝国公司"不断发展完善，"爵—秩"二元体制及各种位阶间的散漫关系，就一点点地得到了调整改进。在汉代官僚政治发展中，我们看到了王朝人员的同质化和等级管理的一体化，以及二十等爵的边缘化与禄秩的中心化。

先说王朝人员的一体化与等级秩序的一体化。"宦皇帝者"最初无秩，在等级管理上跟

"吏"是分成两块的。后来"宦皇帝者"采用了"比秩",这就是把他们纳入行政等级管理体制的努力。"比秩"有如纽带,将之与吏职联系起来了;在级别、薪俸、地位、资格上,"宦皇帝者"与吏职有了明确可比性。这个变化,是以"宦"与"吏"的界限淡化,大夫、郎官与"吏"的异质性下降为条件的。

汉初郎官是没有秩级的,郎官的命名主要以职事为别。但后来情况变了,郎官不但通过"比"而拥有了秩级,而且还分成比六百石的中郎、比四百石的侍郎、比三百石及比二百石的郎中。这时的中郎、侍郎、郎中,已是郎官的等级之称了。"中郎"本来相对于"外郎"而言,是郎官的一类,后来则是郎官的一级了。汉朝冠服体制的特点是"自然分类"与"职事分类"两点,其分类功能强于前朝后世,分等功能弱于前朝后世;但后来,冠服的"级别分等"的分量就逐渐加重了。而这与汉代郎官的分等分类变化相映成趣:汉初郎官恰好以"职事分类"为主,后来"级别分等"的分量重起来了。

文武分途造成了军职、吏职间的一度疏离,但因"比秩"的使用,文武职类间的常规性迁转,变得便利了。文学之官也是如此。如掌故有比二百石、比百石两种,文学为比百石之官,他们可以迁为二百石、百石卒史,由文学而吏职,其迁转层次一目了然。西汉中期规定"博士选三科":"高为尚书,次为刺史,其不通政事,以久次补诸侯太傅。"这就为博士开拓了由经师至吏职的通道,由此博士之官不再是行政体制的"外在"部分了,这时"比秩"就为之搭建了秩级的桥梁:博士比六百石,而尚书六百石,刺史六百石,诸侯太傅二千石。汉武帝兴儒学,贤良、明经、秀才、孝廉等科目,发展为面向士人的品位。而这个变化,又是以"儒"与"吏"的融合或趋同为前提的。

由此,这样一个进程就呈现在人们的视野中了:转型期波荡不定的各种人群和官职,通过各种分等和分类措施,在相关职类和级别上逐渐各得其所,彼此的对应、连接与配合关系日益精致起来了。供职于王朝的各色人物,其一体化和同质性提高了,他们都作为王朝吏员而活动着。《汉书·百官公卿表》云:"吏员自佐史至丞相,十二万二百八十五人。"这"十二万二百八十五人"都是"吏员",同样用行政手段管理,同样以秩级确定其级别待遇,按同样的规则在不同职类间对流和升降。

再来看二十等爵的边缘化和禄秩的中心化。在秦与汉初一段时间中,爵、秩比肩并立。那时还能看到"爵重于官"的情况,臣吏若有几种头衔,习惯上先列爵位、后列官职。周朝"爵本位"依然显示着强大影响:"爵"是人在社会上的立身之本,"秩"只是给君主当差时领的工钱。不过随光阴流逝,爵级、禄秩就不再比肩并立了,二十等爵逐渐变成旁枝,"秩"成了等级秩序的主干。

究其原因,第一个是政治性的:在新兴帝国之中,官吏才是大政承担者和权势操持者,行政级别逐渐主导了社会身份,与权责、资格无关的"爵"不可能抗衡"官本位"。封侯者还算位望较高,一般的有爵无官者虽比平头百姓尊贵,但其权势就没法儿跟在职官吏比了。

第二个是社会性的。周朝"爵本位"的基础是身份的凝固不变,战国秦汉却是一个流动的社会,财富、权势全都变动不居,对官僚实行选贤任能,奖黜分明。汉初依爵而授田宅,爵位较高则占有的土地额度较大;但在土地频繁转移与爵位频繁升降的情况下,依爵占田之制必将成为一纸空文。二十等爵同时用于维系身份和行政激励，可这二者又是矛盾的：袭爵制度造成了特权的凝滞，而与官职、秩级相关的特权却是频繁转移的。二十等爵维持身份体系的能力，在官僚制时代是打了折扣的。

"爵"越来越轻、"官"越来越重，经常性的赐爵卖爵使爵级越来越滥，除列侯、关内侯保持了较大含金量外，十八级以下爵级一天天缩水贬值。从"品秩要素"看，虽然特权从"爵"转移到"秩"的情况在汉代似不明显，但"任子"权依秩级而定，"先请"权依秩级而定，二者不依爵级；先秦车舆依爵级，汉代车舆等级依秩级，服饰也依秩级而定。到东汉末就落到了这个境地："爵事废矣，民不知爵者何也。夺之民亦不惧，赐之民亦不喜。"禄秩越长越高、越长越粗，成了帝国等级制的粗壮主干；"爵"相形见绌，看上去只是主干上的旁枝了。

两汉几百年中，各职类的整合程度不断提高，其等级关系日益精致化了；帝国各色人员日益同质化，共同构成了一个官僚阶级。"爵、秩两立"的状况也将发生变化，以新的方式整合起来。于是，一个新事物——九品官品呱呱坠地，在魏晋间问世了。

4.4.2 从"爵—秩体制"到"官品体制"

制度的变迁是有节奏的。秦始皇、汉武帝及王莽之时，都出现过创制的高峰；东汉一朝制度则明显稳定下来了，君臣不肯轻易言变。汉末魏晋政治动荡，制度变迁又骤然加速。九品官品便是这时候出现的。

九品官品的产生意义，就在于它上承汉代等级管理的发展趋势，把"一元化"和"官本位"提高到一个全新的水准。从结构上看，综合性与一元性是九品官品的最大特色之一。它把职事官、散官、将军号、封爵等等全都容纳在内，爵级与行政级别的整合程度也大大提高，结束了此前二者之间的"二元性"和疏离状态。官品与禄秩至少在这一点上相当不同：禄秩在诞生之初只面向下层吏员，而官品自初就是一个无所不包的架构。

今见《魏官品》《晋官品》，收录于《通典》之中。九品官品诞生于曹魏之末，没两年就改朝换代进入西晋了。《魏官品》属初创，《晋官品》有所调整，此后大约一直使用到南齐而无大变化。下以《晋官品》为例，把官品制度的结构性特征表示如下。《晋官品》中职事官、散官、将军号、封爵，我们将之分栏排列。

表 4-1　官品制度的结构性特征

	职事官	散官	将军号	封爵
一品	公	诸位从公		开国郡公县公
二品	诸持节都督	特进	骠骑车骑卫将军 诸大将军	开国县侯伯子男
三品	侍中　中常侍　尚书令 仆射　尚书　中书监令 秘书监　诸卿……	散骑常侍 光禄大夫	诸征镇安平将军 镇军抚军将军 前后左右将军 征虏辅国龙骧将军	县侯

	职事官	散官	将军号	封爵
四品	武卫等将军　五营校尉 城门校尉　护军监军 州刺史领兵者……		宁朔建威等将军 东西南北中郎将	乡侯
五品	中书侍郎　谒者仆射 虎贲中郎将　冗从仆射 羽林监……	给事中 散骑侍郎 黄门侍郎 太子中庶子 太子庶子	鹰扬折冲等将军	亭侯
六品	尚书左右丞　尚书郎 治书侍御史……	太子中舍人		关内侯 名号侯
七品	殿中监　诸卿尹丞 符节御……	太子洗马 太中大夫 中散大夫 谏议大夫 议郎		关外侯
八品	门下中书通事主事 散骑等省令……	中郎 郎中		
九品	兰台谒者 都水黄沙令……	舍人		

由此就可以看到，文武职事官、散官、将军号、五等爵与封爵，全都森然不紊地罗列于九品架构之内，它们都有了品级，由此一体化了。这就是九品官品的最突出特征之一。当然也有个别例外。如州郡县中正等构成的中正系统，因其职能与性质的特殊性，即作为朝官之兼职、代表社会与民间"清论"，朝廷没有将之列入官品。

魏晋散官的渊源是汉代的侍从、郎官与大夫，那么也可以说是来自"宦皇帝者"。魏晋以下是个官阶"品位化"的时代，散官队伍大为扩张了。散骑常侍、散骑侍郎各有正员、通直、员外三种，合计"六散骑"。太子侍从中的庶子、洗马、舍人，在汉朝是被比拟于皇帝的郎官的，但秩级稍低；到了魏晋，其品级反居于中郎、郎中之上了，成了重要的起家之官。无论如何，这些散官都有明确的品级，迁转吏职时是升是降一目了然。

汉代的将军有两种。一种是临时性的杂号将军，打仗时随机命将并给予军号，事讫则罢，打完仗就不再是"将军"了。还有一种是常设将军，即大将军、骠骑将军、车骑将军、卫将军和前后左右将军，共八号。这八号将军组成了一个名号序列，经常用作辅政者的加衔，所以它们还发挥着品位功能。将军号的级别，约略在中二千石、二千石之上。就是说汉代将军的序列，尚不在秩级管理范围之内。魏晋时代杂号将军变成常设的了，而且充分品位化、序列化了，由军职演变为军阶，分布在官品的一品至五品之上，在官品中占据了明确的地位。将军号自成序列，沿自身的排序升迁，但同时也受官品支配。在涉及待遇、礼制时，有"二品将军""三品将军""四品将军""五品将军"提法，就是明证。

还有，汉代的太傅、三公无秩名，而在魏晋官品中，诸公与诸位从公都高居一品，其品级与其下诸官形成了连续的序列。

秦汉帝国品位结构的特点是"爵、秩疏离"，二十等爵始终没跟秩级形成严格的等级对应关系。而魏晋官品，引人注目地把封爵纳入其中。魏末西晋爵制复古，恢复了五等爵的封授，但汉爵不废。在《晋官品》中，五等爵与汉爵两种爵号分布在一至七品：公爵在第一品，侯、伯、子、男爵在第二品，县侯在第三品，乡侯在第四品，亭侯在第五品，关内名号侯在第六品，关外侯在第七品，严谨有序。其后列朝，爵都在官品之内。唐朝王爵及五等爵，整齐有致地分布在一品至五品。下面再把曹魏、晋、陈及北魏、北齐和唐的封爵在官品上的分布变化简示如下：

表4-2　封爵在官品上的分布

	曹魏	晋	陈	北魏	北齐	唐
一品	国王公侯伯子男	开国郡公县公	郡王	王、郡公开国县公散公	王开国郡公	王国公
二品		开国县侯伯子男	开国郡公开国县公	开国县侯散侯	散郡公开国县公散县公开国县侯	开国郡公开国县公
三品	县侯	县侯	开国县侯	开国县伯散伯	散县侯开国县伯散县伯	开国侯
四品	乡侯	乡侯	开国县伯	开国县子散子	开国县子散县子	开国侯
五品	亭侯	亭侯	开国县子	开国县男散男	开国县男开国乡男散县男	开国子开国男
六品	关内侯名号侯	关内侯名号侯	开国县男			
七品		关外侯	沐食侯			
八品			乡侯亭侯			
九品			关中侯关外侯			

五等爵逐渐取代汉爵的过程，较然可见。魏晋南朝的爵列，大致是五等爵与汉爵的组合，

具有过渡色彩；北朝则弃汉爵不用，唯用王爵与五等爵了。北朝爵制，下启隋唐。这些变化，都是在官品框架之内发生的。

再从品秩要素"特权"与"资格"二者的配置观察，可以看到"特权"向官品转移，以及爵级开始承载"资格"的明显变化。

特权倾向于围绕官品配置，这里举"官当"和"占田"两点为例。秦汉二十等爵可以抵罪，秩级却不能抵罪。可见这个法律特权，重在保障身份而非优待吏员。魏晋以下逐渐出现了"官当"制度，即用官品抵罪当刑的制度。唐制："诸犯私罪，以官当徒者，五品以上，一官当徒二年；九品以上，一官当徒一年。若犯公罪者，各加一年当。"(12) 官当所用官，为职事、散官、卫官及勋官四官，计算官阶时职事、散官、卫官为一官，勋官为一官。若系执行公务而犯罪，则"五品以上，一官当徒三年；九品以上，一官当徒二年"。可见"官当"之制，倾向于向有官守、有权责者提供更多法律保障。重官而不重爵，这一点从请减权利也看得出来。唐律又规定："诸七品以上之官及官爵得请者之祖父母、父母、兄弟、姊妹、妻、子孙，犯流罪已下，各从减一等之例。"疏议："七品以上，谓六品、七品文武职事、散官、卫官、勋官等身；官爵得请者，谓五品以上官爵，荫及祖父母、父母、兄弟、姊妹、妻、子孙，犯流罪以下，各得减一等。"封爵的请减特权，是按其官品来衡量的。

秦汉根据二十等爵授田宅，而晋朝根据官品确定占田额度。西晋占田制下，"其官品第一至于第九，各以贵贱占田"。进而荫庇佃客和衣食客，也依官品。唐朝均田制下，官僚占有永业田的特权都依官品而定，封爵的永业田与其所对应的官品不过略有参差，参看表 4-3。

表 4-3　封爵的永业田与其所对应的官品参差

官品	永业田	封爵	永业田
正一品	60	亲王	100
从一品	50	郡王、国公	50、40
正二品	40	郡公	35
从二品	35	县公	25
正三品	25		
从三品	20	侯	14
正四品	14	伯	10
从四品	10		
正五品	8	子	8
从五品	5	男	5

大致说来，亲王百顷属超品；国公至侯伯之永业田低于其官品，子男之永业田同于其官品。所以说"略有参差"。而且"兼有官、爵及勋俱应给者，唯从多，不并给"，授田时爵与官不并给，只能取其多者，二者其实是一元化的。汉代依爵而享有的若干权益，逐渐向行政级别

转移，或依官品也能享有了。

秦汉爵级不构成资格，魏晋南北朝则出现了"依爵起家"的制度。两相疏离的"爵"与"秩"的因素，通过官品体制一体化了，而且以"资格"为纽带，"爵"与行政级别更密切地整合起来了。

那么从"资格"的配置看，从"爵—秩体制"到一元化的"官本位"体制，其实也经历过一个从"爵、秩疏离"到"爵、资相关"，又从"爵、资相关"到"爵、资疏离"的曲折进程。具体说，"爵"与"资"的关系经历了如下四个阶段的变化：

1. 周王朝："爵本位"，以爵为身份之本，"爵"是任官的凭据；

2. 秦及汉前期："爵—秩体制"，爵、秩疏离，爵级不构成资格，不能依爵入仕；

3. 魏晋南北朝隋唐："官本位"，爵级被整合于官品框架中，实行依爵入仕；

4. 宋明清时，授爵范围日益狭窄，依爵荫补也被限制在很小范围之中。

这样一个历程，看上去很有些"否定之否定"的意味。如何认识上述第3期与第4期的变迁呢？魏晋以下官僚等级制的发展，同时承受两个影响。第一个，是官僚体制固有的由粗而精的进化趋势，即等级秩序的一元化趋势；第二个，则是官僚阶级的一度"贵族化"趋势，表现为士族门阀政治和北朝的部落贵族政治。这两个趋势，一条是一道上升的直线，另一条却是一段曲线，二者发生了"叠加"，同时"叠加"于中古品位结构的变迁之上了。

毕竟，"爵"是一种富有贵族色彩的制度：在"以爵入仕"制度下，官贵子弟通过袭爵而分享、延续了父祖身份，降低了政治流动，增加了身份的凝滞性。当"官本位"发展到更高程度，尤其是科举制繁荣之后，官僚流动性进一步增大，"依爵荫补"就衰落下去了。这时候的"爵"，与其说是一种安排社会身份的手段，不如说是一种官僚激励手段了。

宗室封爵不论，官僚的封爵主要是一种激励手段，"爵"是"官本位"秩序的从属物，却不足以安排社会身份，所以与"官"无关的赐民爵制度，东汉以后就逐渐低落、消沉了。赐民爵的做法，至唐宋偶尔仍有其事，明初朱元璋也一度赐民爵。这些民爵主要面向耆老乡贤，当然也含有调节社会身份、提高乡里耆老地位的作用。不过此时民爵价值微末，社会影响很小，若干史家都不知其事了，与秦汉平民大量拥有爵级，以至有人怀疑"民尽赐爵……几无百姓矣"的情况相比，还是很不相同的。唐朝赐民爵，称之为"古爵"；宋朝赐民爵，通用"公士"一级；朱元璋赐民爵，索性弃古爵不用，而是另创里士、社士、乡士之号；清廷优待耆老不用爵号，改赐七八九品的官服顶戴了，也算是向"官本位"倾斜的又一个表征吧。

4.4.3 一元化多序列的复式品位结构

回到汉晋间的官阶变迁上来。无论如何，九品官品对各种位阶的整合，可以看作一个里程碑式的事件。"依爵起家"固然增加了"爵"的分量，但也使"爵"与"官"更紧密地整合在一起了。从"涵盖度"看，汉代禄秩最初只用于"吏"，对"宦"未能覆盖，跟爵级也只达到了"比"的关系。而九品官品，自初就是一个总体性的架构，它把各种官职、名位、衔号都收容在内了。秦汉"爵—秩体制"由此告终，其品位结构的"二元性"由此消失。唐朝九品十八级三十阶下，职事官、文阶官、武阶官、勋官、封爵森罗其中而并然不紊。"一元化多序列的复式品位结构"，历代沿用不废。

所谓"复式结构"，是就官品的总括性而言的。它构成了各色位阶的公共尺度。官品与禄秩在性质上是很不相同的，后者主要是官职的等级；官品也不同于现代的（如美国的）共同职等。美国的共同职等18级跨越了几百个职类，把各个系列的各种职级涵盖其中，但它依然只是单纯的职位等级，不含品位意义。而九品官品既是职位的尺度，也是品位的尺度，把品位、职位都涵盖在内了。所以，很难说九品官品只是品位等级或只是职位等级，二者都是。

对这一点，近现代之交的论者已有强烈感受。1914年5月袁世凯颁布的《厘定新官制纲要》云：

"官之有职，所以别职掌之崇卑、定权限之大小。至于官吏升转由卑而崇、由小而大，俸给额数亦为是为差，固易明也。然有处同一之职，而年资有久暂，则俸给亦有多寡，是非别立官等，不足以明之。查官以等分，实为周制；礼失求野，今乃于日本官制见之。我国不然，以品为等，设正从九品之制，而以一切之职配之。凡设一职，必定其品于是。品、职合并，混而不明。

夫品也者，所以别个人之身份与其待遇者也。冠珠补服之异，车帷坐褥之异，甚至上封三代，旁及尊亲，皆视其本身之品以为标准，则其性质，乃国家对于个人之荣施，其理至浅而无可疑。若其不然，子孙任何官职，即以何种官职封其先人，有是理乎？以此言之，则所谓以品为等者，非真以品为等也，乃无官等之名，不得已借品以明等耳。"

其实唐宋有阶官制度，实即"官等"。资格、特权与礼遇用阶官来维系，阶官尊卑与职位高下可以不一致。明清阶官制度大大衰落了，九品官品既用作官职等级，又用作官僚个人的资格、特权与礼遇等级，发挥着《纲要》所谓"官等"的功能。官僚要先行获得官职，然后再依此官职的品级，确定其相应的资格和待遇。这样，较之唐宋，各种待遇相对向官职倾斜了。所以，明清构成了中国官阶史的又一个阶段。此时职等与官等看上去混淆了，故《纲要》作者觉得有辨析的必要，对官品不仅是职等，同时也是官等一点，后文还提供了很充分的说明，文繁不备录。然而作者忘记了，中国历史上有过"官等"，唐宋阶官即是。

无论如何我们看到，近现代之交国门打开、视野扩展，与世界各国的行政制度（例如日本官等之制）的比较，给了观察官品的人们以更深入的眼光。而其所论，反过来印证了我们的论断：九品官品是一个"复式结构"，它把各种位阶，包括职等和官等，以及各种显性和隐性的位阶，都涵盖在内了。所以，它不但与美国"职位分类"的文官等级不同，甚至与若干西方国家曾使用过的"品位分等"也不相同，因为它是一个兼容了品位、职位的更大框架；在有些时候（如明清）还有"品、职合并，混而不明""借品以明等"的现象，"官等"并不总是一目了然的。

为了理解九品官品是一个"复式结构"，还须从"间架"的角度来观察。唐代的品、阶、勋、爵的间架，"品"就是官品，"阶"就是本阶，"勋"就是勋官，"爵"就是封爵。它们不是简单的级级对应关系，而是以一种复杂的方式组合在一起的。

首先，勋官和封爵被纳入了官品，各有其所比品阶；进而依照王朝叙阶之法，"有以勋庸"，即"谓上柱国，正六品上叙；柱国已下，每降一等，至骑都尉，从七品下；骁骑尉、飞骑尉，正九品上；云骑尉、武骑尉，从九品上"。此外唐朝叙阶又"有以封爵"："嗣王、郡王初出身，从四品下叙；亲王诸子封郡王者，从五品上，国公，正六品上；郡公，正六品下；县公，从六品上；侯及伯、子、男并递降一等。若两应叙者，从高叙也。"

勋官各官号、封爵各爵号本身有其所比的官品。但在叙阶时，它们与官品的关系另有一种安排。勋官从上柱国到武骑尉共十二转，比于正二品至从七品上；但叙阶时，却只从正六品上叙起，下至从九品上。就是说勋官与官品有"比官品"与"叙阶"两种关联方式，后者在官品的纵轴上是大大降低了的。若有位武人立了军功，荣获一转"武骑尉"，则官场中拿他当从七品的官看待；但若那位"武骑尉"到吏部谋求职事官，就只能按从九品上叙阶了，就是说他个人的任职资格只有从九品上，只能做很低的官。封爵还要复杂一点。封爵9级，比正一品至从五品上。嗣王、郡王和国公同居从一品，所以比官品只有8级，正一品至从五品上；而叙阶却是从四品下到从七品上，也低下了一个段落。可见，官品体制确实是一个"复式"结构，其内部间架也是复杂化了的。除了资格一点，若把其他特权、礼遇如授田、朝位等都考虑在内，还能排列出更复杂的关联间架。

由叙阶即资格问题我们看到，"复式"的意义，还可以从"品秩五要素"来观察。前引袁世凯《厘定新官制纲要》指出："夫品也者，所以别个人之身份与其待遇者也。冠珠补服之异，车帷坐褥之异，甚至上封三代，旁及尊亲。"由此反映了九品体制的复杂性。现代文官等级是很简洁的，附丽在品级之上的要素，一般只有权责、资格与薪俸；中国传统官阶就不同了。首先其"资格"的结构就非常复杂，还有浓厚的身份意义；进而附丽在品级上的要素还有繁多特权与礼遇，那也大大增加了品位的复杂性。

官品体制的很多特点，由于历史的惯性，一直影响到现代中国。1956年6月16日，国务院通过《关于工资改革的决定》，并颁布了公务人员30级"职务等级工资制"。这是一个典型的"品位分类"制度。这个制度在1985年终结，此年实行了结构工资制的改革，改革方向是向"职位分类"转型，因而工资也大幅度向职位倾斜了。但因1993年8月14日颁布《国家公务员暂行条例》，公务员等级制再度变化，恢复了级别设置，在职务工资12级之外，另设级别工资15级。品位的因素，由此再度强化。但即令如此，级别的力度被认为依然不够，"公务员依然热衷于对领导职务的追求，几乎感觉不到级别的作用"。在新《公务员法》公布前后，有关方面曾打算继续强化级别因素，以期"为500余万公务员另辟职级晋升之途"。可见新中国成立至今的行政等级管理体制的变化，在相当程度上也是围绕"品位"与"职位"的关系而展开的。

然而问题还有另一方面。"品位—职位"间的几次摇摆动荡，在若干公务员看来，不过是工资计算方法的花样翻新而已，对实际待遇影响不大。笔者就听到过这类说法。为什么会有这种感受呢？其原因有二：第一，各地公务员工资另有地方性或部门性的津贴，且其额度颇高；第二，所变动的只是"品秩五要素"中的"薪俸"一项而已，其他要素未变。从"资格"要素说，"公务员"依然保持着身份刚性，"干部队伍"几乎只进不出。至于相当于传统官阶之"特权""礼遇"要素的那些制度安排，总体上并无大变，亦即"官本位"依然未变，现行等级管理体制本质上仍是品位性的、身份性的。所谓"从身份管理到岗位管理"的改革收效甚微，甚至职务等级也表现出了浓厚的品位色彩，如"部级""局级""处级"之类概念在生活中的效用所显示的那样。中国现行等级管理，也是"一元化多序列的复式结构"。那么，在那个由众多品秩要素以复杂方式构成的"复式结构"中，仅仅"薪俸"一个要素在品位、职位之间摇摆，自然就不会引起其在另一些体制下可能引发的那么大的变动了。

一般认为，中国干部级别制度源于苏联。李毅先生则特别强调，现代中国分层与传统中国相近，二者构成了一个连续性的发展；20 世纪 50 年代初建立的干部级别制度显示，"尽管此时苏联对中国的影响不能忽略，中国的社会分层并没有采用苏联模式。很明显，新中国的社会分层模式更接近清朝和中华民国模式"。无论如何，下游的水是由上游流下来的，两千年官僚等级管理制度的巨大历史惯性不能忽略。反过来说，现实观察又给了人们认识历史的灵感。

第5章 秦汉中央长史的建置与职能

秦汉时期的中央官署长史主要包括丞相长史、御史长史、太尉长史、太傅长史、将军长史等，它们彼此隶属于不同的中央官署，建置与职能各不相同，大都在中央政府发挥着较为显著的作用。我们将结合相关研究逐一陈述如下：

◇ 5.1 丞相长史

5.1.1 丞相长史的建置

《汉书·百官公卿表》记载："相国、丞相，皆秦官，金印紫绶，掌丞天子助理万机。秦有左右，高帝即位，置一丞相，十一年更名相国，绿绶。孝惠、高后置左右丞相，文帝二年复置一丞相。有两长史，秩千石。哀帝元寿二年更名大司徒。武帝元狩五年初置司直，秩比二千石，掌佐丞相举不法。"[①] 秦代已设相邦、丞相。汉承秦制，西汉基本保留了秦代大部分的制度，如杨树达先生认为汉以石计官禄，就本于秦制。[②] 秦已设置长史，如前引李斯之例，但目前存在的史料中尚未发现秦代丞相长史的记载。

西汉初期至迟在吕后二年已设置丞相长史，张家山汉墓出土汉简为此提供了有力的证据，如《二年律令·秩律》第444简："丞相长史正、监，卫将军长史，秩各八百石。二千石□丞六百石。"[③] 此简似有省文，依阎步克先生的看法，当标点为："丞相长史，（廷尉）正、监，卫将军长史，秩各八百石。"[④] 这一说法相当有见地。丞相属官不见正、监之称；廷尉倒有廷尉正、廷尉监这样的属官，与丞相长史颇有迁转上的联系。《汉旧仪》载："丞相门无塾，门署用梗板，……署曰丞相府。东门长史、西门长史物故，廷尉正、监守。"[⑤] 可知丞相府有东门

---

① ［汉］班固：《汉书》卷19上《百官公卿表上》，中华书局1962年版，第724—725页。
② 杨树达：《汉书窥管》，上海古籍出版社1984年版，第119页。袁仲一、刘钰先生认为，相邦设立于惠文王即位之初。（详参氏著：《秦陶文新编》，文物出版社2009年版，第206页。）
③ 张家山二四七号汉墓竹简整理小组：《张家山汉墓竹简［二四七号墓］》（释文修订本），文物出版社2006年版，第70页。关于《二年律令》的年代，学界现在还有争议，有"吕后二年说""高祖（汉）二年说""惠帝元年说""惠帝二年说"等，详参李力：《关于〈二年律令〉题名之再研究》，卜宪群，杨振红主编：《简帛研究二〇〇四》，广西师范大学出版社2006年版，第144—157页。案：以上诸说虽有不同，但均认为《二年律令》属西汉初期。
④ 阎步克：《从爵本位到官本位：秦汉官僚品位结构研究》，北京三联书店2009年版，第424页。
⑤ ［清］孙星衍辑，周天游点校：《汉官六种》，中华书局1990年版，第67页。

长史和西门长史，如果他们物故（即死亡），一般由廷尉正或廷尉监来代行其职。简中的"丞相长史正、监"当指丞相长史、廷尉正、廷尉监。阎先生将这种情况归因于西汉"皆从同秩补"的制度，推测东门、西门长史的秩级为八百石。案：吕后二年不仅存在秩八百石的丞相长史，还设有秩千石的丞相长史。如《二年律令·秩律》第 441 简："御史、丞相、相国长史，秩各千石。"① 此简又说明丞相长史秩级为千石。阎先生总结："某个时候丞相府有三名长史，一名千石的；两名八百石的，即东门长史与西门长史。汉武帝时，丞相长史一度加至二千石，《汉表》所记丞相'两长史'，只是西汉后期的制度。"《汉书·刘屈氂传》："分丞相长史为两府，以待天下远方之选。②"以此来看，西汉初期的丞相长史员额、秩级不太稳定，到西汉中后期才稳定下来。

汉哀帝元寿二年改丞相为大司徒，丞相长史改为大司徒长史。东汉时期大司徒又改称司徒，位次排在太尉之后，很多职权被尚书台剥夺。《后汉书·百官志》："司徒……长史一人，千石。掾属三十一人。令史及御属三十六人。"③ 司徒长史人数的减少说明东汉时司徒与西汉丞相相比，地位降低与职权萎缩的事实。

西汉后期丞相长史秩级为千石，可戴进贤冠，两梁，铜印黑绶。案：清人陈树镛《汉官答问》认为丞相长史铜印黄绶，于史实有违。《后汉书·舆服志》记载："千石、六百石黑绶"，丞相长史秩千石，当佩铜印黑绶。丞相所辖事务繁多，客观上需要很多属官协助丞相处理这些事务，分担丞相的压力。西汉时丞相已有众多的属官，总称之为"掾属"或"掾史"。如此多的属吏倘没有一个总管其事的官员，丞相府内的秩序恐怕得不到保障，丞相所负责的行政事务也得不到有效地处理。丞相长史正是这样一个能够协理诸如此类事务的官员。

5.1.2　丞相长史的职能

关于丞相长史的职权，安作璋、熊铁基先生认为："长史类似相府的总管，……丞相有事，常交付长史办理。……长史为佐助丞相，署理诸曹之职。……长史可以出席朝廷会议……有时还要奉诏干预地方上的事务。"④ 祝总斌先生提出丞相长史可出谋划策，亦可作为丞相府的高级代表处理紧急事务，还有一定的司法权。我们在总结前人研究的基础上，将丞相长史的职能分为基本职能与临时性职能两种：基本职能主要针对其本职而言；临时性职能是指本非丞相长史的职权范围，因皇帝委派或其他原因才临时赋予的一些职能，不具有稳定性。

1. 基本职能

（1）出谋划策，总管丞相府事务

《通典·职官三》云："盖众史之长也，职无不监。"⑤ 丞相府内有很多的以史为名的属官，

---

①　张家山二四七号汉墓竹简整理小组：《张家山汉墓竹简［二四七号墓］》（释文修订本），文物出版社 2006 年版，第 69 页。

②　［汉］班固：《汉书》卷 66《刘屈氂传》，中华书局 1962 年版，第 2879 页。

③　［南朝宋］范晔：《后汉书》卷 114《百官一》，中华书局 1965 年版，第 3560—3561 页。

④　安作璋，熊铁基：《秦汉官制史稿》，齐鲁书社 1984 年版，第 23—24 页。"秦代承相之下没有属官。……汉初只有垂相史或相国史，而没有设立长史，文帝以后才出现'秩千石'的长史。……长史设置的变化，是随着承相制的变化而变化的。"案：在秦始皇统一六国之前，秦国的相权很广泛，不太可能没有自己的属官。笔者对秦代垂相没有属官持保留意见。

⑤　［唐］杜佑：《通典》卷 21《职官三》，中华书局 1988 年版，第 121 页。

如丞相史、丞相少史等，所谓众史之长，应以长官之身份统率众史，并负责丞相府的内务。《史记·魏其武安侯列传》："武安乃麾骑缚夫置传舍，召长史曰：'今日召宗室，有诏。'劾灌夫骂坐不敬，系居室。"[①] 是时，魏其侯窦婴失势，武安侯田蚡为丞相，当灌夫为窦婴鸣不平而冒犯他时，田蚡首先想到的是令丞相长史召宗室，可见丞相长史平日也负责帮助丞相召集宗室等杂务。

（2）辅佐丞相处理郡国上计事务

汉代的上计制度当继承秦代的衣钵。上计是中央政府对地方事务的一种考核和控制的方式，地方上常由丞、长史承担上计的任务。丞相负责管理天下郡国的上计事项，丞相长史作为丞相重要的助手，也肩负着帮助丞相处理此类事务的重任。

（3）秦汉时期的上计制度

1）先秦时期的上计制度

自公元前 770 年周平王迁都洛阳开始，中国历史进入了"春秋战国"时代。经过多年的征战和兼并，诸侯国的数量大大减少，齐、楚、燕、韩、赵、魏、秦七国各霸一方，历史上称之为"战国七雄"。各国既注重发展自身的军事实力，也注重加强自身的经济实力。

在财政会计制度建设方面，战国七雄的一个共同点是各国均继承并发展了自西周王朝以来中央政府实行的岁计（一年一次的会计资料汇总）、大计（三年一次的会计资料汇总）制度，并将其正式命名为"上计"制度。《左传》中多次提到的"计"便是对"上计"的一种泛称，《淮南子·人间训》记载"解扁为东封，上计而入三倍"，则反映了战国时期魏国大臣解扁治理国家东部的边境地区，年终举行上计活动，这个地方的收入比以前增加了三倍的历史事件。

这时的上计活动在内容和形式上与西周差不多，但不同的是，这种上计已不再仅仅局限于中央财政会计部门，而是按行政区划逐级进行上计，逐级呈送上计报告。那时候，上计报告由各级主管会计的官员负责组织，一般由会计经办人员在年前将下一年各项租税收入的预算数字，写在专用的木板、木券上面，木券从中一剖为二，称为左券和右券，右券要上交给诸侯国的国王，左券要上交给诸侯国负责会计工作的主管官员。年终上计时，各地主管会计的官吏，将各个项目的实际收入写在竹简或木券上，同时也将各项费用开支数目写在上面，如实地向国王报告一年来的财政收支结果。国王根据右券对照上计报告进行检查，并根据检查结果考核官吏的功过，决定奖惩和升降。当然，国王也可以委托中央负责会计工作的主管官员代其审听下级官员的报告。如果国王从上计报告中发现了疑难不解的问题，或听到当地的人对主管官员有什么反映，一般还要到当地进行视察，以了解情况。

战国时期的上计之制，重点已放在财政与会计方面，上计制度已经成为封建国家经济集权的重要工具。国王注重这件事，目的在于独揽财权。臣下认真贯彻这个制度，也是从维护国王的统治出发。这种自下而上地进行上计，统一集中地进行检查，无疑比西周时代的上计制度要进一步。

---

① ［汉］司马迁：《史记》卷 107《魏其武安侯列传》，中华书局 1959 年版，第 2850 页。

2）秦代上计制度的发展

公元前 221 年秦始皇统一中国后，继承和发展了战国时各国普遍实行的"上计"制度。由于秦朝统治时间短促，故秦代的上计制度缺乏系统经济史料记录。但根据睡虎地秦墓出土的秦简①和我国两汉时代史家对秦代经济情况的零星记载，我们对秦代的上计制度仍可管中窥豹，见其一斑。

《吕氏春秋·九月记》记载："合诸侯，制百县，为来岁受朔日，与诸侯所税于民轻重之法，贡职之数，以远近土地所宜为度。"大意是讲，秦始皇统一六国诸侯，在全国建立了一百多个郡县，秦朝的法律要求全国各地的官吏应当在每年的岁末将所治理地区的赋税审定指标及实际征收情况，以书面形式上报中央。睡虎地秦简《仓律》记有："县上食者籍及它费大（太）仓，与计偕。"即是说，一县的负责官吏应当在年终将本县的各项粮食支出情况，连同一年的会计资料汇总报告一起，书面上报中央。另外，《金布律》诗中也曾提到"与计偕"，则是指将衣物支出情况，随同年度财计报告一起向上呈报。

秦朝以每年的十月份作为一年的开始，因此规定各郡、县及各部门"上计"的日子在每年的九、十月间。睡虎地秦简《内史杂》所记"上会九月内［史］"，《仓律》中记载"到十月牒书数，上内史"，都是这个意思。由于秦朝疆域广大，各郡、县距离都城咸阳所在地有远有近，因此较远地区的会计人员一般在九月份就开始动身起程赶赴咸阳，这样，全国各地的所有"上计"报告，一般到十月便可以会齐。等各地上计报告会齐之后，中央便可统一进行查核。《史记》与《汉书》均记载，秦朝中央设有负责全国上计工作的专门机构"柱下史"，张苍当时担任御史大夫，主管"柱下史"方面的工作。张苍这个人对全国各地的农田开垦之数和经济发展状况较为熟悉，并且精于算数之学，因此秦始皇委任他代替自己翻看、审阅各郡县、部门呈送的有关人口、农田开垦，以及货币、粮食的收入与支出等方面的"上计"汇总报告。张苍最后将审理结果报告给始皇帝，由他决定奖惩。

由上述史料可见，秦朝的上计制度较战国时代有所发展，对于上计内容的规定更加明确、具体。御史大夫行使监察之权，对上计工作进行审理，可以讲是秦的首创。后世的审计机构，以及审计体制建设大体是在秦朝这一制度的基础上发展起来的。

3）西汉时期上计制度的完善

上计制度到西汉时代已比较完善，成为当时中央控制全国财政经济收支的重要经济制度。上计制度从西汉到东汉四百年间几乎没有间断过，皇帝特别看重它，将其上升到国家法律的高度。上计作为一种专门的制度被写进当时的法律条文中，被称为"上计律"。此律规定：凡上报不及时者治罪、凡在上计报告中弄虚作假者治罪。

西汉时期的上计制度要求各级主管官吏每年均需自下而上逐级呈递上计报告——上计簿。具体程序是：每年秋、冬季节，乡一级的主管官吏对有关上计事项进行审查核实，然后登记并上报到县；各县委派负责会计工作的官员——"计吏"，将该县的户口、垦田、税赋、钱谷出

---

① 1975 年 12 月，在湖北省云梦县睡虎地秦墓发掘过程中发现了大量竹简，史学界称之为睡虎地秦墓竹简。云梦睡虎地秦简是我国首次出土的秦简。这些秦简详尽记载了秦代的部分法律条文，是研究秦代政治、经济（包括会计）、军事和文化的宝库，具有极高的史学价值和考古价值，被列为国家一级文物。

入等汇总编制成上计簿，呈送郡国；郡一级的最高长官——太守或郡一级负责会计工作的主管官吏——"上计吏"主持召开上计会议，审理本郡一年来的财政收支及人户变化情况，并根据中央的规定作出下一年度的安排。通过《汉书·朱买臣传》记载的一个小故事，我们可以了解西汉时代郡国一级上计时的一般情形。史书记载，朱买臣，会稽郡人，早年家境贫寒，靠替人放牛、上山砍柴卖钱维持生计，但他不为贫所困，有志于学，一边放牛，一边读书。会稽郡的上计吏很同情他，让他跟着自己做点杂事。一直到四十岁朱买臣还没有发达，周围的人都瞧不起他，他的妻子也嫌弃他。一次朱买臣跟随上计吏去长安办公，机缘巧合，他的学识得到汉武帝的赏识，数年后被任命为会稽郡太守。朱买臣不想声张，因此他有意穿着旧时的服装回到会稽郡守的府衙，那里正在召开上计会议。会稽郡的上计吏正同各县计吏们在一起饮酒作乐。上计吏看见朱买臣衣衫破旧，以为他仍然是穷困潦倒，便仍像以前一样很随便地对待他。各县的计吏们也不以为然，继续大吃大喝，直至酩酊大醉。可见，在当时，每逢上计之期，郡国的上计吏与下面各县的计吏们除了例行公事，集中举行上计会议之外，借机大吃大喝一场是免不了的。

每年岁末，在郡国召开上计会议之后，各郡一般由上计吏率领有关会计官员，满载着上计簿和其他备查资料（如会计簿书等）"将重车至长安"，参加中央召开的全国性的上计会议。《汉书·武帝纪》中曾有"……习先圣之术者，县次续食，令与计偕"的记载，文中的"计"便是指每年郡国派遣到京城长安来参加上计活动的上计使者。中央一级的上计盛会远比郡国隆重。中央一级召开上计会议时，各郡负责会计工作的计官、主要官员同中央一级的计官及主管官员都必须到场，由中央负责全国财政会计工作的主管官员治粟内史（后改称大司农、大农丞）奏报全国一级的上计汇总报告，由御史大夫审理查核。一般最后的一个节目是皇帝亲临上计活动现场"受计"，接受各郡国上计使者汇报，评论各郡、各官功过，并对各郡国的财政会计工作作出指示。有时还要提出一些问题，让别人当场回答，以尽可能地掌握第一手的资料。

在汉武帝以前，皇帝亲临上计活动现场，接受各郡国上计使者汇报的"受计"活动相对要少一些，由于把握不住具体的材料，有些事只好问一问宰相。如有一次，汉文帝想了解一年来国家货币、粮食收支方面的事，询问右丞相周勃，周勃答不上来，他只好又问左丞相陈平。陈平也不知道，但他比周勃要灵活一些，回答说，皇上要想了解货币、粮食收支方面的事应该询问负责财政会计工作的主管官员治粟内史。可见，汉文帝虽然大有打破砂锅问到底之势，但他没有去掌握第一手资料，故最终得不到一个明确的答复。到汉武帝刘彻时就不同了，刘彻即位以后，全面过问国家财政经济事务。他每隔一段时间就要亲临一次上计活动现场，接受各郡国上计使者的汇报，几乎把自己的办公场所——明堂和甘泉宫变成了报账、查账的场所。据《汉书》记载，仅公元前106年至公元前93年间，武帝就参加了四次"受计"活动。汉武帝对"上计"的要求十分严格，一旦发现贪污舞弊等不法行为，当场作出处理，轻者降职、罢官，重者入狱、问斩。上谷太守郝贤曾因大破匈奴战功显赫被封为众利侯，他自恃为汉武帝的爱将，立有殊功，对上计律置若罔闻，在上计时弄虚作假，大肆进行欺上瞒下活动，汉武帝发现后立即对郝贤定以重罪，罢免了他的官职。西汉时期，皇帝通过亲自参加上计活动了解国家人口、农田开垦，以及货币与粮食的收支等财政经济状况，一方面是为了确保财政收入集中由中央统一掌管支配,另一方面也是通过上计活动控制下级官吏。

西汉的最高统治者,不仅亲自过问上计之事,而且注重物色有管理经济才干的官员去主管这方面的事。事实上,当时的上计工作是十分辛苦的,并非任何人都愿意去做这件事;同时,上计工作还需要比较高深的专业知识,也并非任何人都能够承担这份重任。《汉书·严助传》记载:严助在担任会稽太守时,常年不闻不问政事,也不向朝廷汇报,引起朝廷诏书责难,严助很害怕,在向皇帝上书请罪时,提出"愿奉三年计最"作为对自己的处罚,也就是说愿意亲自主持三年的上计工作,以此将功折罪。由此可见,上计工作并不是一个很容易完成的工作。汉高祖六年(公元前201年)任命张苍为计相,主管中央的上计工作,且一任就是4年。张苍在秦朝时就担任过柱下史的主管官员,主管郡国上计,对全国各地的经济地理、上计报告都十分熟悉,是一个善于抓会计核算的老手,丞相萧何的推荐及刘邦对他的重用都是从财政会计方面考虑的。汉武帝的时候,先后任用大商人出身的东郭咸阳和孔仅为大农丞,主管全国的财政会计工作。这些人不仅精于理财,而且在会计方面都是一把好手,对于督促郡国上计工作,改善中央财政状况作出了巨大贡献。

总体来讲,上计既有会计工作的意义,也有审计工作的意义,其基本宗旨在于通过审查每年的账簿来考核财政收支和财物出入情况,审查是否存在贪污舞弊、弄虚作假等不法行为,进而考察各级官吏的施政状况。到西汉时代,上计制度的内容已经比较充实、完善,有了一套上下贯通一气的组织机构,以及比较完备的推行办法。这一制度对维护封建统治者的经济利益,监督会计核算,加强经济集权发挥着愈来愈显著的作用。

2. 临时性职能

(1) 司法权

《汉书·外戚传》:"哀帝继位,遣中郎谒者张由将医治中山小王。由素有狂易病,病发怒去,西归长安。尚书簿责擅去状,由恐,因诬言中山太后祝诅上及太后。太后即傅昭仪也,素常怨冯太后,因是遣御史丁玄案验,尽收御者官吏及冯氏昆弟在国者百余人,分系洛阳、魏郡、巨鹿。数十日无所得,更使中谒者令史立与丞相长史大鸿胪丞杂治。"[①] 这是两汉外戚斗争的一个缩影,傅太后与冯太后均为汉元帝的后妃,因冯太后曾挺身救驾,得到汉元帝的嘉许,引起傅太后的嫉妒。傅太后诬陷冯太后首先要通过御史案验,然后将待罪的冯氏家族成员关进监狱。在案情数十日没有进展的情况下,才令中谒者令、丞相长史、大鸿胪丞来共同处理此案,以表示当局对此案的重视,从此案例中可见丞相长史拥有一定的司法权。

(2) 出使权

《汉书·匈奴传》:"丞相长史任敞曰:'匈奴新困,宜使为外臣,朝请于边。'汉使敞使于单于。单于闻敞计,大怒,留之不遣。"[②] 由此可见,西汉时丞相长史已可以作为使者出使匈奴。《汉官典职仪式选用》:"谒者(案:《续汉志》补注引无此二字。)出府丞、长史、陵令,(案:《光武纪》注引无此七字。)皆选仪容端正,任奉使者。(《后汉书·光武纪》注、《续汉

---

① [汉] 班固:《汉书》卷97《外戚传》,中华书局1962年版,第4006页。

② [汉] 班固:《汉书》卷94上《匈奴传》,中华书局1962年版,第3771页。

志》补注)"。① 从这条史料记载来看，长史可由谒者充当，而谒者选择的条件是有仪容、可任奉使者。所以，丞相长史有基础、有条件出使匈奴，不过这并非丞相长史职能的常态。

（3）监督朝议

《汉书·夏侯胜传》："于是丞相义、御史大夫广明劾奏胜非议诏书，毁先帝，不道，及丞相长史黄霸阿纵胜，不举劾，俱下狱。"② 廖伯源先生认为，丞相主持群臣大议，丞相长史则于大议中维持纪律。笔者赞同廖先生的论点。也就是说，丞相长史可随丞相一起参加朝议并维持纪律。在此段引文中，夏侯胜因上书非议汉武帝导致汉宣帝的震怒，不仅惩处了夏侯胜，还将黄霸投入监牢。黄霸由于身为丞相长史，没有检举夏侯胜而受到牵连。明乎此，丞相长史无疑拥有监督朝议这一职权。

（4）代表丞相处理紧急事务

西汉后期，劳动人民迫于统治者剥削严重，常常奋起反抗，丞相长史有时被派往镇压这些起义。《汉书·成帝纪》："夏六月，颍川铁官徒申屠圣等百八十人杀长吏，盗库兵，自称将军，经历九郡。遣丞相长史、御史中丞逐捕，以军兴从事，皆伏辜。"案：这是由丞相长史和御史中丞共同负责的一次镇压行动。"十二月，山阳铁官徒苏令等二百二十八人攻杀长吏，盗库兵，自称将军，经历郡国十九，杀东郡太守、汝南都尉。遣丞相长史、御史中丞持节督趣逐捕，以军兴从事，皆伏辜。"③ 案：这也是由丞相长史和御史中丞共同负责的一次镇压行动，但二者均可持节。以上两条史料都是关于汉代铁官徒起义的记载。何清谷先生指出，冶铁业在战国时期已经比较发达，是最重要的手工业。汉代的冶铁业继续发展，规模很大，出现数量较多的铁官徒。由于统治者对铁官徒的过度剥削，导致他们奋起反抗。《汉书·酷吏传》："于是上始使御史中丞、丞相长史使督之，犹弗能禁，乃使光禄大夫范昆、诸部都尉及故九卿张德等衣绣衣持节，……斩首大部或至万余级。"④

从以上几例史料可以看出，在事态严重的情况下，朝廷会派丞相长史去监督，以示朝廷的重视。丞相长史就是丞相的代表，犹如监军，负责监视并督促当地行政长官平定动乱。台湾学者周道济先生在《汉代宰相机关》一文中认为，"（丞相）长史的主要职掌，则为辅佐丞相，督率诸史，处理各种政务。……有时亦奉命办理劾察惩罚等事宜。"⑤ 可谓一语中的。以上史料均可证丞相长史在一些紧急情况下会被委以重任。

（5）举谣言

所谓举谣言，即是以长史为首的三公掾属向三公反映下情。《后汉书·党锢传》："后诏三府掾属举谣言（注引《汉官仪》曰：'三公听采长史臧否，人所疾苦，还条奏之，是为举谣言也。顷者举谣言，掾属令史都会殿上，主者大言，州郡行状云何，善者同声称之，不善者默尔衔枚。'）滂奏刺史、二千石权豪之党二十余人。"⑥ 可见包括丞相长史在内的三公长史有向三

① ［清］孙星衍辑，周天游点校：《汉官六种》，中华书局1990年版，第202页。
② ［汉］班固：《汉书》卷75《夏侯胜传》，中华书局1962年版，第3157页。
③ ［汉］班固：《汉书》卷10《成帝纪》，中华书局1962年版，第314页。
④ ［汉］班固：《汉书》卷90《酷吏传》，中华书局1962年版，第3662页。
⑤ 大陆杂志编委会编：《秦汉史及中古史前期研究论集》，大陆杂志社1960年印行，第22页。
⑥ ［南朝宋］范晔：《后汉书》卷67《党锢传》，中华书局1965年版，第2204页。

公反映民情、州郡治理情况等职责。丞相负责处理众多行政事务，丞相长史作为丞相的佐官，较为了解平时天下郡国的治理情况及百姓疾苦，所以三公要在殿上聆听长史的反映，以便了解实际情况，以求更有效地处理国家大事。

（6）独立将兵

丞相长史本无将兵权，随形势发展其职权范围扩大到军事领域。《三国志·魏书·武帝纪》："二十三年春正月，汉太医令吉本与少府耿纪、司直韦晃等反，攻许，烧丞相长史王必营，（注引《魏武故事》载令曰：'领长史王必，是吾披荆棘时吏也。忠能勤事，心如铁石，国之良吏也。蹉跌久未辟之，舍骐骥而弗乘，焉遑遑而更求哉？故教辟之，已署所宜，便以领长史统事如故。'）必与颍川典农中郎将严匡讨斩之。"[①] 案：建安二十三年，吉本、耿纪、韦晃密谋反曹，火烧丞相长史王必军营，王必既有自己所属之营，必有指挥此营军队的权力。吉本等人最后被王必率兵击杀，此事可证丞相长史已有领兵权。由《魏武故事》所载令可知，丞相长史王必是曹操的亲信，以曹操多疑的性格，只有自己的亲信掌兵权，曹操才能比较放心，所以此后曹操继续令王必带兵。《三国志·魏书·国渊传》："国渊……太祖征关中，以渊为居府长史，统留事。……破贼文书，旧以一为十，及渊上首级，如其实数。"[②] 国渊既为丞相居府长史，统留事，兵权自在其手。通过国渊上奏破贼文书一事，可知国渊率领军队参与并平定了动乱，这也说明国渊拥有独立的领兵权。《三国志·蜀书·后主传》："十二年春二月，……征西大将军魏延与丞相长史杨仪争权不和，举兵相攻，延败走；斩延首，仪率诸军还成都。"[③] 蜀汉政权素以东汉正统自居，其制度多采汉制。杨仪是丞相诸葛亮的长史，在诸葛亮死后统率全军，与魏延火并，这说明当时蜀汉政权或存在丞相长史率军作战的制度，否则诸葛亮也不会把如此重担交于杨仪。

（7）镇抚西京

丞相长史是丞相的重要佐官，有时可代丞相出镇边境。《三国志·魏书·徐奕传》："徐奕字季才，东莞人也。……时关中新服，未甚安，留奕为丞相长史，镇抚西京，西京称其威信。……太祖征孙权，徙为留府长史，……魏国既建，为尚书，复典选举，迁尚书令。"[④] 徐奕作为丞相长史镇守西京，独当一面，甚有政绩。丞相长史留守西京，取决于当时的政治形势。马超刚被曹操击败，其影响力不会迅速消除。马氏家族在西北地区的影响极大，虽然新败，残余势力尚蠢蠢欲动。曹操不能不对此地区的镇守人选仔细考量。徐奕才堪重用，曾以曹操的掾属从征马超，对西北地区的风俗人情有所了解。鉴于关中局势不稳，曹操终于选择徐奕作为丞相长史。丞相长史代表曹操本人，自有威势，可行杀伐专断之权，确保关中地区的安定局面。《三国志·魏书·杜袭传》："后袭领丞相长史，随太祖到汉中讨张鲁。……太祖东还，当选留府长史，镇守长安，主者所选多不当，太祖令曰：'释骐骥而不乘，焉皇皇而更索？'遂以袭为留府长史，驻关中。"[⑤] 杜袭历经戎马，熟于军旅。他曾担任曹操的长史，是曹操可信赖之人，

---

① ［晋］陈寿：《三国志》卷1《武帝纪》，中华书局1959年版，第50页。
② ［晋］陈寿：《三国志》卷11《国渊传》，中华书局1959年版，第339页。
③ ［晋］陈寿：《三国志》卷33《后主传》，中华书局1959年版，第897页。
④ ［晋］陈寿：《三国志》卷12《徐奕传》，中华书局1959年版，第377页。
⑤ ［晋］陈寿：《三国志》卷23《杜袭传》，中华书局1959年版，第666—667页。

又有治绩，被曹操视作骐冀，于是被任命为丞相留府长史。由此两例史料得知，镇守长安的人选常由丞相长史来担任，既可表示曹操对关中的重视程度，也可令曹操无后顾之忧。长安地区是抵挡蜀汉政权的前哨，地理位置险要，攻下长安，蜀汉就可据关中与曹魏共争天下，犹如汉高祖刘邦据关中打败项羽，对蜀汉政权和曹魏政权来说都是必争之地。蜀汉大将魏延就力主拿下长安这个要地，尽管诸葛亮没有采纳魏延的建议，并不代表诸葛亮没有认识到长安的战略地位，只是不赞同魏延的方案。对曹魏来说，派一般官员无法震慑此地，选派丞相长史镇守西京，正是当时紧张政治形势下催生的产物。关中地区始终在曹魏政权手中，这是诸葛亮始终无法北伐成功的一个重要原因。

（8）代行丞相职权

丞相长史在特殊时期往往可代行丞相的部分职权，以应对突发事件。《三国志·蜀书·后主传》："十二年春二月，……征西大将军魏延与丞相长史杨仪争权不和，举兵相攻，延败走；斩延首，仪率诸军还成都。大赦。以左将军吴壹为车骑将军，假节督汉中。以丞相留府长史蒋琬为尚书令，总统国事。"[1] 丞相长史在丞相突然去世后，可以暂代丞相职权，借以稳定当时的政治局势。丞相长史素来负责丞相府的大小事务，其中包括辅佐丞相处理朝政，这使丞相长史熟悉朝廷事务，由丞相长史代理丞相处理朝政，合乎其选。蒋琬在诸葛亮死后以丞相长史迁为尚书令处理蜀汉政务，就体现了这一点。《三国志·蜀书·向朗传》："向朗字巨达，襄阳宜城人也。……后主践祚，为步兵校尉，代王连领丞相长史。丞相亮南征，朗留统后事。……自去长史，优游无事垂三十年，乃更潜心典籍，孜孜不倦。"[2] 诸葛亮在南征时，令长史向朗协调后方事务，即授命向朗在诸葛亮南征期间代行丞相职权，以防蜀汉政局出现意外动荡。

3. 职能演变及原因

丞相长史的职权在不同时期经历了不同程度的变化，现将其职能演变过程及原因逐一论述如下：

（1）丞相长史的职能逐渐增多

丞相长史原本只是作为丞相的机要秘书长出现在历史舞台上，随着时代的不断变迁，丞相长史的职能也随之发生变化。秦代长史只是对帝王提建议，或随将军出征。汉初，丞相职权空前强大，甚至皇帝也要让其三分。丞相长史的权力也相应扩大。它的基本职能包括出谋划策、协助丞相主管上计事务等，后来增加了很多其他职能，如司法权、出使权、代表丞相处理紧急事务、监督朝议、领兵权、镇抚西京、代行丞相职权等，体现了丞相长史职权的一种扩张性倾向。丞相长史在一定程度上可以帮助丞相减轻政务负担，提高行政效率。

（2）职权范围和办公地点由丞相府内拓展至丞相府外

丞相长史原来只是在丞相府内办公，随着客观形势的需要，丞相长史常执行一些临时性的差遣、承担不同的使命，如司法权、出使权、代表丞相处理紧急事务、监督朝议、领兵权、镇抚西京、代行丞相职权等，这使丞相长史的办公地点也随之扩大至丞相府外。

---

① ［晋］陈寿：《三国志》卷33《后主传》，中华书局1959年版，第897页。

② ［晋］陈寿：《三国志》卷41《向朗传》，中华书局1959年版，第1010页。

（3）丞相长史的名称前后有所改易

有时称丞相长史、相国长史、司徒长史等。秦汉时期丞相制度曾经有过反复的变化，丞相长史的名称也有着动态的变迁。《汉书·百官公卿表》记载："相国、丞相，皆秦官，金印紫绶，掌丞天子助理万机。秦有左右，高帝即位，置一丞相，十一年更名相国，绿绶。孝惠、高后置左右丞相，文帝二年复置一丞相。有两长史，秩千石。哀帝元寿二年更名大司徒。武帝元狩五年初置司直，秩比二千石，掌佐丞相举不法。"① 秦虽有左右丞相，未必设有长史。安作璋、熊铁基二位先生指出，丞相是秦国开始设置的。汉代设立丞相长史实在汉文帝以后。笔者赞同此意见。至哀帝时丞相改名为大司徒，其长史也随之改为大司徒长史，东汉时大司徒长史改称司徒长史。祝总斌先生认为司徒主要分管关于民事方面各项事务以及有关官吏的考察、监督。……还分工监督太仆卿、廷尉卿、大鸿胪卿。东汉末年，董卓自称相国，则有相国长史。曹操后为丞相，又设有丞相长史。

（4）丞相长史的人选由单纯武官或文官逐渐变为文武兼修的官吏出任

劳榦先生认为，汉代存在文史、武吏之别，可能是本于秦制。汉初，掌权者大都属于军功集团，李开元先生对此有详细论证。随着汉武帝尊崇儒术以来，儒家学说的影响力在官方和民间都得到很大提升。据王子今先生的统计，从昭宣时代起，政府高级官员的成分发生了重要的变化，掾史文吏和经学之士在上层决策机构和人员构成中占有较大的比重，反映了当时政治文化形势的重要演变。西汉后期诸朝丞相，已经以掾史文吏和经学之士为主。"自昭宣时期到西汉末年，丞相计二十一人二十二任，……其中齐鲁人合计七人，八人次，人数占总人数的百分之三十三点三三。以人次计，则占总人次的百分之三十六点三六。……齐鲁人出任丞相者为多"，说明儒学的政治影响力显著增强。这一文化现象显然是和昭宣以来推崇儒学的努力分不开的。邢义田先生通过研究得出结论：两汉固然重文，但非轻武。文武兼修才是官员的典型，才受到肯定与颂赞。案：以上学者的意见值得重视。两汉的很多官员都是文武兼备，正因如此，丞相长史衍生出了很多与军事相关的执掌，领兵权即是其中之一。单纯的文官无法胜任率领千军万马的重任，而纯粹的武官则无法肩负纷繁芜杂的文案事务。在这种潜在的迫切需要下，汉代逐渐出现了大量文武兼修的官吏，这一点从丞相长史的人选上亦可体现出来。文吏、武吏合流的同时，儒生、文吏也在融合。阎步克先生认为："在两汉四百年的漫长历程之中，儒生与文吏之间既充满了矛盾、冲突，然而对立之中这二者又在日益接近、彼此交融。……上述深刻变化，也在选官制度上反映出来了。"此说诚是。这种"复合型"的人才显然更适合汉代社会的需要。

（5）丞相长史是皇权、相权斗争的工具

历来学界对于汉代君权与相权的关系见解纷呈，彼此不一致。吕思勉先生认为："汉世宰相，体制颇尊，所置掾属犹详，诚能总统众事。东汉以后，事归台阁，非复旧观矣。"② 案：东汉丞相的职权在很大的程度上被尚书台夺去，显然是皇帝有意造成的结果，其目的在于削弱相权，维护皇帝的个人权力。王子今先生指出："汉武帝成年，亲自主持政务之后，有意改变

---

① ［汉］班固：《汉书》卷 19 上《百官公卿表上》，中华书局 1962 年版，第 724 页。
② 祝总斌：《两汉魏晋南北朝宰相制度研究》，中国社会科学出版社 1990 年版，第 64—66 页。

丞相位尊而权重的传统。他频繁任免丞相，在位五十四年间，先后用相十二人。其中除四人正常死亡之外，有三人被免职，二人有罪自杀，三人下狱处死。政府高层官员受到严厉处置数量如此之多，密度如此之大，在历史上是空前的。汉武帝还曾经有设置左右丞相的意图。征和二年（前91年），……宣布分丞相官署为两府，以期待天下远方合适的人选。这一后来未曾实行的分设左右丞相的设想，其主要出发点，显然也是为了分弱相权。"① 汉武帝对丞相权重这一现象极为反感，努力通过各种手段去削弱丞相职权，中朝官的设立，就是汉武帝这个指导思想的体现。汉武帝通过信任中朝官员，遏制了相权，剥夺了丞相的决策权。汉武帝所信用的外戚卫青、霍去病、李广利等人均未握有与君权相抗衡的权力。林剑鸣先生认为中外朝形成的根本原因，是君权与相权矛盾的结果。君相关系如此紧张，皇帝对丞相长史的任用便值得仔细玩味。丞相长史秩千石，必须由皇帝任命，因此丞相长史在佐助丞相之外，亦可肩负起监督丞相的职责。邢义田先生认为："在秦汉政治制度的发展上，一个最主要的现象是相权的被剥夺。……宰相的职权并没有制度上的保障，它完全基于皇帝的信任和尊重。"② 雷海宗先生也发现了汉武帝削弱相权的用意，并指出丞相在东汉亦未恢复西汉初年的地位。案：汉成帝绥和年间的改制，亦可看作是汉朝皇帝延续汉武帝以来削弱丞相职权的手段。

有学者认为，汉成帝绥和元年的改制，其指导思想绝不是为了削弱、分散相权。案：此说似可商榷。笔者以为此时存在着君权与相权之争，仅从提高行政效率角度来看待汉成帝绥和元年的改制，似有不妥。通过对丞相长史的考察，笔者发现其在君相之间扮演着重要角色。丞相长史是辅佐丞相处理朝廷事务的佐官，却不像丞相其他掾属一样由丞相自行征辟，而要由皇帝来任命。这除了表示对丞相的重要佐官重视之外，亦隐含着皇帝派长史对丞相的一种监督；丞相有时亦将长史视为心腹，是由于丞相常常将自己亲近信赖之人上奏天子，由天子任命其为丞相长史。一般情况下，只要丞相权力不至于威胁君主，君主通常会准许丞相之请。由此可见，天子和丞相都将长史视为一个调节彼此关系的工具，所以丞相长史会长期存在，职能有所发展。

◈ 5.2　御史长史

5.2.1　御史长史的建置

以现存史料来看，御史长史最早出现于吕后二年，有张家山汉墓出土汉简为证。《二年律令·秩律》第441简："御史、丞相、相国长史，秩各千石。"此简有两种解释：其一，御史、丞相与相国长史的秩级均为千石；其二，御史长史、丞相长史、相国长史的秩级都是千石。第一种解释与汉代职官制度不合，因为丞相的秩级不会低至千石；第二种解释是较为合理的说

---

①　王子今：《中国政治通史》第三卷，泰山出版社2003年版，第156—158页。

②　邢义田：《奉天承运——皇帝制度》，载于郑钦仁主编：《中国文化新论·制度篇·立国的宏规》，联经出版事业公司1982年版，第55页。

法。阎步克先生指出："《秩律》的时代有两种御史：一种有秩级，千石，是作为'众史之长'的长史；另一种无秩级，但赏赐时比六百石，那就是御史少史。"① 因此，西汉初期大约吕后二年已设置了秩千石的御史长史。汉武帝时期，御史中丞参与政治活动的次数日益增多，如《汉书·酷吏传》记载："于是上始使御史中丞、丞相长史使督之，犹弗能禁，乃使光禄大夫范昆、诸部都尉及故九卿张德等衣绣衣持节，……斩首大部或至万余级。"② 说明至迟到汉武帝时御史长史已改名为中丞。

汉成帝绥和元年，御史大夫及其属官的建置发生了变化。《汉书·百官公卿表》："御史大夫，秦官，位上卿，银印青绶，掌副丞相。有两丞，秩千石。一曰中丞，在殿中兰台，掌图籍秘书，外督部刺史，内领侍御史员十五人，受公卿奏事，举劾按章。成帝绥和元年更名大司空，金印紫绶，禄比丞相，置长史如中丞，官职如故。哀帝建平二年复为御史大夫，元寿二年复为大司空，御史中丞更名御史长史。"③ 汉成帝将御史大夫改为大司空，佩金印，禄秩与丞相等。与此同时，御史中丞改名为御史长史，以示御史大夫的地位与丞相同等重要。汉哀帝时期御史大夫一官的建置又出现反复：先是在建平二年改大司空为御史大夫，后又于元寿二年复为大司空，御史中丞更名御史长史。

东汉时期，大司空改称司空。司空长史相当于西汉末期的大司空长史，但两者的执掌已有不同。《后汉书·百官志》："属长史一人，千石。掾属二十九人。令史及御属四十二人。"④ 可知东汉的司空长史秩千石。《汉旧仪》⑤："太尉、司徒长史，秩比二千石，号为'毗佐三台，助成鼎味。'其迁也，多据卿校也。"《汉官仪》："太尉、司徒、司空长史，秩比千石，号为'毗佐三台，助成鼎味。'(《太平御览·职官部》)"⑥ 则司空长史的秩级为比千石。笔者认为应从《后汉书》。因为丞相长史的秩级为千石，司空长史的秩当与丞相长史相类。

5. 2. 2　御史长史的职能

1. 职能

西汉时期，御史长史与中丞名称互相变换，职权相类，由于御史中丞存在的时间较长，它的职能亦可反映御史长史执掌的梗概。芮和蒸先生在《西汉时代之御史中丞》一文中总结西汉时期御史中丞的职掌包括内领侍御史、外督部刺史、兼领兰台、受公卿奏事、举劾按章、奏事、治狱、逐捕、封印、其他临时承诏事项等。安作璋、熊铁基先生在《秦汉官制史稿》一书中认为御史中丞的具体职责和权力是掌图籍秘书、外督部刺史、内领侍御史、举劾按章。大庭脩先生认为尚书令和御史中丞作为两根支柱，在少府中占有异常重要的作用。

案：以上诸家所说御史中丞职权大体完备，不过笔者以为还应增加协助御史大夫下发文书的职权。甘肃敦煌悬泉置出土的汉简记载："建平四年五月壬子，御史中丞臣宪承制诏侍御史

---

① 阎步克：《从爵本位到官本位：秦汉官僚品位结构研究》，北京三联书店 2009 年版，第 420 页。
② [汉] 班固：《汉书》卷 90《酷吏传》，中华书局 1962 年版，第 3662 页。
③ [汉] 班固：《汉书》卷 19 上《百官公卿表》，中华书局 1962 年版，第 725 页。
④ [南朝宋] 范晔：《后汉书》卷 114《百官一》，中华书局 1965 年版，第 3562 页。
⑤ [清] 孙星衍辑，周天游点校：《汉官六种》，中华书局 1990 年版，第 87 页。
⑥ [清] 孙星衍辑，周天游点校：《汉官六种》，中华书局 1990 年版，第 123 页。

曰：敦煌玉门都尉忠之官，为驾一乘传，载从者。御史大夫延下长安，承书以次为驾，当舍传舍，如律令。六月丙戌，西。"[1] 此简为玉门都尉忠赴任时，于建平四年六月十三日路过悬泉置停留的记录。案：此简所记由御史中丞签发过所文书之事可证御史中丞拥有下发文书的权力。

祝总斌先生认为，东汉时期司空主要分管关于修堤、筑城等水土工程方面各项事务以及有关官吏的考察、监督。还分工监督宗正卿、大司农卿、少府卿[2]。司空长史有协助司空处理此等事项的权力。《三国志·魏书·武帝纪》："《魏武故事》：岱字公山，沛国人，以司空长史从征伐有功，封列侯。"[3] 东汉末年司空长史可以从军征伐。

2. 职能演变及原因

御史长史在西汉时期出现，曾先后以御史中丞、大司空长史的形式参与处理中央行政事务；东汉时期，御史长史以司空长史的形式活跃在政坛之上，发挥着重要作用。安作璋、熊铁基先生认为："自西汉末以后，御史大夫改为司空，职务性质已有所改变，因而其属官御史中丞也随之发生变化。东汉光武以御史中丞为御史台主，后又属少府。于是中丞遂代西汉的御史大夫而成了一个独立的检察官。"案：东汉时御史中丞成为御史台的长官，主管监察事务，与西汉的御史中丞职权大有不同。

御史长史职权演变的根本原因是君主集权化程度不断加强。君权与相权本存在矛盾，但在一定程度上又相互需求。设置御史长史是为了提高御史大夫的权威，这一措施既分散了相权，又提高了行政效率。东汉时期，尚书台的权力加大，并不表示三公毫无实权，只是不如西汉而已，司空长史仍可处理部分政务。

◇ 5.3 太尉长史

5.3.1 太尉长史的建置

《汉书·百官公卿表》："太尉，秦官，金印紫绶，掌武事。武帝建元二年省。元狩四年初置大司马，以冠将军之号。宣帝地节三年置大司马，不冠将军，亦无印绶官属。成帝绥和元年初赐大司马金印紫绶，置官属，禄比丞相，去将军。哀帝建平二年复去大司马印绶、官属，冠将军如故。元寿二年复赐大司马印绶，置官属，去将军，位在司徒上。有长史，秩千石。"[4] 由于传世文献中对秦代的国尉记载甚多，有学者根据秦代的国尉，怀疑秦代是否真正设置了太尉。朱绍侯先生推测，国尉的地位前后有所变化，商鞅变法时其地位低于大将，到战国时其地位高于大将而与太尉相等；在秦国，中央和地方都有国尉，中央的国尉相当于太尉，地方的国

① 胡平生，张德芳：《敦煌悬泉汉简释粹》，上海古籍出版社 2001 年版，第 38 页。

② 祝总斌：《两汉魏晋南北朝宰相制度研究》，中国社会科学出版社 1990 年版，第 66 页。

③ ［晋］陈寿：《三国志》卷 1《武帝纪》，中华书局 1959 年版，第 18 页。

④ ［汉］班固：《汉书》卷 19 上《百官公卿表上》，中华书局 1962 年版，第 725 页。

尉低于大将。林剑鸣先生认为，秦统一六国后才设置了太尉，虚设其官，目的是剥夺丞相的军权。案：林说是。秦统一后设置太尉，金印紫绶，负责处理全国的军事任务，此官实为虚设。西汉时期太尉成为实授之官，才有了官署。太尉长史是太尉的重要属官，其秩为千石。

关于太尉长史的秩级，史籍颇有抵牾。《后汉书·窦融传》注引《续汉志》曰："太尉长史千石，掾属二十四人，令史及御属二十二人也。"① 《后汉书·百官志》："长史一人，千石。（注引卢直《礼注》曰：'如周小宰。'）本注曰：署诸曹事。"② 《汉旧仪》有不同记载："太尉、司徒长史，秩比二千石，号为'毗佐三台，助成鼎味。'其迁也，多据卿校也。"③ 这是认为太尉长史的秩为比二千石；《汉官仪》："太尉、司徒、司空长史，秩比千石，号为'毗佐三台，助成鼎味。'（《太平御览·职官部》）"④ 据此太尉长史的秩级又为比千石。众说纷纭，笔者认为应从《后汉书》。因为丞相长史的秩级为千石，太尉长史的秩级显然不太可能高于丞相长史。西汉时期的太尉非常设之官，其属官较少，建置也不稳定；东汉太尉拥有众多属官。⑤

5.3.2　太尉长史的职能

1. 职能

（1）辅佐太尉

太尉长史作为太尉的佐官，其职能主要是辅佐太尉。西汉时期太尉无甚职权，东汉太尉以参录尚书事的形式广泛参与中央行政。祝总斌先生认为："东汉三公分工和具体职责基本明确。……太尉主要分管关于军事方面各项事务以及有关官吏的考察、监督。其中大概也包括边郡长官的考察、监督。……太尉监督的是太常卿、光禄卿、卫尉卿。"则东汉太尉长史亦当协助太尉处理此类事务。

（2）充任使者，巡行风俗

《后汉书·周举传》："时诏遣八使巡行风俗，皆选素有威名者，乃拜举为侍中，与侍中杜乔、守光禄大夫周栩、前青州刺史冯羡、尚书栾巴、侍御史张纲、兖州刺史郭遵、太尉长史刘班并守光禄大夫，分行天下。"太尉长史的本职应为帮助太尉处理政务，不可能经常外出探访民情，所以充任使者属于皇帝分派给太尉长史的临时性职能。

2. 职能演变及原因

太尉长史的职能前后变化较大。西汉时期太尉长史时设时废，其权力地位并不显著。东汉的太尉常参录尚书事，地位较高，其长史职权亦当得到某种程度上的加强。太尉长史辅佐太尉分管军事方面的各项事务，对有关官吏进行考察、监督，有时亦充当使者巡行风俗。

太尉一职，按理应手执兵柄，实际上在西汉时期，其权力并不大，皇帝不欲外人手握军权，于是太尉要么不设，要么就被置于闲散的位置。东汉光武帝改大司马为太尉，其职权开始

---

① ［南朝宋］范晔：《后汉书》卷 23《窦融传》，中华书局 1965 年版，第 818 页。
② ［南朝宋］范晔：《后汉书》卷 114《百官一》，中华书局 1965 年版，第 3558 页。
③ ［清］孙星衍辑，周天游点校：《汉官六种》，中华书局 1990 年版，第 87 页。
④ ［清］孙星衍辑，周天游点校：《汉官六种》，中华书局 1990 年版，第 123 页。
⑤ 安作璋，熊铁基：《秦汉官制史稿》，齐鲁书社 1984 年版，第 77 页。

膨胀，地位较司徒、司空为尊，原因是太尉常录尚书事。尚书在东汉剥夺了三公的很多职权，以致时人常有"三公备位"的说法，太尉录尚书事使其获得部分行政权，其长史地位也随之提高，属官也较西汉为多。

◈ 5. 4　太傅长史

史籍对太傅长史的记载较少。西汉时太傅有无属官，《汉书》没有记载。《后汉书·百官志》指出太傅有长史和其他属官：

"太傅，上公一人。注引《大戴记》曰：'傅，傅之德义也。'应劭《汉官仪》曰：'傅者，覆也。'贾生曰：'天子不惠于庶民，不礼于大臣，不中于折狱，无经于百官，不哀于丧，不敬于祭，不戒于齐，不信于事，此太傅之责也，古者周公职之。'本注曰：'掌以善导，无常职。世祖以卓茂为太傅，薨，因省。其后每帝初即位，辄置太傅录尚书事，薨，辄省。'"①

由此可知，太傅地位尊崇，基本职责是规劝天子注意其言行举止，避免天子做有悖常理之事。

西汉的太傅没有实权，仅仅是荣誉性尊号。有学者认为太傅在制度上讲决不负政治责任。② 案：此说只适用于西汉时期，太傅是一个空有名号而无实权的荣官，常常成为加官，授予一些德高望重、地位崇高的大臣。

东汉时太傅的权力增大，拥有众多的属官。《汉官》："太傅，长史一人，秩千石，掾属二十四人，令史、御属二十二人。"③ 据此可知，太傅的属官除长史之外，还包括掾属二十四人，令史御属二十二人，其官署规模扩大。东汉有"五府"之称，指太傅、太尉、司徒、司空、大将军。太傅职权扩张的原因主要在于录尚书事。所谓录尚书事，就是中央官员外加"录尚书事"的名义兼管尚书台的事务。安作璋、熊铁基两位先生指出东汉的尚书包揽一切，无所不总，其权势常凌驾于三公之上。太傅参录尚书事，为太傅职权的扩张打开了方便之门。东汉担任太傅的有卓茂、邓禹、赵熹、邓彪、张禹、冯石、桓焉、赵俊、陈蕃、胡广等人，他们或是襄助刘秀开创帝业的功臣及功臣后裔，或是国之重臣，地位较高，对朝廷的施政方针可以施加影响。他们被皇帝任命为太傅时，常冠以"录尚书事"的头衔统领百官，其实是皇帝在尚书台的私人代表。随着太傅权力范围的广泛化，太傅长史也逐渐拥有了接触政务的机会以及适当处理政务的权力。

---

① [南朝宋] 范晔：《后汉书》卷114《百官一》，中华书局1965年版，第3557页。
② 陶希圣，沈巨尘：《秦汉政治制度》，商务印书馆1936年版，第50页。
③ [清] 孙星衍辑，周天游点校：《汉官六种》，中华书局1990年版，第1页。

◇ 5. 5 将军长史

5. 5. 1 将军长史的建置

春秋时期便已出现将军名号，战国时将军逐渐成为一个较为固定的官职。秦代沿用了将军称号，汉代将军名目众多，有学者将之分为重号将军与杂号将军。① 将军种类众多，形成了一个有趣的现象：当国家比较稳定时，将军的种类较为简单；当国家动荡不安时，将军的名号如同炸裂的烟花，火星四溅、数量激增。阎步克先生认为："和平年代将军制度往往会趋于简化，而战乱频仍之时，杂号将军或征伐将军就伴随着四起的狼烟一起增殖了。……战争频度和将军数量往往是成正比的，众多将军间的统属关系中隐含着序列化的可能。"②

将军长史是将军的重要属官，目前最早关于将军长史的记载见于《史记·秦始皇本纪》："二世益遣长史司马欣、董翳佐章邯击盗，杀陈胜城父，破项梁定陶，灭魏咎临济。"③ 显而易见，长史司马欣曾在秦王朝及其危险之时率兵助章邯打败了陈胜起义军，击杀项梁于定陶。司马欣与董翳二人对章邯的帮助极大。辛德勇先生指出，司马欣、董翳在章邯军中具有举足轻重的地位，这与他们对这支部队有很强的控制力有关。司马欣与董翳从关中带出的秦军显然在章邯属下的军队中拥有自己的一席之地，保证了司马欣与董翳在楚汉之际拥有相当的实力。《史记·李斯列传》记载："秦王乃拜斯为长史，听其计，阴遣谋士齎持金玉以游说诸侯。"案：马非百先生认为李斯是最早的将军长史。他在《秦集史》中将李斯所担任的长史划归军吏，与将军长史同类，笔者以为不妥。细读这条史料，李斯在此之前担任吕不韦的舍人，得到秦王的赏识后迁为长史，此处的李斯不知属于何种长史，但李斯任长史后向秦王献策瓦解六国的抵抗势力，这说明李斯应属于秦王咨询的对象，而不是备将军询问的府僚，李斯非将军长史甚明。

此外，见于各种汉代文献记载的将军长史颇多，如下几例：

大将军，骠骑将军，车骑将军，卫将军，前、后、左、右将军均有长史——《后汉书·百官志》："将军不常置。本注曰：掌征伐背叛，比公者四：第一大将军，次骠骑将军，次车骑将军，次卫将军。又有前后左右将军。……长史、司马皆一人，千石。"④ 《汉官解诂》："前、后、左、右将军，皆周末官，秦因之，位上卿，金印紫绶，皆掌兵及四夷。有长史，秩千石。"⑤ 案：大将军至前后左右将军的长史秩皆为千石。

卫将军长史——《二年律令·秩律》："丞相长史正、监，卫将军长史，秩各八百石。二千

---

① 自大将军至前后左右将军均为重号将军；此外还有众多的杂号将军，或者说列将军。（详参安作璋，熊铁基：《秦汉官制史稿》，齐鲁书社 1984 年版，第 244—245 页）廖伯源先生把将军分为征伐将军与中朝将军，征伐将军是临时委以征伐防卫，中朝将军则领成京师军队，在宫内与闻政事。（《试论西汉诸将军之制度及其政治地位》，载于氏著：《历史与制度——汉代政治制度试释》，香港教育图书公司 1997 年版，第 140 页。）

② 阎步克：《品位与职位：秦汉魏晋南北朝官阶制度研究》，中华书局 2002 年版，第 414 页。

③ ［汉］司马迁：《史记》卷 6《秦始皇本纪》，中华书局 1959 年版，第 270 页。

④ ［南朝宋］范晔：《后汉书》卷 114《百官一》，中华书局 1965 年版，第 3563—3564 页。

⑤ ［清］孙星衍辑，周天游点校：《汉官六种》，中华书局 1990 年版，第 12 页。

石丞六百石。"① 案：卫将军地位很高，其长史秩仅八百石，当非常态。

度辽将军长史——《汉官仪》："度辽将军，孝武皇帝初用范明友。明帝十八年，（案：当云'八年以中郎将吴常'，见《明帝纪》注。）行度辽将军事。安帝元初元年，置真。银印青绶，秩二千石。长史、司马六百石。（《续汉志》补注）屯五原曼柏县。（《后汉书·安帝纪》注）将军掾属二十九人，中大夫无员，令史四十一人。（《后汉书·安帝纪》注）"② 案：度辽将军长史秩六百石。毕汉斯在《剑桥秦汉史》第八章《后汉的制度》中指出度辽将军的部队插在中国西北的南匈奴与中亚的北匈奴之间，主要目的就是防止这些部落再次联合起来③。

另外，罗福颐先生主编的《秦汉南北朝官印征存》中还收有立节将军长史、安北将军长史（曹魏）、照武将军长史（孙吴）等印玺。

大将军至前后左右将军的长史秩级为千石，其他杂号将军的长史秩级为六百石。杂号将军种类很多，在出土的汉简中也有记载"令使者张君当为居延将军"。张家山出土汉简记载卫将军长史为八百石，这是由于西汉初期的官僚制度还不完善，秩级也不稳定。

将军可以设立幕府，有长史辅佐，常为将军亲信。关于幕府，前人已有较多的研究。清人赵翼在《陔余丛考》一书中"幕府"条指出："幕府始于战国时也。但古所谓幕府，指将帅在外之营帐而言，而官吏衙署未有称幕府者。……后世称衙署为幕府始此。盖固本以东平有骠骑之号，故以幕府称之，而其实非将帅在外之营帐，故后人遂相沿为衙署之称也。"④ 幕府自战国便已存在，将军长史可说是幕府地位较高的成员，包括大将军长史、骠骑将军长史、车骑将军长史、卫将军长史、前后左右将军长史、各种杂号将军长史。

如果将军长史对将军有不轨之心，将军的处境就很危险。历史上曾发生过有人勾结大将军长史谋害大将军的事件，如《汉书·昭帝纪》："燕王遣寿西长、孙纵之等赂遗长公主、丁外人、谒者杜延年、大将军长史公孙遗等，交通私书，共谋令长公主置酒，伏兵杀大将军光，征立燕王为天子，大逆毋道。"⑤ 汉武帝托付霍光辅佐汉昭帝，燕王不满，欲杀霍光夺权，勾结大将军长史公孙遗发动政变，自是为可以接近霍光，便于掌握霍光的一举一动。不过，将军长史常为将军的亲信。《汉书·李广苏建传》："又言苏武使匈奴二十年不降，还乃为典属国，大将军长史无功劳，为搜粟都尉，光专权自恣。"⑥ 苏武归国，立功甚大，是当时朝野皆为瞩目的焦点人物，却仅获封为典属国；霍光将自己并未立功的长史提拔为搜粟都尉，以致成为政敌抨击霍光的口实。这说明大将军长史与大将军之间关系密切，因此霍光才将其长史升迁，目的不外乎巩固自己的政治地位。

《汉书·陈咸传》："成帝初即位，大将军王凤以咸前指言石显，有忠直节，奏请咸补长史。

---

① 张家山二四七号汉墓竹简整理小组：《张家山汉墓竹简［二四七号墓］》（释文修订本），文物出版社 2006 年版，第 70 页。彭浩等人认为，"二千石口丞六百石"中的口字应释为"尉"，即"二千石尉丞六百石"。（参见彭浩，陈伟，工藤元男主编：《二年律令与奏谳书——张家山二四七号汉墓出土法律文献释读》，上海古籍出版社 2007 年版，第 262 页。）案：彭浩等学者通过红外线技术对此简的释读准确性较高，当可信从。

② ［清］孙星衍辑，周天游点校：《汉官六种》，中华书局 1990 年版，第 127 页。

③ ［英］崔瑞德，鲁惟一：《剑桥中国秦汉史》，中国社会科学出版社 1993 年版，第 488 页。

④ ［清］赵翼撰，栾保群，吕宗力点校：《陔余丛考》，河北人民出版社 1990 年版，第 394 页。

⑤ ［汉］班固：《汉书》卷 7《昭帝纪》，中华书局 1962 年版，第 226—227 页。

⑥ ［汉］班固：《汉书》卷 54《李广苏建传》，中华书局 1962 年版，第 2467 页。

迁冀州刺史，奉使称意，征为谏大夫。复出为楚内史，北海、东郡太守。坐为京兆尹王章所荐，章诛，咸免官。起家复为南阳太守。"① 大将军王凤推荐长史陈咸为冀州刺史，属于美差。《汉书·霍光传》："禹为大司马，称病。禹故长史任宣候问。"霍光死后，汉宣帝逐渐收回朝中大权，对霍禹明升暗降，罢去了霍禹的兵权。霍禹称病不出，曾担任过霍禹长史的任宣去向他陈述利害，若非亲近之人，谁能为之。霍禹曾任中郎将，后升至右将军，最后担任大司马。任宣曾为霍禹长史，此时尚未设置中郎将长史，霍禹现任大司马，且任期甚短，任宣应是霍禹任右将军时的长史。《汉书·丙吉传》："后吉为车骑将军军市令，迁大将军长史，霍光甚重之，入为光禄大夫给事中。"② 可见将军长史升迁的机会较多。

《三国志·魏书·王粲传》："王粲……父谦，为大将军何进长史。进以谦名公之胄，欲与为婚，见其二子，使择焉。谦弗许。以疾免，卒于家。"③ 何进想和王谦联姻，也是为何进本人的利益着想。因为王谦是名公之胄，何进对其笼络可扩大自己的势力。将军长史有时作为将军的亲信，还需作人质。《三国志·魏书·三嗣主传》："五月，魏征东大将军诸葛诞以淮南之众保寿春城，遣将军朱成称臣上疏，又遣子靓、长史吴纲诸牙门子弟为质。"④ 诸葛诞是三国时魏国的征东大将军，对司马家族执掌曹魏政权的现状不满，起而反叛。为避免失败，诸葛诞派自己的儿子诸葛靓、长史吴纲等为代表出使东吴为质，博取东吴的信任，以便得到东吴政权的支持。值得注意的是，诸葛诞为表达自己的诚意，除以己子为人质之外，还派其长史为质，从中可见长史与将军之间的亲近关系。

将军长史有铜印黑绶。《后汉书·舆服下》注引《东观书》曰："建武元年，……中外官尚书令、御史中丞、治书侍御史、公将军长史、中二千石丞、正、平、诸司马、中宫王家仆、洛阳令秩皆千石，尚书、中谒者、谒者、黄门冗从、四仆射、诸都监、中外诸都官令、都候、司农部丞、郡国长史、丞、候、司马、千人秩皆六百石，家令、侍、仆秩皆六百石，洛阳市长秩四百石，主家长秩皆四百石，以上皆铜印黑绶。"⑤ 将军长史的秩级为千石至六百石，可用铜印黑绶。

5. 5. 2　将军长史的职能

1. 基本职能

（1）为将军提出建议、谏诤

《后汉书·儒林传》："阳嘉二年，征拜太中大夫。大将军梁商以为长史。谏诤不合，出补常山王傅，病不之官。"⑥ 杨伦之所以由大将军长史出为常山王傅，是因为他经常向大将军梁商提不同的意见，导致梁商的不满，才将其外放，这从侧面说明了将军长史的基本职能是提出建议。《汉书·卫青传》："青问其罪正闳、长史安、议郎周霸等：'建当云何？'霸曰：'自大将

---

①　[汉] 班固：《汉书》卷 66《陈咸传》，中华书局 1962 年版，第 2901 页。

②　[汉] 班固：《汉书》卷 68《霍光传》，中华书局 1962 年版，第 2953 页。

③　[汉] 班固：《汉书》卷 74《丙吉传》，中华书局 1962 年版，第 3143 页。

④　[晋] 陈寿：《三国志》卷 48《三嗣主传》，中华书局 1959 年版，第 1154 页。

⑤　[南朝宋] 范晔：《后汉书》卷 120《舆服下》，中华书局 1965 年版，第 3676 页。

⑥　[南朝宋] 范晔：《后汉书》卷 79《儒林传》，中华书局 1965 年版，第 2565 页。

军出，未尝斩裨将，今建弃军，可斩，以明将军之威。'闳、安曰：'不然。……不当斩。'"① 卫青要为战败的苏建定罪量刑，向罪正闳、长史安、议郎周霸咨询，表明大将军长史可针对军务向大将军提出可行性建议。《三国志·魏书·孙礼传》："孙礼……明帝临崩之时，以曹爽为大将军，宜得良佐，於床下受遗诏，拜礼大将军长史，加散骑常侍。礼亮直不挠，爽弗便也，以为扬州刺史，加伏波将军，赐爵关内侯。"② 魏明帝以曹休之子曹爽为大将军掌控朝政，目的是确保曹氏家族在朝中大权在握，避免有人乘皇帝驾崩、新皇帝幼弱的情况下发动叛乱。大将军地位显赫、权力在握，所以魏明帝要为曹爽选择良佐，孙礼便被任命为大将军长史，曹爽外放孙礼为扬州刺史。笔者认为曹爽此人志大才疏，优柔寡断，他这样做的原因无非是孙礼经常谏诤，令他觉得于己有碍，便将其外放。

（2）监督将军属吏，还可以司军法

《汉书·李广苏建传》："大将军弗听，令长史封书与广之莫府，曰：'急诣部，如书。'"③《汉书·卫青传》："青欲使使归报，令长史簿责广，广自杀。食其赎为庶人。"④ 李广因迷失道路没有与卫青共击匈奴单于主力，卫青派其长史谴责李广，催促李广交代错失与卫青大军会合的原因，李广由于不愿接受调查而自杀。这表明长史可监督大将军属下军吏，避免违反军法军规之事的发生。

（3）举荐权

将军长史有义务和权力向朝廷推荐有用之才。《汉书·朱博传》："久之，成帝即位，大将军王凤秉政，奏请陈咸为长史。咸荐萧育、朱博除莫府属，凤甚奇之，举博栎阳令，徙云阳、平陵二县，以高第入为长安令。"⑤ 大将军虽不能任命长史，但可通过上书奏请的方式推荐其长史的人选。陈咸也推荐萧育、朱博担任大将军莫府属吏。这说明大将军长史亦可推荐人才，具有举荐权。

（4）随军出征

《汉书·酷吏传》："严延年字次卿，东海下邳人也。……神爵中，西羌反，强弩将军许延寿请延年为长史，从军败西羌，还为涿郡太守。"⑥ 西羌反叛，许延寿虽为强弩将军，由于他是外戚，对军事不熟悉，因此特请严延年为其长史，随其出征西羌，大获全胜。作为将军长史，随军出征亦为其分内之事。

2. 临时性职能

（1）充任使者、出使邻邦

《汉书·成帝纪》："二月，右将军长史姚尹等使匈奴还，去塞百余里，暴风火发，烧杀尹等七人。"⑦ 右将军长史本佐助右将军处理幕府事务，却被派往匈奴，可见此为其临时性的差

① ［汉］班固：《汉书》卷 55《卫青传》，中华书局 1962 年版，第 2477 页。
② ［晋］陈寿：《三国志》卷 24《孙礼传》，中华书局 1959 年版，第 691 页。
③ ［汉］班固：《汉书》卷 54《李广苏建传》，中华书局 1962 年版，第 2448 页。
④ ［汉］班固：《汉书》卷 55《卫青传》，中华书局 1962 年版，第 2486 页。
⑤ ［汉］班固：《汉书》卷 83《朱博传》，中华书局 1962 年版，第 3399 页。
⑥ ［汉］班固：《汉书》卷 90《酷吏传》，中华书局 1962 年版，第 3667 页。
⑦ ［汉］班固：《汉书》卷 10《成帝纪》，中华书局 1962 年版，第 303 页。

遗，当非常例。此外，在甘肃敦煌悬泉置出土的汉简记载："以食使大宛车骑将军长史"① 大宛是一个地处西域的国家，公元前 104 年—前 101 年，汉武帝曾派贰师将军李广利征伐大宛。此简的年代大约在西汉晚期，从中能够获知车骑将军长史在出使大宛的路途中曾路过隶属于敦煌郡效谷县的悬泉置。置，是汉代的邮驿机构。车骑将军地位崇高，其长史应辅佐车骑将军处理军府事务，此简证实车骑将军长史亦可出使外邦。以上史料说明，将军长史有时会被派往异邦，承担一部分使者的职责。

（2）领兵屯田、卫护南单于

《后汉书·马援传附马严传》："显宗召见，严进对闲雅，意甚异之，有诏留仁寿闼，与校书郎杜抚、班固等杂定《建武注记》。常与宗室近亲临邑侯刘复等论议政事，甚见宠幸。后拜将军长史，将北军五校士、羽林禁兵三千人，屯西河美稷，卫护南单于，听置司马、从事。牧守谒敬，同之将军。敕严过武库，祭蚩尤，帝亲御阿阁，观其士众，时人荣之。"② 此条史料中，将军长史地位崇高，与将军相埒，表明皇帝对其极为重视。南匈奴的势力较弱，无法单独抵抗北匈奴的进攻。马严作为将军长史可率北军五校士、羽林禁兵三千人，去执行屯田西河美稷、卫护南单于的使命。这充分说明马严有独立带兵之权，如果没有足够的军事力量，便无法完成屯田和卫护南单于的任务。

（3）外掌众事、内授书籍

《三国志·吴书·薛琮传》："黄龙三年，建昌侯虑为镇军大将军，屯半州，以综为长史，外掌众事，内授书籍。虑卒，入守贼曹尚书，迁尚书仆射。"③ 作为镇军大将军长史，薛综可外掌众事、内授书籍。所谓外掌众事当指负责镇东大将军对外的军务管理，内授书籍则指负责大将军府内军事文书，可能包括私人文书。此条史料的将军长史之所以有这种权力，是由于薛综极高的个人能力，又得大将军赏识之故。《三国志·吴书·张昭传》："孙策创业，命昭为长史、抚军中郎将，升堂拜母，如比肩之旧，文武之事，一以委昭。"④《三国志·吴书·周瑜传》："瑜将兵赴丧，遂留吴，以中护军与长史张昭共掌众事。"⑤ 案：孙吴政权则有些特殊，孙策兄弟割据江东，事实上并不听从曹操的政令，属于割据政权。孙策时任行殄寇将军，其长史实可视作将军长史。由于孙策突然死去，孙权还尚未有足够能力管理东吴，因此把所有权力都交给长史张昭，有利于政局在权力交接时的稳定，避免敌对势力趁机入侵。正因如此，张昭在东吴有着很高的威望，后虽因主张投降曹魏遭到孙权的批评，他在东吴的影响力仍不可忽视。

3．职能演变及原因

（1）将军长史逐渐衍生很多临时性的职能

将军长史原本只是幕职官吏，负责为将军提出建议，随军出征，后逐渐执行一些临时性的

---

① 胡平生，张德芳：《敦煌悬泉汉简释粹》，上海古籍出版社 2001 年版，第 105 页。

② ［南朝宋］范晔：《后汉书》卷 24《马援传附马严传》，中华书局 1965 年版，第 859 页。

③ ［晋］陈寿：《三国志》卷 53《薛琮传》，中华书局 1959 年版，第 1253 页。

④ ［晋］陈寿：《三国志》卷 52《张昭传》，中华书局 1959 年版，第 1219 页。

⑤ ［晋］陈寿：《三国志》卷 54《周瑜传》，中华书局 1959 年版，第 1260 页。

职能，如出使匈奴、领兵屯田，这体现了汉代官僚制度的灵活性。

（2）将军长史的职权有扩大的趋势

将军长史的职权有逐步扩大的趋势，如外掌众事、内授书籍，领兵屯田、卫护单于。这往往是出于一些紧急重大的情况之下采取的措施。由于责任重大，将军长史的职权得到加强，如皇帝允许马严"置司马、从事。牧守谒敬，同之将军。敕严过武库，祭蚩尤，帝亲御阿阁，观其士众，时人荣之。"以将军长史比拟将军，可设置司马、从事，其目的在于提高将军长史的权威，以便完成使命。

（3）地位参差不一

由于将军长史种类众多，其地位参差不一。相对来说，大将军至前后左右将军地位较尊；其他杂号将军的地位略逊。

5.5.3 其他中央官署长史

中央官署长史除前文讨论的五种长史之外，还包括一些其他官署的长史。如五官将长史、都官长史、陵长史等，关于这些长史的史料较少，现简述如下：

1. 五官将长史

五官将长史即五官中郎将长史，与秦汉时期的郎官制度关系甚密。郎官的起源很早，早在春秋时期齐、晋已有郎中。[①] 秦代郎中一分为三：中郎、郎中、外郎。汉初继承了秦代的郎官制度，汉武帝时期对郎官系统进行了改革，设置了中郎三将，即五官中郎将、左中郎将、右中郎将，是所谓"三署郎"。五官中郎将隶属于光禄勋（武帝改郎中令为光禄勋）。《后汉书·百官志》："五官中郎将一人，比二千石。本注曰：主五官郎。五官中郎，比六百石。本注曰：无员。五官侍郎，比四百石。本注曰：无员。五官郎中，比三百石。本注曰：无员。凡郎官皆主更直执戟，宿卫殿门，出充车骑。唯议郎不在值中。……右属光禄勋。本注曰：自五官将至羽林右监，凡七署。"[②] 五官中郎将下设五官中郎、五官侍郎、五官郎中等，皆无定员。据此，笔者并未发现五官中郎将的属官有长史。检诸两汉史籍，曾担任五官将的有房凤、行弘、张邯、曹丕等人。

房凤——《汉书·儒林传》："房凤字子元，……大司马骠骑将军王根奏除补长史，荐凤明经通达，擢为光禄大夫，迁五官中郎将。"[③]

行弘——《后汉书·祭祀志》："五官将行弘等三十一人议可祭，大鸿胪庞雄等二十四人议不（可）当祭。上从合议，于是遂祭六宗。"[④]

张邯——《后汉书·鲍永传》："注引《东观记》曰：'时良从送中郎将来歙丧还，入夏城门中，与五官将车相逢，道迫，良怒，召门候岑尊，叩头马前。永劾奏良曰：'今月二十七日，

---

① 安作璋，熊铁基：《秦汉官制史稿》，齐鲁书社1984年版，第345页。严耕望先生指出，秦及西汉的郎官是宫官，是家臣；西汉末及东汉，郎吏是府官，是朝臣。（氏著：《秦汉郎吏制度考》，《历史语言研究所集刊》第23本，1951年，第89—143页。）

② ［南朝宋］范晔：《后汉书》卷115《百官二》，中华书局1965年版，第3574—3578页。

③ ［汉］班固：《汉书》卷88《儒林传》，中华书局1962年版，第3619页。

④ ［南朝宋］范晔：《后汉书》卷98《祭祀中》，中华书局1965年版，第3184页。

车驾临故中郎将来歙丧还，车驾过，须臾赵王良从后到，与右中郎将张邯逢城门中，道迫狭，叱邯旋车，又召候岑尊诘责，使前走数十步。案良诸侯藩臣，蒙恩入侍，宜知尊帝城门候吏六百石，而肆意加怒，令叩头都道，奔走马头前。无藩臣之礼，大不敬'也。"[①] 案：此文先述赵王刘良入夏城门后与五官将车相逢，鲍永劾奏赵王良时却说与右中郎将张邯逢城门中，文意前后抵牾，令人费解。笔者认为五官将即指右中郎将张邯。

曹丕——《三国志·魏书·贾诩传》："是时，文帝为五官将，而临淄侯植才名方盛，各有党羽，有夺宗之议。"[②]

曾任五官将长史可考的有凉茂、邴原。

凉茂——《三国志·魏书·凉茂传》："凉茂字伯方，……后征迁为魏郡太守、甘陵相，所在有绩。文帝为五官将，茂以选为长史，迁左军师。"[③]

邴原——《三国志·魏书·邴原传》："邴原字根矩，……徙署丞相征事。……代凉茂为五官将长史，闭门自守，非公事不出。"[④]

由此可见，在秦及两汉时期大部分时间内并未出现五官将长史。凉茂、邴原是在东汉末年担任五官将长史，他们所辅佐的都是五官将曹丕。这似可表明五官将长史的出现，与曹丕特殊的政治地位有莫大关联。曹丕任五官将时还有很多属官，如下几条史料所示：

《三国志·魏书·夏侯尚传》："夏侯尚字伯仁，……太祖定冀州，尚为军司马，将骑从征伐，后为五官将文学。"[⑤]

《三国志·魏书·卢毓传》："卢毓字子家，……文帝为五官将，召毓署门下贼曹。"[⑥]

《三国志·魏书·常林传》："常林……文帝为五官将，林为功曹。"[⑦]

可以看出，曹丕的属官还有五官将文学、五官将门下贼曹、五官将功曹。这与《后汉书》对五官将属官的叙述颇有差异，说明五官将长史的出现应在东汉末年，与当时的曹操"挟天子以令诸侯"的政治环境有相当复杂的因果关系。

2. 都官长史

秦汉时期的都官一般是直属朝廷的机构，在京师的称为中都官，在地方的称为都官。曹旅宁先生指出，秦的都官以管理经济事务为主，兼顾其他执掌的性质。汉代的都官还包括秩级在六百石以上的中央派出机关的官吏。《后汉书·孝和孝殇帝纪》注引《十三州志》曰："谒者，秦官也。员七十人，皆选孝廉年未五十，晓解傧赞者。岁尽拜县令、长及都官府丞、长史。"[⑧]则都官府丞、长史常由谒者担任。

《后汉书·符融传》："符融字伟明，……少为都官吏，耻之，委去。（注引《续汉志》曰：

---

① ［南朝宋］范晔：《后汉书》卷29《鲍永传》，中华书局1965年版，第1020页。
② ［晋］陈寿：《三国志》卷10《贾诩传》，中华书局1959年版，第331页。
③ ［晋］陈寿：《三国志》卷11《凉茂传》，中华书局1959年版，第338页。
④ ［晋］陈寿：《三国志》卷11《邴原传》，中华书局1959年版，第350—351页。
⑤ ［晋］陈寿：《三国志》卷9《夏侯尚传》，中华书局1959年版，第293页。
⑥ ［晋］陈寿：《三国志》卷22《卢毓传》，中华书局1959年版，第650页。
⑦ ［晋］陈寿：《三国志》卷23《常林传》，中华书局1959年版，第658—659页。
⑧ ［南朝宋］范晔：《后汉书》卷4《孝和孝殇帝纪》，中华书局1965年版，第180页。

'都官从事，主察举百官犯法者。')"① 案：都官的属吏还有都官从事。都官属吏在当时的社会地位似乎不高，令符融羞于为之。

《后汉书·百官志》注引《献帝起居注》曰："建安八年，议郎卫林为公车司马令，位随将、大夫。有公车令与都官、长史位从将、大夫，自林始。"② 陈勇先生认为，东汉末年《献帝起居注》提到的"都官长史"，语义看似含糊不清，实际上却是一种限定非常严格的称谓，指的只是"二千石"（《续汉志》所谓"真二千石"）都官的秩六百石的长史。③ 案：这与中华书局出版的《后汉书》点校本断句不同。显然陈先生认为都官长史是一个官职，笔者赞同陈说。因为这样断句，语义较为顺畅，较为符合汉代的职官制度，并不是所有的二千石官员都有长史，但二千石官员有置长史的资格。

3. 陵长史

见于文献记载的陵长史只有一例。《后汉纪·后汉孝和皇帝纪》："对曰：'陵上宜置长史，加祭祀之体，收录诸舅，以明亲亲。'"④ 陵长史当是负责皇陵事务的官员。《续汉书·百官志》："先帝陵、每陵园令各一人，六百石。本注曰：掌守陵园，案行扫除。丞及校长各一人。本注曰：校长，主兵戎盗贼事。注引应劭《汉官名秩》曰：'丞皆选孝廉郎年少薄伐者，迁补府长史、都官令、候、司马。'"⑤ 可知皇陵设有陵园令一人，秩级六百石，主要负责守灵园，案行扫除等事务。以陵长史代替陵令，是为了体现皇家宗室特殊的地位。

中央官署长史是针对中央某些重要机构设置的行政官员，体现着一种等级身份制的特征。它们主要在中央参与帝国行政，其中丞相、御史大夫、太尉及太傅的长史参与行政事务较多；将军长史也可参政，还要负责幕府事务，追随将军出征，其办公地点不局限于长安或洛阳。中央官署长史对于中央政府的行政运作过程起着相当重要的上下衔接的作用，秦汉时期的官僚体制较为精简，长史协助其长官料理庶务、掌管机要，减轻了其官署长官的压力，提高了行政效率，其作用不可忽视。

---

① ［南朝宋］范晔：《后汉书》卷68《符融传》，中华书局1965年版，第2232页。
② ［南朝宋］范晔：《后汉书》卷115《百官二》，中华书局1965年版，第3579页。
③ 陈勇：《都官长史考》，《文史》，2003年第2辑，第42—45页。
④ ［晋］袁宏撰，周天游校注：《后汉纪校注》卷14《后汉孝和皇帝纪》，天津人民出版社1987年版，第397页。
⑤ 范晔：《后汉书》卷115《百官志》，中华书局1965年版，第3574页。

第6章　秦汉地方长史的建置与职能

◈ 6．1　郡国长史

6．1．1　边郡的主要特征

边郡的自然环境与内郡有别。《盐铁论·轻重十四》文学曰："边郡山居谷处，阴阳不和，寒冻裂地，冲风飘卤，沙石凝积，地势无所宜。中国，天地之中，阴阳之际也，日月经其南，斗级出其北，含众和之气，产育庶物。"文中自有夸饰之处，不过"文学"所论边郡与内郡的自然环境差异还是比较符合实际情况的。

边郡的社会风俗与内郡有异。《汉书·严助传》载淮南王安疏谏武帝称："越，方外之地，剪发文身之民也，不可以冠带之国法度理也。"贾捐之谏元帝主弃珠里郡称："骆越之人父子同川而浴，相习以鼻饮，与禽兽尤异，本不足郡县置也。"淮南王以为，越人与内地风俗文化不同，难以用内地的法律制度规范越人。而贾捐之的话包含了极度的文化优越感和对边疆民族的歧视性看法，并不完全符合实际，但他们的论述都着重指出了边郡与内郡在社会风俗上的差异。

边郡的机构设置与内郡有异。边郡在统一实行郡县制的前提下又设置了属国、道等特殊政区和农都尉部都尉等特种机构，既适应了中央集权政体的需要，又照顾到了当地的实际情况，做到了区别对待，分层次管理。

边郡官吏的职能与内郡有异。边郡守尉令长等由中央政府统一任命，执行中央政府的政令，但职能上与内郡有所差异。边郡的职能以军事为主，正如《地理志》所言"保边塞，二千石治之，成以兵马为务。"

边郡地广人稀，与内郡大县为令、小县为长的情况有别。正如续志注引应劭《汉官》曰："三边始孝武皇帝所开，县户数百而或为令荆扬江南唯有临湘、南昌、吴三令尔。及南阳穰中，土沃民稠，四五万户，而为长。"有的北边县令地位与长安令相当。《二年律令·秩律》：

"栎阳、长安、频阳、临晋、成都、□雄、雒阳、酆、云中、□□□□□、新丰、槐里、睢、好畤、沛、颌阳，郎中司马，卫尉司马，秩各千石，丞四百石。"

云中县令与长安县令秩次皆为千石。边郡人民的军事防御负担重于内郡。汉代对于边郡之民的军事防御义务有明确的制度性规定，《后汉书·陆康传》云："县在边垂，旧制，令户一人具弓弩以备不虞，不得行来。"文中称"旧制"，可能系指西汉制度。边郡人民平时修习战备，天水、陇西、安定、北地诸郡，"皆迫近羌胡，民俗修习战备，高上气力鞍马骑射"，定襄、云中、五原诸郡，其民鄙朴，少礼文，好射猎"。战时则"夫边郡之士，闻烽举燧燔，皆摄弓而驰，荷兵而走"。

边郡的居民构成与内郡有别。边郡的居民包括由内郡迁徙的刑徒、流民、罪臣及其家属，成部落居住的边疆民族（包括土著与内附两类），定期轮换的戍边士兵等。边郡与内郡这些差别也导致了中央政府在官吏选任户籍管理等方面采取了差别化管理措施。如《汉书·成帝纪》：元延元年（前12年）秋七月，诏曰："与内郡国举方正能直言极谏者各一人，北边二十二郡举勇猛知兵法者各一人。"占著于边郡的内地民众，内迁可能受到严格的控制。以东汉桓帝年间历任安定属国都尉、使匈奴中郎将、大司农等职的张奂为例，张奂为边郡敦煌人，在镇抚匈奴、鲜卑、乌桓、羌中屡立功勋。永康元年（167年），"赐钱二十万，除家一人为郎"。张奂"并辞不受，而愿徙属弘农华阴。旧制边人不得内移，唯奂因功特听，故始为弘农人焉"。

边郡居民复杂，管理不易，据史料记载推断，边郡刑罚重于内郡，光武帝建武十八年诏曰："今边郡盗谷五十斛，罪至于死，开残吏妄杀之路，其蠲除此法，同之内郡。"由于远离中央核心区域，边郡是需要国家进行强力控制的地区。向边郡徙民、对边郡防御体系的规划都需要国家组织力量来强制推行，边郡的粮食、财政仰赖内郡资助，《史记·平准书》云："南阳、汉中以往郡，各以地比给初郡吏卒奉食币物，传车马被具。"伏湛疏谏光武曰："渔阳以东本备边塞，地接外虏，贡税微薄，安平之时，尚资内郡。"因此，边郡与中央政权之间有比内郡更强的依赖性。当中央政权控制力强时，边郡的局势就比较稳定；反之，在政权更迭或政局不稳时，边郡受到的影响远比内郡要大得多。与内郡相比，边郡的范围处于不断的变化中。在两汉之间西北地区的县级政权高达三分之一的废置率，东汉以后的废郡、侨郡充分表明了边郡与中央政权之间高度的依赖关系。边郡与内郡虽有诸多差别，但核心是郡县制。

6．1．2　郡国长史的建置

郡县制在秦汉时期逐步推广，意义重大。有学者将县制的推广视为中国官僚政治的开端。[①]郡国长史包括边郡长史和王国相长史。

《汉书·百官公卿表》："郡守，秦官，掌治其郡，秩二千石。有丞，边郡又有长史，掌兵马，秩皆六百石。景帝中二年更名太守。……诸侯王，高帝初置，金玺盭绶，掌治其国。有太傅辅王，内史治国民，中尉掌武职，丞相统众官，群卿大夫都官如汉朝。……成帝绥和元年省内史，更令相治民，如郡太守，中尉如郡都尉。"案：由此可知，长史一般设立于边郡和王国之内；边郡长史是太守的重要属官，秩为六百石；王国相长史则为王国相的助手，秩亦为六百石。

---

① H. G. Greel，" The Begining of Bereaucracy in China：The Origin of Hsien"，Journal of Asian Studies，volume 23 1964，pp. 155—184. 还可参考顾立雅著，杨品泉译：《中国官僚制度的开始：县的起源》，《中国史研究动态》，1979年第1期，第25—28页。

《汉旧仪》："边郡太守各将万骑，行障塞烽火追虏。置长史一人，掌兵马。丞一人，治民。当兵行，长史领。"① 案：边郡太守可指挥为数众多的骑兵，长史为其佐官，亦承担较重的军事任务。

《汉官仪》："大府秩二千石。丞一人，边郡称长史，皆六百石。丞者，丞也。长史，众史之长。（《北堂书钞·设官部》)"② 案：长史统率众史，辅佐长官处理府内事务，犹如府内总管。

综合上述文献记载，秦代郡设郡守、尉、监，未设郡长史。如果认为秦时就已设置了边郡长史，显然不太妥当。笔者认为，《汉书》所载比较可信，因为现存史籍和出土资料都没有显示秦郡曾设置长史，秦郡已设守、尉、监，可对地方进行较为有力的监控，亦无设长史的必要。

西汉初期设置边郡长史，为太守的佐官，秩级为六百石。王国有王国相长史，地位与边郡太守长史相似。王莽时期改太守为大尹，仍有长史辅佐。

东汉时期恢复西汉旧制，但罢去郡都尉与太守丞，长史的地位相对有所提高。《后汉书·百官志》："每郡置太守一人，二千石，丞一人。郡当边戍者，丞为长史。（注引《古今注》曰：'建武六年三月，令郡太守、诸侯相病，丞、长史行事。十四年，罢边郡太守丞，长史领丞职。'）王国之相亦如之。"③ 可知建武十四年之前边郡长史与丞并存，此后则长史领丞职。

汉代太守在用人方面有极大的自主权，可以自置属吏。清人赵翼认为："汉时郡国守相皆自置吏，盖犹沿周制。"④ 然而长史必须由中央任命，不能由郡守自署。边郡长史之下还有很多属吏，如陈梦家先生在《汉简所见居延边塞与防御组织》一文中认为："丞、长史之下，似有郡司马，表、志所未述。……'长史丞'似是东汉建武十四年（公元 38 年）长史领丞职以后的称谓。"⑤ "文德（后改名敦德）、辅平，乃王莽时敦煌、酒泉二郡的改名，此三简均属新时，故称太守为大尹（见《汉书·王莽传》中），而此时犹有长史。505·3 简（甲1952）以郡司马摄行张掖郡长史之职，长史掌兵马，故以郡司马摄代。"⑥

学者大多认为郡丞长史的地位虽高，却不被太守信任，没有实权；功曹才是一郡之中除太守之外最有实权的官吏。案：这种看法忽视了内郡与边郡之间的差异，还有进一步商榷的余地。检诸史籍，汉代积极参与郡行政事务的功曹多属于内郡功曹，如汝南太守宗资任功曹范滂治理郡务，南阳太守成缙委郡务于功曹岑晊。汝南、南阳皆属内郡；根据本文第一部分所绘的地方官署长史表，在边郡，长史的数量众多，职能广泛，更为活跃地参与郡内行政事务，是一个不可忽视的官僚群体。边郡长史的地位较高，是太守的重要臂膀。和林格尔东汉墓出土的壁画描绘了墓主任西河长史时出行前呼后拥的盛况，墓主坐在主车上，还有很多从骑和侍从跟随。这体现了边郡长史不同于内地郡丞的一面：边郡长史本是为了适应不同于内郡的边境地区

① ［汉］班固：《汉书》卷 19 上《百官公卿表上》，中华书局 1962 年版，第 742 页。
② ［清］孙星衍辑，周天游点校：《汉官六种》，中华书局 1990 年版，第 81 页。
③ ［南朝宋］范晔：《后汉书》卷 118《百官五》，中华书局 1965 年版，第 3621 页。
④ ［清］赵翼撰，栾保群，吕宗力点校：《陔余丛考》，河北人民出版社 1990 年版，第 282 页。
⑤ 陈梦家：《汉简缀述》，中华书局 1982 年版，第 38 页。
⑥ 陈梦家：《汉简缀述》，中华书局 1982 年版，第 38 页。

而设，郡守权力虽大，边郡长史却不是供在庙宇中的泥菩萨，而是犹如佛祖座下的怒目金刚，是除郡守之外颇有实权的人物。

此外，长史可以自行去官。《后汉纪·后汉孝桓皇帝纪下》："穆字公叔，南阳宛人。初为冀州刺史，始济河，长史解印去者四十余人。"① 冀州众官闻听朱穆威名，心胆俱寒，纷纷弃官而去，可见长史可以自去其官。此文有些不易理解，据前文考证，边郡长史一般只设一人，此段史料却说长史解印而去的竟有四十余人，当有误。以笔者愚见，此段引文"长史"后或脱漏"等"字，即"长史等解印去者四十余人"，这样文意似更为顺畅。

边郡与内郡的主要区别在于自然条件、经济水平、风俗习惯、精神风貌等方面，秦汉时期的边郡范围较广，详参谢绍鹢先生《秦汉边郡概念小考》一文，本书不再赘述。

6.1.3 郡国长史的职能

关于郡国长史的职能，严耕望先生认为包括文书副署权与行事权。安作璋、熊铁基先生对边郡长史的职能进行了总结："边郡丞长史拥有佐助郡守理事、代郡守行事、带兵作战等职能。"② 笔者在前人的研究成果基础上，结合拙见，将边郡长史的职能梳理如下：

1. 基本职能

掌握兵马，此为郡国长史一项基本职能。《汉书·百官公卿表上》："郡守，秦官，掌治其郡，秩二千石。有丞，边郡又有长史，掌兵马，秩皆六百石。景帝中二年更名太守。"③ 据此，长史的秩级为六百石，主要职责为掌兵马。《汉官旧仪》："边郡太守各将万骑，行障塞烽火追虏。置长史一人，掌兵马。丞一人，治民。当兵行，长史领。"④ 根据这条史料，边郡太守颇有兵权，盖为维持边郡的安定，郡守必须握有较强的军事实力，这样才能抵御少数民族的攻击以及镇压人民的反抗。长史为太守的重要佐官，常为太守掌兵马。秦汉时期郡守的权力颇大，钱穆先生认为："大抵汉之太守，犹有古者诸侯封国自专之遗意，惟不得世袭耳。"⑤ 太守在制度上可以处理一郡所有事务，实际上不可能事事亲力亲为，长史作为太守的助手，专掌军权。

由于边郡事务繁多，边郡长史与丞有明确分工：边郡长史负责管理军队；郡丞负责协助太守治理本郡民事。史载边郡长史领兵之例甚多。《后汉书·彭宠传》："宠乃发步骑三千人，以吴汉行长史，及都尉严宣、护军盖延、狐奴令王梁，与上谷军合而南，及光武于广阿。"⑥ 吴汉是汉光武帝刘秀势力的支持者，隶属于渔阳太守彭宠。他以渔阳长史的身份率兵帮助刘秀击败王郎；东汉建立后，刘秀对吴汉尊崇备至。《后汉书·景丹传》："更始立，遣使者循上谷，丹与连率耿况降，复为上谷长史。"⑦ 景丹曾为上谷长史，也曾支援刘秀，所以刘秀统一天下

---

① [晋] 袁宏撰，周天游校注：《后汉纪校注》卷22《后汉孝桓皇帝纪下》，天津人民出版社1987年版，第603页。

② 安作璋，熊铁基：《秦汉官制史稿》，齐鲁书社1984年版，第80页。

③ [汉] 班固：《汉书》卷19上《百官公卿表上》，中华书局1962年版，第742页。

④ [清] 孙星衍辑，周天游点校：《汉官六种》，中华书局1990年版，第48页。案：同书第153页的记载与之有异："边郡太守各将万骑，行障塞烽火追虏。置长史一人，掌兵马。丞一人，治民。当兵行长领。"笔者认为当从前者。

⑤ 钱穆：《秦汉史》，北京三联书店2004年版，第289—291页。

⑥ [南朝宋] 范晔：《后汉书》卷12《彭宠传》，中华书局1965年版，第502页。

⑦ [南朝宋] 范晔：《后汉书》卷22《景丹传》，中华书局1965年版，第772页。

后对景丹加官晋爵。陈勇先生指出："景丹作为上谷长史，在往援光武的同郡僚佐中位次最高，故获'大将'之名。此事又反映了一种舆论，即北州诸将在选官时是普遍要优先的。"① 这和吴汉的事迹颇为相类。刘增贵先生认为："两郡兵在此一危急情势中，可说是平定北州的关键，此后彭宠的侍功而骄是有原因的。"② 吴汉与景丹所率军队为边郡兵，对光武帝刘秀的帮助很大。以上史料充分说明边郡长史的领兵权力不是暂时性的，而是一种常态。

辅佐太守或王国相，承担部分治民的责任。长史可以向郡守提出治郡方略，并辅佐太守治理郡务。张维华先生在《西汉一代之诸侯王国》一文中指出王国相长史为相府中最高属吏，负责佐相行事。③《三国志·吾粲传》："吾粲字孔休，……表粲为曲阿丞，迁为长史，治有名迹。"④ 吾粲由曲阿县丞升为长史，治绩显著，威望颇高，得以被孙权重用。《汉旧仪》："御史大夫敕上计丞、长史曰：诏书殿下，布告郡国：……守丞、长史到郡，与二千石同力，为民兴利除害，务有以安之，称诏书。"⑤ 中央亦要求郡守与长史同心协力，为民造福，在郡国长史上计时仍不忘强调这一点，可见长史在中央政府心目中的重要地位，这体现了汉代对地方行政极高的关注度。

上计是中央政府对地方事务的一种考核和控制的方式，地方常由丞、长史承担上计的任务，大概是由于这些佐官对当地的各项事务较为熟悉，地位较高，郡守因事务繁杂不能上计，便由丞、长史执行。《汉官旧仪》："郡国守丞长史上计事竟，遣君侯出坐庭，上亲问百姓所疾苦。"⑥《汉旧仪》："大夫见孝廉、上计丞、长史，皆于宫司马门外，（案：'于宫'二字本作'放官'，从《北堂书钞·设官部》引改。）比丞相掾史白录。"⑦ 御史大夫会在司马门外召见上计使者。上计制度在秦汉时期发挥着重要作用，它是汉代地方官府每年向中央上报财务资产的报告制度，其实行范围也包括遥远的边郡亭隧。如《居延汉简》记载："阳朔三年九月癸亥朔壬午甲渠鄣守候塞尉顺敢言之府书移赋钱出入簿与计偕＝谨移应书一编敢言之（35·8A）尉史昌（35·8B）"⑧ 这是名叫作顺的甲渠鄣守候塞尉向上级提交的有关赋钱出入情况的文书。上计是秦汉中央政府控制地方的一个有效手段，孝廉的岁举也由每年郡国上计的制度发展而来。⑨ 高敏先生指出，长史与守丞都是郡国上计于中央时的使者。⑩ 案：长史上计也取决于行政方面的技术性因素，长史平日辅佐太守处理郡务，便于中央政府掌握地方情况。

---

① 陈勇：《论光武帝"退功臣而进文吏"》，《历史研究》，1995 年第 2 期。

② 刘增贵：《汉魏士人同乡关系考论》，载于邢义田，林丽月：《台湾学者中国史研究论丛：社会变迁》，中国大百科全书出版社 2005 年版，第 146 页。

③ 张维华：《西汉一代之诸侯王国》，载氏著：《汉史论集》，齐鲁书社 1980 年版，第 185—244 页。

④ ［晋］陈寿：《三国志》卷 57《吾粲传》，中华书局 1959 年版，第 1339 页。

⑤ ［清］孙星衍辑，周天游点校：《汉官六种》，中华书局 1990 年版，第 73 页。

⑥ ［清］孙星衍辑，周天游点校：《汉官六种》，中华书局 1990 年版，第 38 页。《续汉书·百官志》注引《汉旧仪》曰："哀帝元寿二年以丞相为大司徒。郡国守长史上计事竟，遣公出庭，上亲问百姓所疾苦。"（［南朝宋］范晔：《后汉书》卷 114《百官一》，中华书局 1965 年版，第 3561 页。）

⑦ ［清］孙星衍辑，周天游点校：《汉官六种》，中华书局 1990 年版，第 73 页。

⑧ 中国社会科学院考古研究所编：《居延汉简甲乙编》下，中华书局 1980 年版，第 23 页。

⑨ 许倬云先生说："计吏上京时，大约把察举的名单一并带去，于是孝廉就变成岁举了。"（详参《西汉政权与社会势力的交互作用》，载于氏著：《求古编》，联经出版事业公司 1984 年版，第 453—482 页。）

⑩ 高敏：《秦汉史探讨》，中州古籍出版社 1998 年版，第 184 页。

上书。《后汉书·律历中》："常山长史刘洪上作七曜术。"① 这说明常山长史作为王国官可以向皇帝上书。汉代官民都可以上书，如巫蛊之祸后，田千秋以微末小吏上书汉武帝而得到升迁，官至丞相。长史作为王国相的重要助手，自可上书。

代行太守职权。长史是郡太守的重要佐官，在太守因故不能视事时可临时代理郡太守的职务，这一点在两汉时期有政策性的规定。《续汉书·百官志》："凡州所监都为京都，置尹一人，二千石，丞一人。每郡置太守一人，二千石，丞一人。郡当边戍者，丞为长史。（注引《古今注》曰：'建武六年三月，令郡太守、诸侯相病，丞、长史行事。十四年，罢边郡太守丞，长史领丞职。'）王国之相亦如之。"② 在太守因病不能管理政务时，边郡长史有权暂代其职。长史常以行太守事的名义处理郡务，有关史料记载颇多：

《居延汉简考释·释文之部》："三月丙午张掖长史延行太守事肩水仓长汤兼行丞事下属国农部都尉小府县官承书从事下当用者如诏书/守属宗助府佐定。"③ 此简是张掖长史延代行太守事并联合肩水仓长汤向属国农部都尉、小府县官所发的文书。

《敦煌悬泉汉简释粹》："建昭二年九月庚申朔壬戌，敦煌长史渊以私印行太守事，丞敞敢告部都尉卒人，谓南塞三候、县、郡仓，令曰：敦煌、酒泉地埶（势）寒不雨，蚤（早）杀民田，贷种穬麦皮芒厚以廪当食者，小石……"④ 此简乃是敦煌长史渊行太守事所发文书。大意是提醒重视农业，预防灾荒的发生。

"鸿嘉三年正月壬辰，遣守属田忠送自来鄯善王副使姑彘、山王副使鸟不豫，奉献诣行在所，为驾一乘传。敦煌长史充国行太守事、丞晏谓敦煌为驾，当舍传舍、郡邸，如律令。六月辛酉西。"⑤ 此简乃是敦煌长史代行太守职权为鄯善王使者发过所。所谓过所，即通行证。

"鸿嘉三年三月癸酉，遣守属单彭，送自来乌孙大昆弥副使者薄侯、左大将橼使敞单，皆奉献诣行在所，以令为驾一乘传，凡二人。三月戊寅东。敦煌长史充国行大……六月，以次为驾，如律令。"⑥ 这是敦煌长史充国代行太守职权，为乌孙使者下发过所文书的记录。

以上几例史料充分说明边郡长史可以代行太守的权力，目的也是为了避免边疆事务混乱，以保证汉代边疆秩序的稳定。

副署权是边郡长史的一项重要职能。两汉已经形成严格的文书签署制度，如地方守相在上奏文书中常常需要与其长史联名上奏，这在汉碑中也有体现。《鲁相史晨祠孔庙奏铭》："建宁二年三月癸卯朔七日已酉，鲁相臣晨、长史臣谦顿首死罪上尚书……"⑦《孔庙置守庙百石孔

---

① ［南朝宋］范晔：《后汉书》卷92《律历中》，中华书局1965年版，第3040页。
② ［南朝宋］范晔：《后汉书》卷118《百官五》，中华书局1965年版，第3621页。
③ 劳榦：《居延汉简考释·释文之部》收入劳榦等：《汉简研究文献四种》，北京图书馆出版社2007年版，第28页。
④ 胡平生，张德芳：《敦煌悬泉汉简释粹》，上海古籍出版社2001年版，第65页。
⑤ 胡平生，张德芳：《敦煌悬泉汉简释粹》，上海古籍出版社2001年版，第108页。案：传舍是为过往行人提供的食宿场所。相关研究可看侯旭东：《传舍的使用及其政治功能》，载于陈苏镇主编：《中国古代政治文化研究》，北京大学出版社2009年版，第40—71页。王树金：《秦汉邮传制度考》，西北大学硕士学位论文，2005年。日本学者滨口重国先生重点研究了传舍的设置地点，可参氏著：《秦汉隋唐史的研究》，东京大学出版会1966年版，第946—964页。
⑥ 胡平生，张德芳：《敦煌悬泉汉简释粹》，上海古籍出版社2001年版，第138页。
⑦ ［宋］洪适：《隶释》卷1《鲁相史晨祠孔庙奏铭》，四部丛刊三编（三十），中国书店1985年印行，第25页。

酥碑》："永兴元年六月甲辰朔十八日辛酉，鲁相平、行长史事卞、守长擅叩头死罪敢言之……"① 鲁相和其长史联名上奏，表示长史拥有副署权。地方守相在接到上级的文书后会按文书的性质和种类下发给不同的下属机关，文书必须由郡守签发或地位接近于太守的人代为签发，与太守地位相近的长史便经常行使这一职权。清人钱大昕在《潜研堂金石跋尾》中对《孔庙置百石卒史碑》考证时指出书首相、长史并列，其后只有相一人署名是汉代的公牍之例。② 台湾学者严耕望先生指出郡国长史的职权包括文书副署权与行事权。③ 不过严先生所用材料以汉碑较多，汉简只占一小部分，这是当时的客观环境决定的。

"建昭二年九月庚申朔壬戌，敦煌长史渊以私印行太守事，丞敞敢告部都尉卒人，谓南塞三侯、县、郡仓，令曰：敦煌、酒泉地势寒不雨，蚤（旱）杀民田，贷种穈麦皮芒厚以廪当食者，小石……"④

"调史监遮要置册：监遮要置史张禹，罢。（241 简）守属解敞，令监遮要置。（242 简）建昭二年三月癸巳朔丁酉，敦煌太守彊、长史章、守部脩仁行丞事，告史敞，谓效谷，今调史监置如牒，书到听与从事。如律令。（243 简）三月戊戌，效谷守长建、丞，谓县（悬）泉置啬夫，写移书到，如律令。/掾武、卒史光、佐辅。（244 简）"（Ⅱ90DXT0215：241—244）⑤ 案：此简时间为汉元帝建昭二年（公元前 37 年），遮要置的监置史张禹被罢免，现派太守属吏解敞担任此职，敦煌太守和长史联名下发关于此事的官府文书。

《散见简牍合辑》："府君教敦煌长史印元嘉二年九月廿日丁酉起。"⑥ 能体现边郡长史有副署权的简牍材料很多，充分说明边郡长史的副署权，进一步补充说明了严耕望先生的论断。

以玺印封发官府文书。文书起源甚早，秦代已形成较为成熟的文书制度。湖南里耶出土的秦简中记载："卅二年正月戊寅朔甲午，启陵乡夫敢言之：成里典、启陵邮人缺，除士五（伍）成里匄成，［成］为典，匄为邮人。谒令、尉以从事，敢言之。"⑦ 此简大意是说启陵乡啬夫想任命里典和邮人的人选，向迁陵令、尉请示。李学勤先生指出，里耶简这些行政文书和过去所见秦法律文书一样，有固定成熟的格式，语言也很精炼。⑧ 案：由此可见，秦代的官府文书制度已经成型，在国家行政系统中扮演着重要角色。汉代在继承秦代官府文书制度的同时也有自身的特点。官员有国家颁发的印绶及私人印章，郡国长史也不例外。长史除国家所授予的官印之外，亦可用私印封书，发往他处。见于以下各简：

《敦煌悬泉汉简释粹》："一封长史私印，诣广校候，趣令言羌人反状。□在广至。闰月庚子昏时，受遮要御杨武行，东。……趣令言羌反状。博望侯言，羌王唐调言并发兵在澹水

---

① ［宋］洪适：《隶释》卷 1《孔庙置守庙百石孔酥碑》，四部丛刊三编（三十），中国书店 1985 年印行，第 16 页。

② ［清］钱大昕：《潜研堂金石跋尾》，收入《嘉定钱大昕全集》，江苏古籍出版社 1997 年版，第 12 页。

③ 严耕望：《中国地方行政制度史·秦汉地方行政制度》，上海古籍出版社 2007 年版，第 102 页。

④ 胡平生、张德芳：《敦煌悬泉汉简释粹》，上海古籍出版社 2001 年版，第 65 页。

⑤ 胡平生、张德芳：《敦煌悬泉汉简释粹》，上海古籍出版社 2001 年版，第 69 页。

⑥ 李均明、何双全：《散见简牍合辑》，文物出版社 1990 年版，第 2 页。

⑦ 张春龙、龙京沙：《湘西里耶秦代简牍选释》，《中国历史文物》2003 年第 1 期，第 8—25 页。对此简的考释还可参胡平生、李天虹：《长江流域出土简牍与研究》，湖北教育出版社 2004 年版，第 311—313 页。

⑧ 李学勤：《中国古代文明研究》，华东师范大学出版社 2005 年版，第 296 页。

上。"① 这是用长史私印封书后发往广校候的文书。

"建昭二年九月庚申朔壬戌，敦煌长史渊以私印行太守事，丞敞敢告部都尉卒人，谓南塞三候、县、郡仓，令曰：敦煌、酒泉地势寒不雨，蚤（早）杀民田，贷种穬麦皮芒厚以稟当食者，小石……"② 由于敦煌长史只是暂代太守职权，所以用自己的私印联合太守丞向下级官员发出文书。

"檄一，长史夫子印，诣使者雍州牧治所。一封，敦煌太守章，诣使者雍州牧治所。檄一，督邮印，诣渊泉。二月乙巳日食时，佐永受御羌归即时归行。"③ 这是长史用私印向雍州牧所发的一件文书，长史可称夫子。

《敦煌汉简》："入西蒲书二封其一封文德大尹章诣大使武威将莫府一封文德长史印诣大使武威将莫府始建国元年十月辛未日食时关啬夫受卒赵彭。"④ 文德大尹即敦煌太守，这是王莽时期改太守为大尹的一个例子。

文德之名使用的年限是始建国元年至天凤三年。王莽之所以将敦煌改为文德，有学者认为是为了依附《论语》中孔子之言。⑤ 文德长史即文德大尹长史。长史可以和大尹一样分别以自己玺印封书，发往大使武威将莫府。

《后汉纪校注·后汉光武皇帝纪》："戎令臣留守，而先至封侯，既以疑之矣，又长史檄至，知臣盗宝物善马，犹是益猜，复反。"⑥ 在这条史料中长史还具有发檄的权力。

案：用印封书是秦汉时期政府为防止他人伪造官府文书采取的一种手段，以确保政府行为的机密性与安全性。张家山汉墓出土的汉简有关于毁坏封印的法律："毁封，以它完封印之，耐为隶臣妾。"封是用印盖在文书上的封泥，如果有人将之毁坏，将会被罚做隶臣妾。隶臣妾可能是一种刑徒的名称，根据性别，男称隶臣，女称隶妾。汉律对毁坏封印的处罚比较严峻，由此可见封印在政府行文中起着不可忽视的作用。郡国长史可以用印封书发往他处，显示了郡国长史可以广泛参与地方边郡行政事务的管理。

2. 临时性职能

（1）战乱之际代表地方割据势力向中央进贡

边郡长史的地位比较特殊，如《后汉书·梁统传》记载："建武五年，统等各遣使随窦融长史刘钧诣阙奉贡，愿得诣行在所，诏加统宣德将军。"⑦ 窦融是在两汉之交盘踞于河西地区最大的割据势力，对当时天下的统一具有举足轻重的作用。刘秀面临公孙述、隗嚣的挑战，急需窦融的支持。窦融派长史去见刘秀，以示与刘秀之间的善意。派刘钧前往的原因，一是长史在级别上仅次于窦融，从而表示对刘秀的重视；二是长史作为窦融的亲信，可以更好地向刘秀

---

① 胡平生，张德芳：《敦煌悬泉汉简释粹》，上海古籍出版社 2001 年版，第 162 页。

② 胡平生，张德芳：《敦煌悬泉汉简释粹》，上海古籍出版社 2001 年版，第 65 页。

③ 胡平生，张德芳：《敦煌悬泉汉简释粹》，上海古籍出版社 2001 年版，第 80 页。

④ 甘肃省文物考古研究所：《敦煌汉简》，中华书局 1991 年版，第 293 页。

⑤ 陈文豪：《"文德"地名考释》，载于西北师范大学文学院历史系，甘肃省文物考古研究所编：《简牍学研究》第 2 辑，甘肃人民出版社 1998 年版，第 88—97 页。

⑥ ［晋］袁宏撰，周天游校注：《后汉纪校注》卷 4《后汉光武皇帝纪》，天津人民出版社 1987 年版，第 99 页。

⑦ ［南朝宋］范晔：《后汉书》卷 34《梁统传》，中华书局 1965 年版，第 1166 页。

转达窦融的意愿，同时可能还肩负着考察刘秀实力的特殊使命。

（2）屯田、受降

《后汉书·西域传》："敦煌长史曹宗患其暴害，元初六年，乃上遣行长史索班，将千余人屯伊吾以招抚之，于是车师前王及鄯善王来降。"[①] 汉初边郡当没有长史屯田之事。东汉元初六年，敦煌太守曹宗遣长史索班率领军队千余人屯田伊吾，这是东汉经略西域客观的需要，目的是招抚西域诸国，保持汉朝在西域的影响。这既可解决军粮不足的问题，也可发挥军事基地的战略作用。

（3）宣抚少数民族

在某些辖境内存在很多少数民族的边郡，长史往往肩负这一使命。《后汉书·盖勋传》："盖勋字元固，敦煌广至人也。家世二千石。初举孝廉，为汉阳长史。……句就种羌滇吾素为勋所厚，乃以兵扞众曰：'盖长史贤人，汝曹杀之者为负天。'……羌戎服其义勇，不敢加害，送还汉阳。"[②] 盖勋为汉阳长史，汉阳原为西汉时期的天水郡。"明帝永平十七年，天水更名汉阳。……汉阳境内经常处于羌汉争斗的动荡之中。"[③] 此地的羌汉矛盾激烈，局势动荡不安。汉阳郡守必然要分外小心地处理这些民族纠纷。盖勋为人正直，作为汉阳长史承担着宣抚少数民族的任务，这才得到羌人的敬重。

3. 职能演变及原因

（1）秦代郡普遍未设长史

秦代郡设有郡守、尉、监；西汉有所改变，把地方分为三个行政系统：内郡设太守、丞；王国内设王国相、王国相长史；在边郡设有太守、长史、丞。东汉罢都尉，以长史领丞职。出现这种行政格局，与当时客观的政治形势密切相关。

陈苏镇先生认为，郡国并行是汉初特有的东方政策，是汉初统治者在承秦立汉的过程中为避免重蹈亡秦覆辙而采取的一种对策。[④] 王国在汉初地位较高，为王国相配备长史，而内郡只设郡丞，体现王国在汉初优于内郡的政治优势。王国实力衰弱后，王国相长史的权力大幅缩水。边郡地理位置重要，具有保卫国家边防的重大战略作用，经常面临游牧民族的攻击，如西汉有匈奴等少数民族的不断骚扰，东汉则羌乱不断，因此边郡的行政、军事事务往往较内郡繁重。

这在汉简中也有体现，如《居延汉简释文合校》载 "北边挈令第四候长候史日迹及将军吏劳二日皆当三日"[⑤] "北边挈令第四北边候长候史迹二日当三日"[⑥] "北边挈令第四候长候史"[⑦]。

---

　　① ［南朝宋］范晔：《后汉书》卷88《西域传》，中华书局1965年版，第2911页。"元初六年，敦煌太守曹宗遣长史索班将千余人屯伊吾，车师前王及鄯善王皆来降班。"（同书卷47《班超传附班勇传》，第1587页）
　　② ［南朝宋］范晔：《后汉书》卷58《盖勋传》，中华书局1965年版，第1879—1881页。
　　③ 李晓杰：《东汉政区地理》，山东教育出版社1999年版，第145页。
　　④ 陈苏镇：《汉代政治与〈春秋学〉》，中国广播电视出版社2001年版，第67页。
　　⑤ 谢桂华，李均明，朱国炤：《居延汉简释文合校》，文物出版社1987年版，第7页。
　　⑥ 谢桂华，李均明，朱国炤：《居延汉简释文合校》，文物出版社1987年版，第283页。
　　⑦ 谢桂华，李均明，朱国炤：《居延汉简释文合校》，文物出版社1987年版，第132页。

挈令是一种具有法律效力的律令集。①

以上三简记载的北边挈令是专门针对北部边郡的候长、候史及将军吏制定的，规定在这一地区的戍吏可享受日迹二日当作三日的待遇。日迹的内容与天田有关。天田是将细沙、细土铺设在人工整平的地面上，以便查看是否有人马经过。这些戍吏的任务就是每天查看天田上的痕迹，并对出现的痕迹做相应的记录。这种律令一般在内郡不见踪迹，从中反映出内郡、边郡在秦汉时期地位的差别，特设边郡长史辅佐太守掌管兵马，正为加强汉代边郡的军事实力。边郡长史的设置与其在帝国里所扮演的特殊角色密切相关。

（2）边郡设置长史是为了分太守之权

边郡长史的设置本为佐助太守治理边郡，巩固汉代边防；然边郡长史从设置之初就暗藏着对太守的掣肘。秦汉时期的皇权尚未得到足够的巩固，这在王号与皇帝号彼此的关系上也有体现。鹤间和幸先生指出皇帝号并非在王号消失后才确立，而是在王号与皇帝称谓之间彷徨。②

英国学者迈克尔·鲁惟一先生认为："有迹象显示，皇权经过了好几十年仍然没有被接受为统治中国的标准方式。还有许多人不能领会皇权的庄严或理解其难点。汉朝的几个危急时刻表明，新的帝国政权相当不稳定，会遭受政治理论或关注皇位继承的敌对势力所引发的斗争。"③

正因如此，汉初的统治者不得不在继承秦制的情况下，实行有自身特色的郡国并行制，然汉朝政府可以直接控制的区域十分有限。

王毓铨先生指出，中央政府在制服关东诸侯以前，能直接掌握的区域实在只限于畿辅一带。郡守属于一方大吏，颇有威权。吕思勉先生亦认为郡守在汉代甚受猜忌。劳榦先生指出，郡守权力极大，如果太守想夺县权，可使令长完全不能治事。吴荣曾先生指出，王莽曾采取将大郡分割为若干小郡等措施，目的也是为了防止郡守权力过于膨胀。王莽消除封君实力和削弱郡守权势，出于同一目的，就是要干强枝弱，减少能够和中央相对抗的地方势力。④

案：王莽削弱郡守权力是为了消弭一切可能与中央对抗的势力，确保其统治的稳定。尽管新朝维持的时间不长，其通过削弱地方行政权力的政策性趋向显而易见，这和两汉设立边郡长史的动机一致。朝廷通过很多方式防止地方权力过大，设立长史就是朝廷来分散太守的职权的一种手段。郡国长史既可辅佐太守处理郡务，亦可起到监视太守的作用。有的郡国长史并不能得到太守的信任，如有学者指出郡丞、长史在汉魏时代，不算雄踞要缺。⑤案：此说有待进一步商榷。在内郡，太守丞的权力地位或许不太彰显，但在边郡，长史常常有内郡丞无法比拟的权力。设置长史的动机无疑是为了分散太守职权，在制约太守擅权方面，还是起了一定的作用，这也是郡国长史必须要由朝廷任命、有些郡守猜疑长史的重要原因。

---

① 高恒：《秦汉简牍中法制文书辑考》，社会科学文献出版社 2008 年版，第 186 页。李均明先生认为这是关于北方边塞事务的法令摘录。（氏著：《秦汉简牍文书分类辑解》，文物出版社 2009 年版，第 210 页。）

② ［日］鹤间和幸：《秦汉帝国的出现与东亚世界》，载于高明士主编：《东亚文化圈的形成与发展：政治法制篇》，华东师范大学出版社 2008 年版，第 41—49 页。

③ ［英］迈克尔·鲁惟一著，王浩译：《汉代的信仰、神话和理性》，北京大学出版社 2009 年版，第 147 页。

④ 吴荣曾：《先秦两汉史研究》，中华书局 1995 年版，第 325 页。

⑤ 杨鸿年：《汉魏制度丛考》，武汉大学出版社 2005 年版，第 350—354 页。

（3）郡国长史的军事职能较强，且有日益加重的倾向

边郡长史需分担太守繁重的军事压力，其本职为执掌兵马。东汉罢都试，废郡都尉，长史领丞职。长史职权范围逐渐扩大，其权责扩大至屯田受降、宣抚少数民族等其他军事事务。此外，边郡的特殊地位也决定了长史军事职能的强化。边郡与内郡之间的关系可谓互为依托，缺一不可。劳榦先生曾分析到："边郡对于内郡在政治上说是保障，在经济上说是烦费。所以汉代各边，东南边郡面积甚大似乎还可以自给，西北边郡面积很小，出产也不多，若不由内郡供给，很难自存。"①

案：边郡对内郡有如此重要的作用，边郡长史的地位才会逐渐提高。两汉都面临着少数民族的冲击：西汉有匈奴不断进行骚扰，加之汉武帝以后不断经略西域，边郡太守的事务繁多，不仅要治理辖境内的民事，还要兼顾繁重的军务；东汉面临北匈奴和羌人的攻击。长史是边郡之内比较重要的长吏，承担着辅佐太守的重任，为太守分担不断增多的诸如屯田受降等事务。田余庆先生进一步把汉朝向西域推进的步骤总结为先是军队向西占领据点，然后在据点的后方修筑亭障，以便在据点的前方向更西的区域扩大声威。② 由此可见，设立亭障与屯田等重要事务常由长史协助太守进行处理，这些措施对于西汉王朝经略西域有路基作用，在一系列的拓边行动中长史的作用不可低估。

（4）经济职能逐渐降低

西汉时期多由郡丞长史上计，至东汉时期则由上计掾、吏承担。东汉以后，上计者主要由西汉的郡丞与长史承担，下降到东汉由上计掾、吏承担的变化，就反映出上计制度的重要性有下降的趋势。③ 上计关乎国家的稳定，所以各郡都派地位较高的长史、丞去上计，以示对此事的重视。东汉时期，由于地方豪族势力的不断发展，中央对地方的控制能力逐渐减弱，上计官员的委派也出现了细微变化。

（5）边郡长史常因某些主观因素而被赋予临时性的职权

窦融派长史刘钧向刘秀进贡，敦煌太守曹宗遣长史索班去伊吾屯田，诸葛诞令长史吴纲到吴国为质，等等，皆是特殊情况下的权宜处置，并非故事。邢义田先生指出："汉代行政遂有'如故事'与'便宜从事'之制。……故事在性质上可包括成文的诏书、律令、仪法制度等，也包含不成文的惯例。这些不成文的惯例往往可以填补律令制度不能周全照顾的地方。"④ 如前所述，汉代边郡长史常代行太守之权，属于汉代行政中的一种经常性的"故事"，这体现了汉代官僚制度的灵活性。《后汉书·百官志》："每郡置太守一人，二千石，丞一人。郡当边戍者，丞为长史。（注引《古今注》曰：'建武六年三月，令郡太守、诸侯相病，丞、长史行事。十四年，罢边郡太守丞，长史领丞职。'）王国之相亦如之。"⑤ 可知在太守因病不能管理政务时，由长史代理太守职权。长史可以行太守事的名义处理郡务。还有很多简牍材料可以说明在边郡长史可以代行太守的权力，如以下诸简：

---

① 劳榦：《汉代兵制及汉简中的兵制》，载于《历史语言研究所集刊》第 10 本，1948 年，第 34 页。
② 田余庆：《秦汉魏晋史探微》，中华书局 2004 年版，第 48 页。
③ 高敏：《秦汉史探讨》，中州古籍出版社 1998 年版，第 194 页。
④ 邢义田：《汉代"故事"考述》，载于许倬云主编：《中国历史论文集》，台北商务印书馆 1986 年版，第 399 页。
⑤ ［南朝宋］范晔：《后汉书》卷 118《百官五》，中华书局 1965 年版，第 3621 页。

《居延汉简考释·释文之部》："三月丙午张掖长史延行大守事肩水仓长汤兼行丞事下属国农部都尉小府县官承书从事下当用者如诏书/守属宗助府佐定。"①

《敦煌悬泉汉简释粹》："建昭二年九月庚申朔壬戌，敦煌长史渊以私印行太守事，丞敝敢告部都尉卒人，谓南塞三候、县、郡仓，令曰：敦煌、酒泉地势寒不雨，蚤（旱）杀民田，贷种穬麦皮芒厚以廪当食者，小石……"②

"鸿嘉三年正月壬辰，遣守属田忠送自来鄯善王副使姑齍、山王副使鸟不脓，奉献诣行在所，为驾一乘传。敦煌长史充国行太守事、丞晏谓敦煌，为驾，当舍传舍，郡邸，如律令。六月辛酉西。"③ 目的是为了避免边疆事务混乱，以确保边郡的行政效率。

◇ 6.2 西域长史

6.2.1 西域长史的建置

秦代尚未经营西域，没有西域长史的建置。西汉时期，随着张骞两次出使西域，汉王朝与西域诸国的政治、经济、文化交流日益增多，设立西域都护管理西域。周振鹤先生认为，西域都护府置于宣帝神爵二年，是汉廷在西域地区设立的军政管理机构。西域都护秩比二千石，近似郡太守的级别。都护府辖区实际上是与郡相当的特殊行政区划，元帝以后西域都护所"督录总领"的属国在五十个左右。④

西域长史是东汉时期管理西域诸国事务的行政长官，秩比二千石。汉章帝时班超为西域长史，至汉和帝永元三年，又担任西域都护，徐干为其司马。安帝永初元年，又撤销了都护与长史的建置。由于西域防务的重要性，班勇在东汉延光二年担任西域长史，屯田柳中，其职责略如西域都护，而后未设西域都护。事实上，西域长史长期代行着西域都护的职权。

李晓杰先生指出："东汉中央政府先后在西域地区设置都护府与长史府，二者的性质与西汉西域都护府无异，仍是军政合一的管理机构。东汉之西域都护及长史之秩禄，史籍失载，盖亦当如西汉旧制，秩比二千石，与郡太守相当。都护府或长史府所控制的区域亦相当于郡级行政区划。"⑤

贺昌群先生曾详细论述了有关西域长史的情况，对后来的西域长史研究有重要的启发性意义。⑥

案：观此可知，东汉的西域都护和西域长史时设时废，直至安帝延光二年才以西域长史行西域都护职权，此后逐渐稳定下来。改西域都护为西域长史，反映了东汉政权对西域的关注程

---

① 劳榦：《居延汉简考释·释文之部》，收入劳榦等：《汉简研究文献四种》，北京图书馆出版社 2007 年版，第 28 页。
② 胡平生，张德芳：《敦煌悬泉汉简释粹》，上海古籍出版社 2001 年版，第 65 页。
③ 胡平生，张德芳：《敦煌悬泉汉简释粹》，上海古籍出版社 2001 年版，第 108 页。
④ 周振鹤：《西汉政区地理》，人民出版社 1987 年版，第 174 页。
⑤ 李晓杰：《东汉政区地理》，山东教育出版社 1999 年版，第 158 页。
⑥ 贺昌群：《〈流沙坠简〉校补》，载于氏著：《贺昌群文集》，商务印书馆 2003 年版，第 416—417 页、第 106—107 页。

度下降。东汉时期，西域长史正式登上历史舞台。

劳榦先生认为："西域都护在西汉时期是一种加官，东汉时为实官；自安帝召回段禧后便不再设立西域都护。后来再通西域，也只有将兵长史。"①

案：劳先生指出西汉时期的西域都护是加官的观点颇有道理，但他认为东汉再通西域后只有将兵长史，则与史有违。将兵长史与西域长史不同，东汉王朝再通西域后，西域长史负责管理西域事务。

西域长史的驻地并不固定，如班超、徐干屯驻疏勒；索班屯驻伊吾；班勇屯驻柳中；赵评、王敬屯驻于阗。

6．2．2　西域长史的职能

1．西域长史的基本职能

西域长史的基本职能为辅佐西域都护处理西域事务。但随着历史的发展，它被赋予了许多新的职能：

（1）领兵权

西域长史负责西域之事，维护汉朝的利益，常常面临各式各样的危机，势必需要拥有独立的领兵权。

《后汉书·肃宗孝章帝纪》："是岁，西域长史班超击斩疏勒王。"②

"是岁，西域长史班超击莎车，大破之。月氏国遣使献扶拔、师子。"③

《后汉书·西域传》："时长史班超发诸国兵击莎车，大破之，由是遂降汉。"④

《后汉书·孝和孝殇帝纪》："月氏国遣兵攻西域长史班超，超击降之。"⑤ "西域长史王林击车师后王，斩之。"⑥ 案：班超、王林先后以西域长史的身份先后攻击疏勒、莎车、月氏等国，充分说明班超具有带兵之权。

《后汉书·孝安帝纪》："秋七月，西域长史班勇击车师后王，斩之。"⑦

《后汉书·孝顺孝冲孝质帝纪》："西域长史班勇、敦煌太守张朗讨焉耆、尉犁、危须三国，破之；并遣子贡献。"⑧

《后汉书·西域传》："帝纳之，乃以班勇为西域长史，将驰刑士五百人，西屯柳中。"⑨

《后汉书·班超传附班勇传》："延光二年夏，复以勇为西域长史，将兵五百人出屯柳中。明年正月，勇至楼兰，以鄯善归附，特加三绥。而龟兹王白英犹自疑未下，勇开以恩信，白英乃率姑墨、温宿自缚诣勇降。勇因发其兵步骑万余人到车师前王庭，击走匈奴伊蠡王于伊和

---

① 劳榦：《汉代的西域都护与戊己校尉》，载于《历史语言研究所集刊》第 28 本上，1956 年，第 491 页。
② ［南朝宋］范晔：《后汉书》卷 3《肃宗孝章帝纪》，中华书局 1965 年版，第 156 页。
③ ［南朝宋］范晔：《后汉书》卷 3《肃宗孝章帝纪》，中华书局 1965 年版，第 158 页。
④ ［南朝宋］范晔：《后汉书》卷 88《西域传》，中华书局 1965 年版，第 2926 页。
⑤ ［南朝宋］范晔：《后汉书》卷 4《孝和孝殇帝纪》，中华书局 1965 年版，第 170 页。
⑥ ［南朝宋］范晔：《后汉书》卷 4《孝和孝殇帝纪》，中华书局 1965 年版，第 183 页。
⑦ ［南朝宋］范晔：《后汉书》卷 5《孝安帝纪》，中华书局 1965 年版，第 242 页。
⑧ ［南朝宋］范晔：《后汉书》卷 6《孝顺孝冲孝质帝纪》，中华书局 1965 年版，第 254 页。
⑨ ［南朝宋］范晔：《后汉书》第 88 卷《西域传》，中华书局 1965 年版，第 2912 页。

谷，收得前部五千余人，于是前部始复开通。"① 案：班勇不仅率领五百人屯田柳中，还威服龟兹王，并征调龟兹步骑万余人击败匈奴伊蠡王。西域长史在西域所发挥的重大作用，维护了西域的秩序，对汉代经营西域的事业多所襄助。

《后汉书·西域传》："至灵帝熹平四年，于寘王安国攻拘弥，大破之，杀其王，死者甚众，戊己校尉、西域长史各发兵辅立拘弥侍子定兴为王。"② 案：此为西域长史与戊己校尉联合出兵攻杀于寘王，拥立为汉朝所控制的新国王，以维持西域安定。

《后汉书·西域传》："三年，凉州刺史孟佗遣从事任涉将敦煌兵五百人，与戊（己）司马曹宽、西域长史张晏，将焉耆、龟兹、车师前后部，合三万余人，讨疏勒……"③ 案：这是西域长史张晏参与讨伐疏勒的战役。

《后汉书·西域传》："延光中，超子勇为西域长史，复讨定诸国。"④ 案：这反映了班勇可率军队平定西域诸国。

《后汉纪校注·后汉孝顺皇帝纪》："西域长史班勇请兵击焉耆，汉发河西四郡兵三千人诣勇。敦煌太守张朗有罪，欲以功自赎，即便宜领诸郡兵出塞。初，勇发诸国兵，使龟兹、鄯善自南道入，勇将诸郡兵，率车师六国兵自北道入。会张朗乃要经自尉黎入，焉耆王请降于朗，既而不出，汉兵罢还，焉耆王卒不加诛。汉以两将不和，皆征免，故勇不论。"⑤ 案：此事表明西域长史与郡太守的权力地位相近，因此会发生敦煌太守与西域长史争功的事件，如果班勇的权力地位高于张朗，张朗恐怕不敢如此做派。

总之，以上史料均可证明西域长史有带兵职能。

（2）屯田、承担边疆防务

屯田是汉代巩固边防、向外开拓的重要措施。有学者称之为"对于汉帝国用兵北边和驭控西域有重要意义的策略。"⑥ 东汉时期常有人提出重视西域的建议，班勇就是其中之一。《后汉书·班超传附班勇传》："旧敦煌郡有营兵三百人，今宜复之，复置护西域副校尉，居于敦煌，如永元故事。又宜遣西域长史将五百人屯楼兰，西当焉耆、龟兹径路，南强鄯善、于阗心胆，北扞匈奴，东近敦煌。如此诚便。"⑦《后汉纪校注·后汉孝安皇帝纪上》："是岁，北单于与车师后部王攻敦煌长史索班，杀之。遂略有北道，逐太守曹宗。宗请兵击匈奴，报索班之耻，因复取西域。司马班勇议曰：'……敦煌郡旧有营兵三百人，今宜复置之。西域长史屯楼兰，楼兰西当焉耆、龟兹，是则周游一处，而所制者多也。'"⑧

东汉在西域的影响远不如西汉，丧失了对西域的控制力。此为班勇向皇帝提出设立西域长史的建议，认为有必要设立西域长史并充分发挥其战略作用，辅以东方敦煌的援助，达到西阻

① ［南朝宋］范晔：《后汉书》卷47《班超传附班勇传》，中华书局1965年版，第1589页。
② ［南朝宋］范晔：《后汉书》卷88《西域传》，中华书局1965年版，第2915页。
③ ［南朝宋］范晔：《后汉书》卷88《西域传》，中华书局1965年版，第2927页。
④ ［南朝宋］范晔：《后汉书》卷88《西域传》，中华书局1965年版，第2928页。
⑤ ［晋］袁宏撰，周天游校注：《后汉纪校注》卷18《后汉孝顺皇帝纪》，天津人民出版社1987年版，第492页。
⑥ 王子今：《两汉时期的北边军屯论议》，载于吉林大学古籍研究所编：《"1～6世纪中国北方边疆·民族·社会国际学术研讨会"论文集》，科学出版社2009年版，第10—111页。
⑦ ［南朝宋］范晔：《后汉书》卷47《班超传附班勇传》，中华书局1965年版，第1587—1588页。
⑧ ［晋］袁宏撰，周天游校注：《后汉纪校注》卷16《后汉孝安皇帝纪上》，天津人民出版社1987年版，第458页。

焉耆、龟兹向东的扩张，支持鄯善、于阗，北抗匈奴之目的。除此之外，班勇特别提到西域长史率领五百人屯田楼兰的重要意义。《后汉书·西域传》："帝纳之，乃以班勇为西域长史，将驰刑士五百人，西屯柳中。"[①] 最终皇帝采取了班勇的建议，任命班勇为西域长史，率领五百驰刑士西屯柳中。所谓"驰刑士"，汉简中有时写作"施刑士"，是由囚徒充作戍卒。如居延新简中有"施刑士薛齐"的记载。[②] 通过积极的努力，班勇成功地在西域扎下脚跟，取得了辉煌的战果，这体现了设置西域长史的必要性。

（3）招怀诸国，维持西域秩序

《后汉书·班超传附班勇传》："今置校尉以扞抚西域，设长史以招怀诸国，若弃而不立，则西域望绝。望绝之后，屈就北虏，缘边之郡将受困害，恐河西城门必复有昼闭之儆矣。"[③] 班勇此言直接道出了西域长史的一项重要职能，即招怀诸国，维护汉朝在西域地区的声威，避免西域各国被北匈奴控制，保障东汉缘边诸郡的安全。

2. 职能演变

（1）独立性加强

西域长史最初为西域都护的辅佐，后发展为独立的行政长官。

（2）东汉管理西域的机构级别降低

西汉设立西域都护，东汉则为西域长史。余英时先生指出："西域长史代替西域都护是降低汉王朝在西域管理机构的等级，清楚地表明，汉朝的政策是降低它在西域管理机构的等级，大概也是出于财政上的原因。"[④] 案：这是东汉降低在西域行政机构级别的一个重要原因，由于东汉还受到羌人动乱的牵制，财政负担较重，国力并未达到能够像西汉政府那样经营西域的程度。黄今言、陈晓鸣先生指出，汉代边防军的粮食消耗约八百万石左右，约占全国田租的14.5%，费用支出近 23 亿钱，约占全国赋敛收入的 34.7%。[⑤] 可见政府财政危机相当严重，东汉国力不及西汉，降低管理西域行政机构的级别也在情理之中。

（3）代行西域都护职权

东汉政府自建立之初，便对西域的重视度不够，有学者指出这是光武帝刘秀的重大失误[⑥]。在多种因素的影响下，东汉政府降低了对西域的控制力与关注度。日本学者饭田祥子认为东汉边郡放弃政策的最大特征，是以将来重建为前提的暂时撤退。[⑦] 案：东汉王朝之所以在西域常常实行退却政策，所牵连原因甚广，例如东汉的在边郡戍边的兵役不再由编户齐民承

---

① ［南朝宋］范晔：《后汉书》卷 88《西域传》，中华书局 1965 年版，第 2912 页。

② 甘肃省文物考古所，甘肃省博物馆，文化部古文献研究室，中国社会科学院历史研究所：《居延新简：甲渠候官与第四隧》，文物出版社 1990 年版，第 160 页。

③ ［南朝宋］范晔：《后汉书》卷 47《班超传附班勇传》，中华书局 1965 年版，第 1587 页。

④ 余英时：《汉朝的对外关系》，载于［英］崔瑞德，鲁惟一编：《剑桥中国秦汉史》第六章，中国社会科学出版社 1993 年版，第 400 页。

⑤ 黄今言，陈晓鸣：《汉朝边防军养兵费用之考察——以西、北边境为研究中心》，载于中国秦汉史研究会编：《秦汉史论丛》第 7 辑，中国社会科学出版社 1998 年版，第 180—193 页。

⑥ 黄留珠：《刘秀北边防务政策评析》，载于吉林大学古籍研究所编：《"1～6 世纪中国北方边疆·民族·社会国际学术研讨会"论文集》，科学出版社 2009 年版，第 86—90 页。

⑦ ［日］饭田祥子著，张学锋译：《关于东汉边郡统治的一个考察——以放弃和重建为线索》，载于《日本中国史研究年刊》刊行会编：《日本中国史研究年刊（2006 年度）》，上海古籍出版社 2008 年版，第 109—145 页。

担，转而主要依靠招募为主，刑徒、谪兵、奴兵、少数民族兵也被广泛使用，军队战斗力下降等。与其将东汉政府在西域的退却视之为以重建为基础的撤退，不如说东汉政府后来在西域统治的重建是巩固边防、保持社会稳定、安定人心等历史客观因素的需要，因此东汉政府不得不放弃原先的撤退策略，重新开展对西域的经营，这也是东汉政府对待西域的政策摇摆不定的重要原因。

3. 演变原因

西汉时设置西域都护，是为了控制西域，这与汉武帝以后，汉朝积极向外扩张的政策有直接的关系。张春树先生指出："武帝一代之征伐从时间上、次数上、与发展过程来说是以西向扩张为主。从开发征服领域之制度来说，西北边土之制度不但是最复杂最完备，同时也是开发其他新征服土地之基本模型。"[1]

案：汉匈关系紧张，控制西域可以从侧翼牵制匈奴，为西汉打击匈奴提供助力。新莽时期，中央政府丧失了对西域的控制权。东汉初期，汉光武帝不欲开边，拒绝干涉西域事务，导致西域诸国尽数臣服于北匈奴。匈奴之所以与汉朝争夺西域，一方面在于西域重要的战略地位，另一方面也在于西域的财富可支持匈奴势力的进一步扩张。光武帝至安帝时期，政府对经营西域的态度游移不定，这给东汉的西部边防安全带来了严峻的挑战。从居延汉简出土地点也可说明这种不乐观的状况。东汉政府不得不重新经略西域，才再次设置西域都护与长史。不过西域长史的时置时废，亦取决于当时的诸国之间的政治形势及东汉国力。最终东汉政府认识到西域的重要，才使西域长史的建置稳定下来。

◇ 6.3 将兵长史

6.3.1 将兵长史的建置

将兵长史的字面意思似为可率领兵马出战的长史，实则有着很强的地域性特征，仅仅设立于某些特殊地区。《后汉书·孝和孝殇帝纪》："五月丁未，初置象林将兵长史官。注引阚骃《十三州志》曰：'将兵长史居在日南郡，又有将兵司马，去洛阳九千六百三十里。'"[2] 象林属于汉代的日南郡，距离中央遥远，特设将兵长史以重其权，加强对这一地区的统治。这说明政府在某些重要地区会设将兵长史镇抚之。王国维先生《观堂集林·敦煌所出汉简跋一》认为边郡长史即将兵长史。[3] 案：此说过于笼统，只看到了两者之间的联系，混淆了将兵长史和边郡长史的区别。《后汉书·西域传》："明年，汉遣将兵长史王林，发凉州六郡兵及羌胡二万余人，以讨涿鞮，获首虏千余人。……至安帝延光四年，长史班勇击军就，大破，斩之。"[4] 王林可

① 张春树：《双代边疆史论期》食货出版社 1977 年版，15 页。
② ［南朝宋］范晔：《后汉书》卷 4《孝和孝殇帝纪》，中华书局 1965 年版，第 190 页。
③ 王国维：《观堂集林》（外二种），河北教育出版社 2001 年版，第 416—417 页。
④ ［南朝宋］范晔：《后汉书》卷 88《西域传》，中华书局 1965 年版，第 2930 页。

征调凉州六郡的兵马及羌胡二万余人，显然不是某一边郡的长史，因为一郡的长史不能调动六郡的兵马。将兵长史固然设立于边郡地区，但并非所有的边郡都设立将兵长史。将兵长史只设立于那些距中央政府遥远且少数民族众多的边区。

有的将兵长史可假鼓吹幢麾。《后汉书·班超传》："八年，拜超为将兵长史，假鼓吹幢麾。以徐幹为军司马，别遣卫候李邑护送乌孙使者，赐大小昆弥以下锦帛。"① 案：班超在建初八年担任将兵长史，并被皇帝赐予鼓吹幢麾，以示威权。有的将兵长史为郡之大姓。《后汉书·循吏传》："既之武威，时将兵长史田绀，郡之大姓，其子弟宾客为人暴害。延收绀系之，父子宾客伏法者五六人。绀少子尚乃聚会轻薄数百人，自号将军，夜来攻郡。延即发兵破之。自是威行境内，吏民累息。"② 案：武威将兵长史田绀显然是作为郡内的一方霸主，纵容其子弟宾客放纵不法。杨联陞先生指出世姓豪族是东汉政权的基础。③ 何兹全先生认为："东汉统一后，所面对的形势是：豪族强宗的势力已遍布全国。"④ 案：这也是西汉中叶以后，地方豪族势力回暖，逐渐开始不断参与政权的结果。

6.3.2　将兵长史的职能

1. 基本职能

（1）领兵平乱

《后汉书·卢芳传》："初，安定属国胡与芳为寇，及芳败，胡人还乡里，积苦县官徭役。其中有骏马少伯者，素刚壮；二十一年，遂率种人反叛，与匈奴连和，屯聚青山。乃遣将兵长史陈诉，率三千骑击之，少伯乃降。徙于冀县。"⑤ 案：安定属国发生叛乱，即遣将兵长史陈诉讨之，可见平乱为将兵长史职务之一端。《后汉书·南匈奴传》："五年，于除鞬自畔还北，帝遣将兵长史王辅以千余骑与任尚共追诱将还斩之，破灭其众。"⑥ 此为将兵长史率领骑兵平乱的事迹。《后汉书·马援传》："十二月，羌又败耿恭司马及陇西长史于和罗谷，死者数百人。……又令将兵长史李调等将四千人绕其西，三道俱击，复破之，斩获千余人，得牛羊十余万头。"⑦

案：将兵长史李调参与了平定羌人的军事行动，亦可说明将兵长史有领兵权。

（2）震慑蛮夷

《后汉书·南蛮西南夷列传》："和帝永元十二年夏四月，日南、象林蛮夷二千余人寇掠百姓，燔烧官寺，郡县发兵讨击，斩其渠帅，余觸乃降。于是置象林将兵长史，以防其患。"⑧ 案：日南、象林地处偏远，少数民族众多，若无将兵官镇守，极易发生秩序上的混乱。在日

---

① ［南朝宋］范晔：《后汉书》卷47《班超传》，中华书局1965年版，第1577页。

② ［南朝宋］范晔：《后汉书》卷76《循吏传》，中华书局1965年版，第2463页。

③ 杨联陞：《东汉的豪族》，《清华学报》，第11卷，1936年第4期，第1007—1063页。关于世家大族在东汉的地位，还可参考余英时：《东汉政权之建立与士族大姓之关系》，《新亚学报》，第1卷，1956年第2期。

④ 何兹全：《中国古代社会》，收入氏著：《何兹全文集》，中华书局2006年版，第1471页。

⑤ ［南朝宋］范晔：《后汉书》卷12《卢芳传》，中华书局1965年版，第508页。

⑥ ［南朝宋］范晔：《后汉书》卷89《南匈奴传》，中华书局1965年版，第2954页。

⑦ ［南朝宋］范晔：《后汉书》卷24《马援传》，中华书局1965年版，第856页。

⑧ ［南朝宋］范晔：《后汉书》卷86《南蛮西南夷列》，中华书局1965年版，第2837页。

南、象林设立将兵长史，目的是威慑当地众多的少数民族部落，用武力随时镇压他们的反抗。

2. 临时性职能

掌军政。《后汉书·郅恽传》："建武三年，又至庐江，因遇积弩将军傅俊东徇扬州。俊素闻恽名，乃礼请之，上为将兵长史，授以军政。恽乃誓众曰：'无掩人不备，穷人于厄，不得断人支体，裸人形骸，放淫妇女。'"[①] 案：此为积弩将军下属之将兵长史，不仅可以掌握军政，而且还可以制定军令。

3. 职能演变及原因

将兵长史的职能并无明显变化。由于将兵长史所处之地距中央太远，在任时间一般很长，主要作用始终是维护汉代在某些重要边疆地区的统治。

将兵长史偶尔可在某个将军属下掌管军政，并非常例，主要发生于两汉交汉统一后，所面对的形势是：豪族强宗的势力已遍布全国。案：这也是西汉中叶以后，地方豪族势力回暖，逐渐开始不断参与政权的结果。

◇ 6.4 属国长史

6.4.1 属国长史的建置

属国的设置源于战国，原名属邦。秦代有典客，负责管理秦代的少数民族。西汉避刘邦讳而改称属国，处理境内少数民族事宜。西汉共设八个属国：张掖属国、西河属国、北地属国、金城属国、上郡属国、五原属国、天水属国、安定属国。[②] 新莽时期，曾计划设立西海属国，旋因羌乱，此计划未能实现。

东汉在基本继承西汉的属国制度基础上，做了相应的改变。由于羌乱不断，政府为了巩固统治，就设立了比郡属国：张掖属国、张掖居延属国、广汉属国、蜀郡属国、犍为属国和辽东属国等。有学者认为还应包括东汉初期设置的越嶲西部属国，后来设置的巴东属国和酒泉属国等。[③]

彭建英则提出了应当进一步探讨的意见。[④]

案：属国是两汉政府为安置归附的匈奴等少数民族而设的一种行政区划。

日本学者藤枝晃先生认为，属国是用匈奴等归降的人组织的外族部队。[⑤]

案：这些少数民族首领往往拥有一定的武力，这在中央集权强大时，少数民族军队服从调遣；当中央集权程度降低时，少数民族部队往往不听号令，或者在其首领的领导下趁机对汉实

---

① ［南朝宋］范晔：《后汉书》卷 29《郅恽传》，中华书局 1965 年版，第 1026 页。
② 严耕望：《中国地方行政制度史·秦汉地方行政制度》，上海古籍出版社 2007 年版，第 163 页。
③ 马大正主编：《中国古代边疆政策研究》，中国社会科学出版社 1990 年版，第 64 页。
④ 彭建英：《东汉比郡属国非郡县化略论》，《民族研究》，2000 年第 5 期。
⑤ ［日］藤枝晃：《汉简职官表》，载中国社会科学院历史研究所战国秦汉研究室编：《简牍研究译丛》第一辑，中国社会科学出版社 1983 年版，第 162 页。

施攻击。

有学者则认为："汉朝在非汉族部落已在一定程度上承认汉朝主权的边境地区设置了官员。……有的边缘区称为属国。中国政府中有负责这方面事务的官员。"①

案：这是从汉朝对边区的控制力去分析，认为汉不得不在边区设立属国。在属国中，各民族的习俗一般保持不变。

属国都尉之属官，有丞、司马、千人、候、小府、千长、百长。任属国都尉者，皆为汉族人。②

案：属国都尉有丞，如《曹全碑》中记载曹凤曾任张掖属国都尉丞。③ 汉代设置属国的原则就是在不对汉王朝进行攻击、与汉朝和睦相处的前提下允许部分民族进行自治，这也在一定程度上减轻了汉王朝的财政负担。属国亦有长史，如公孙瓒就曾任辽东属国长史。属国都尉丞的地位低于属国长史。

6.4.2　属国长史的职能

1. 基本职能

负责辅佐属国都尉处理相关的行政事务。属国都尉原为属国之长官，其长史有佐助其处理政务的权力。

2. 临时性职能

能代行属国都尉职权，保卫边疆。《后汉书·公孙瓒传》："瓒还郡，举孝廉，除辽东属国长史。……中平中，以瓒督乌桓突骑，车骑将军张温讨凉州贼。会乌桓反畔，与贼张纯等攻击蓟中，瓒率所领追讨纯等有功，迁骑都尉。……诏拜瓒降虏校尉，封都亭侯，复兼领属国长史。职统戎马，连接边寇。……瓒常与善射之士数十人，皆乘白马，以为左右翼，自号'白马义从'。乌桓更相告语，避白马长史。乃画作瓒形，驰骑射之，中者咸称万岁。虏自此之后，遂远窜塞外。"④《三国志·魏书·公孙瓒传》："瓒以孝廉为郎，除辽东属国长史。……迁为涿令。光和中，凉州贼起，发幽州突骑三千人，假瓒都督行事传，使将之。……瓒将所领，追讨纯等有功，迁骑都尉。属国乌丸贪至王率种人诣瓒降。迁中郎将，封都亭侯，进屯属国，与胡相攻击五六年。"⑤ 从公孙瓒的事迹来看，此时无属国都尉，故公孙瓒为属国长史得以将兵，处理少数民族事务。

3. 演变及原因

属国长史在设立之初仅限于辅佐属国都尉，东汉时期属国长史的地位得到提高，在边疆事务中发挥了比较重大的作用。东汉末年，辽东属国长史异常活跃。因为在朝廷内部，宦官与外戚斗争激烈，政府的权力不集中，对地方大员无法控制，地方官逐渐掌握财权和军权，凭自己

---

① [英]崔瑞德，鲁惟一：《剑桥中国秦汉史》，中国社会科学出版社 1993 年版，第 146 页。
② 陈直：《居延汉简研究》，天津古籍出版社 1986 年版，第 32 页。
③ 高文：《汉碑集释》（修订本），河南大学出版社 1997 年版，第 472 页。
④ [南朝宋]范晔：《后汉书》卷 73《公孙瓒传》，中华书局 1965 年版，第 2358—2359 页。
⑤ [晋]陈寿：《三国志》卷 8《二公孙陶四张传》，中华书局 1959 年版，第 239 页。

权力控制一方，不再听从政府派遣。正常的统治秩序被破坏，朝廷对属国的关注程度降低，属国长史肩负起了属国都尉的职责，成为属国的真正长官。

6.4.3 护羌校尉长史

1. 护羌校尉长史的建置

关于护羌校尉的始置时间，现存两说。一说设立于汉武帝元鼎六年（前111年），另一说护羌校尉设立的时间为汉宣帝神爵二年（前60年）。前说主要依据《后汉书·西羌传》："时先零羌与封养牢姐种解仇结盟，与匈奴通，合兵十余万，共攻令居、安故，遂围抱罕。汉遣将军李息、郎中令徐自为将兵十万人击平之。始置护羌校尉，持节统领焉。"[①] 这是说因西羌联合匈奴，围攻抱罕，西汉政府命李息、徐自为率兵击破西羌，因此设置护羌校尉，掌西羌事务，秩比二千石。第二说主要依据《汉书·赵充国传》："诏举可护羌校尉者，时充国病，四府举辛武贤小弟汤。"[②] 案：此事发生于汉宣帝神爵二年，笔者倾向于前一说。《后汉书·西羌传》中明确记载元鼎六年始置护羌校尉，必有所据。《汉书·赵充国传》中只是提到护羌校尉及其人选，并未谈及其建置问题，况且此时已有护羌校尉的存在，则其始设时间必在此事之前。仅依据从元鼎六年至神爵二年之间史书未见护羌校尉的活动，便否定《后汉书·西羌传》的记载是不合适的。《汉官仪》记载："护羌校尉，武帝置，秩比二千石，持节，以护西羌。王莽乱，遂罢。时班彪议，宜复其官，以理冤结。帝从之，以牛邯为护羌校尉，都于陇西令居县。（《后汉书·光武纪》注）拥节。长史、司马二人，皆六百石。（《续汉志》补注）（案：此属护羌校尉。"史"字下亦当有"一人"二字。）"[③] 因此，笔者认为将护羌校尉的设置时间定在汉武帝元鼎六年较为妥当。

关于设立护羌校尉的原因，谢绍鹢先生认为有三点：外交战略的需要、实际利益的需要、治理的特殊需要。[④] 案：此说甚是。实际上西汉设立护羌校尉的着眼点在于尽力安抚羌人，使之对汉朝产生政治层面、文化层面、经济层面的思想认同，体现了秦汉时期的天下观。护羌校尉所持的节是天子的象征，其首要任务即是代天子教化羌民，使其成为汉王朝的忠实属民。

关于护羌校尉长史的人数，《后汉书·百官志》记载："护羌校尉一人，比二千石。本注曰：主西羌。（注引应劭《汉官》曰：拥节。长史、司马二人，皆六百石。）"[⑤] 《汉官仪》记载："护羌校尉，武帝置，秩比二千石，持节，以护西羌。王莽乱，遂罢。时班彪议，宜复其官，以理冤结。帝从之，以牛邯为护羌校尉，都于陇西令居县。（《后汉书·光武纪注》）拥节。长史、司马二人，皆六百石。（《续汉志》补注）（案：此属护羌校尉。"史"字下亦当有"一

---

① ［南朝宋］范晔：《后汉书》卷87《西羌传》，中华书局1965年版，第2876—2877页。

② ［汉］班固：《汉书》卷69《赵充国传》，中华书局1962年版，第2993页。

③ ［清］孙星衍辑，周天游点校：《汉官六种》，中华书局1990年版，第154—155页。《后汉书》记载与之相类：护羌校尉一人，比二千石。本注曰：主西羌。注引应劭《汉官》曰：'拥节。长史、司马二人，皆六百石。'"（［南朝宋］范晔：《后汉书》卷118《百官五》，中华书局1965年版，第3626页。）

④ 谢绍鹢：《两汉护羌校尉研究》，西北大学硕士学位论文，2007年，第21—22页。

⑤ ［南朝宋］范晔：《后汉书》卷118《百官五》，中华书局1965年版，第3626页。

人"二字。)"①

余英时先生认为，护羌校尉有两名长史，两名司马。② 案：此说不确。余先生当是根据上引《后汉书·百官志》的记载，得出长史、司马各有两人的结论。细审这条史料，"长史、司马二人"当是长史一人、司马二人，而非长史、司马各两人。护乌桓校尉地位与护羌校尉相类，秩级相同。《后汉书·百官志》"护乌桓校尉一人，比二千石。本注曰：主乌桓胡。（注引应劭《汉官》曰：拥节。长史一人，司马二人，皆六百石。并领鲜卑。）客赐质子，岁时胡市焉。"③ 护乌桓校尉长史一人，以理推之，护羌校尉当有长史一人。

护羌校尉长史秩六百石，必须由朝廷任命；还有司马，秩亦为六百石。《赵宽碑》："孟元子名宽，字伯然，即充国之孙也；自上邽别徙破羌，为护羌校尉假司马，战斗第五大军败绩。"④ 赵宽是西汉名将赵充国之孙，曾在破羌县担任护羌校尉的假司马一职，足可证护羌校尉的属官有司马。

2. 护羌校尉长史的职能

（1）基本职能

佐助护羌校尉。护羌校尉的职能经学者研究主要包括政治抚绥、巡行理事；监视动向、保护交通、警备边境；兼理屯田。⑤ 护羌校尉长史作为校尉的重要助手，当有协助护羌校尉处理抚慰羌民、保卫边境、监管屯田等事务的权力。

（2）临时性职能

笔者认为，护羌校尉长史可以暂代护羌校尉的职权，此外还可将兵。《后汉书·邓禹传附邓训传》："迷唐伯父号吾乃将其母及种人八百户，自塞外来降。……其春，复欲归故地就田业，训乃发湟中六千人，令长史任尚将之，缝革为船，置于箪上以度河，掩击迷唐庐落大豪，多所斩获。"⑥ 张纡没有处理好与羌人之间的关系，朝廷派邓训代张纡为护羌校尉。邓训是东汉开国功臣邓禹之后，治理羌民颇有成效，长史任尚为邓训的得力助手，甚至可以将兵。此虽由邓训令任尚为之，长史平时若不参与军事，则几无被派遣将兵出战的可能。

（3）演变及原因

护羌校尉长史的基本职能是协助护羌校尉处理抚慰羌民、保卫边境、监管屯田等事务，后其职能扩大至将兵、代理校尉职权等方面。东汉遭遇了西汉未曾有的大规模羌乱，设立此职是为辅佐护羌校尉更好地保证汉朝的利益，稳固对羌人的统治。管东贵先生指出东汉羌乱的原因："在羌人与汉人的冲突中，汉人没有'忍辱积怨'的心理因素，也没有'统一组织所发挥的强大力量'的威胁感；所以也就不必采用主力决战的歼灭战略。中国历史上自匈奴以来北疆问题之所以一再发生，似乎就是困在这样一个'结'中的缘故。"

①　[清]孙星衍辑，周天游点校：《汉官六种》，中华书局 1990 年版，第 154—155 页。

②　余英时：《汉朝的对外关系》，载于 [英]崔瑞德，鲁惟一：《剑桥中国秦汉史》第六章，中国社会科学出版社 1993 年版，第 406 页。

③　[南朝宋]范晔：《后汉书》卷 118《百官五》，中华书局 1965 年版，第 3626 页。

④　高文：《汉碑集释》（修订本），河南大学出版社 1997 年版，第 433 页。

⑤　谢绍鹢：《两汉护羌校尉研究》，西北大学硕士学位论文，2007 年，第 32—33 页。

⑥　[南朝宋]范晔：《后汉书》卷 16《邓禹传附邓训传》，中华书局 1965 年版，第 610 页。

案：匈奴是一个组织颇为严密，有强大军事力量的民族，曾经让汉高祖刘邦蒙受"白登之围"的耻辱，连连对汉代的边境发起冲击，导致汉代政府和民众普遍对匈奴产生一种雪耻、警戒的态度；相对来说，羌人并没有严密的组织，其军事力量也较为分散，容易使汉代政府掉以轻心。汉代政府始终未将羌人视作一个独立的政治实体，而是将之看作汉朝天子治下的部民。汉代政府由是肩负起抚绥羌民的责任，但某些汉朝官吏并未很好地扮演这个角色，不断加重对羌人的剥削压榨，羌人自然奋而反抗，使汉代政府不得不面对棘手的危局。汉宣帝时期，羌人的反抗主要有两次：一次在神爵元年，一次在神爵二年。在这之后才设置金城属国对羌人进行安置。

居延汉简中也有体现汉羌之间斗争的记载。《居延汉简释文合校》："各持下吏为羌人所杀者，葬钱三万，其印绶吏五万，又上子一人名尚书卒长奴婢二千，伤者各半之，皆以郡见钱给，长吏临致，以安百姓也，早取以见钱"① 此简是汉宣帝时期针对那些因羌乱而死伤的抚恤诏书，从中可以看到优抚条件比较优厚，侧面反映了羌人在西汉时已形成对汉人的威胁，经常给汉朝边郡带来物质上、人员上的伤亡。正因如此，护羌校尉的职任重大，护羌校尉长史在一定程度上分担了护羌校尉的压力。

6.4.4 护乌桓校尉长史

1. 护乌桓校尉长史的建置

乌桓属于东胡的一支。汉朝初年，匈奴单于冒顿击破其部众，东胡一支逃至乌桓山，因以为号。元狩四年（公元前119年），汉武帝派骠骑将军霍去病进攻匈奴，将乌桓徙于上谷、渔阳、右北平、辽西、辽东等五郡塞外，为汉朝侦察匈奴方面的军事动向，在这种情况下设立一个既可以处理与乌桓的关系，又可监督乌桓部落的官员尤为必要，于是始置护乌桓校尉，秩二千石，拥节，监督乌桓不得与匈奴交通。和林格尔东汉壁画墓主曾担任护乌桓校尉，从壁画上看，其出行有众多的属吏跟随，出行前呼后拥，排场极大。② 可以看出墓主人生前飞扬跋扈的真实面貌。③ 这说明墓主在担任护乌桓校尉时地位较为显赫。

《汉官仪》记载："护乌桓校尉，孝武帝时，乌桓属汉，始于幽州置之，拥节监领，秩比二千石。（《太平御览·职官部》）乌桓校尉屯上谷郡宁县。（《后汉书·张奂传》注）拥节。长史一人，司马二人，皆六百石。并领鲜卑。"④

《后汉书·百官志》："护乌桓校尉一人，比二千石。本注曰：主乌桓胡。（注引应劭《汉官》曰：'拥节。长史一人，司马二人，皆六百石。并领鲜卑。客赐质子，岁时胡市焉。'《晋书》曰：'汉置东夷校尉，以拥鲜卑。'）"⑤ 可见护乌桓校尉设有长史一人，其秩六百石。

2. 护乌桓校尉长史的职能

关于两汉的护乌桓校尉职责，有学者认为包括监督管理乌桓内附之众，处理有关乌桓的民

---

① 谢桂华，李均明，朱国炤：《居延汉简释文合校》，文物出版社1987年版，第448页。
② 盖山林：《和林格尔汉墓壁画》，内蒙古人民出版社1977年版，插图二。
③ 韩养民：《秦汉文化史》，陕西人民教育出版社1986年版，第236页。
④ ［清］孙星衍辑，周天游点校：《汉官六种》，中华书局1990年版，第154页。
⑤ ［南朝宋］范晔：《后汉书》卷118《百官五》，中华书局1965年版，第3626页。

族事务；西汉时期的护乌桓校尉主要防止乌桓与匈奴联合；东汉时，校尉不仅监领乌桓，同时也监领鲜卑，掌管对乌桓和鲜卑的赏赐、质子与每年互市之事。由此可以推测护乌桓校尉长史的职能为辅佐校尉处理各种军政事务。两汉的护乌桓长史职权的差异随校尉的职责变化而变化。

　　地方官署长史主要分布在边郡，内郡除王国之外，不设长史。其中边郡长史的活动最活跃，对维护边郡安定，拓展汉朝的国力有重要影响。西域长史、将兵长史、属国长史、护羌校尉长史、护乌桓校尉长史主要针对少数民族而设，如何安抚这些民族、治理民族事务成为它们主要的职责所在，它们职能所经历的演变都是围绕这一点开展。地方官署长史是一个较大的群体，它们所发挥的积极作用为汉朝注入新的血液，延缓了汉朝政府的衰老、灭亡。

参考文献

[1] 张春长，齐瑞普. 战国秦汉考古 [J]. 文物春秋，2019（06）：26—36.

[2] 凌文超. 秦汉时期两类"小""大"身份说 [J]. 社会科学战线，2019（12）：102—110.

[3] 代国玺. 休耕制与战国秦汉的土地制度 [J]. 社会科学文摘，2019（11）：100—102.

[4] 肖洪泳. 秦汉律令性质及其关系新解 [J]. 中南大学学报（社会科学版），2019，25（06）：76—85.

[5] 王安宇. 秦汉时期的异地诉讼 [J]. 中国史研究，2019（03）：70—78.

[6] 李婧嵘. 秦汉法律中的罪数形态及处罚原则 [J]. 古代文明，2019，13（03）：76—86+127.

[7] 魏中杰. 秦汉爵制与官制关系研究 [D]. 杭州：浙江大学出版社，2019.

[8] 李建雄. 秦汉时期官方蓄犬现象研究 [J]. 农业考古，2019（01）：164—170.

[9] 沈刚. 出土文书简牍与秦汉魏晋史研究 [J]. 社会科学战线，2018（10）：119—129.

[10] 胡岩涛. 战国秦汉城防研究综述 [J]. 宁夏大学学报（人文社会科学版），2018，40（05）：70—75+125.

[11] 刘冰冰，程艳妮. 秦汉、唐衣冠服饰制度研究 [J]. 西安工程大学学报，2018，32（04）：396—402.

[12] 王子今. 秦汉时期的历史特征与历史地位 [J]. 石家庄学院学报，2018，20（04）：42—48.

[13] 龚世扬. 秦汉时期岭南粮食作物的种植及相关问题 [J]. 农业考古，2018（03）：33—39.

[14] 董波. 秦汉吏员研究 [D]. 西宁：青海师范大学，2018.

[15] 洪橙. 先秦世系类文献生成与演变研究 [D]. 兰州：西北师范大学，2018.

[16] 陈长琦. 改革开放40年来的秦汉魏晋南北朝史研究 [J]. 中国史研究动态，2018（01）：25—38.

[17] 关也. 春秋"士阶层"特点辨析 [J]. 文学教育（上），2018（02）：144—146.

[18] 谢欣. 古代官服的符号学意义 [J]. 艺术生活—福州大学厦门工艺美术学院学报，2017（06）：28—33.

[19] 马德青. 社会学视角下的战国士阶层社会流动 [J]. 青海社会科学，2017（06）：226—230.

[20] 杨振红，王安宇．秦汉诉讼制度中的"覆"及相关问题 [J]．史学月刊，2017（12）：5—13．

[21] 曹勤．论秦汉监察制度起于文书行政 [J]．河北法学，2017，35（12）：182—191．

[22] 朱腾．秦汉时代律令的传播 [J]．法学评论，2017，35（04）：182—196．

[23] 蔡万进．断代秦汉史课程教学内容的研究与探索 [J]．历史教学问题，2017（03）：107—112．

[24] 张凤岐．秦汉政治制度与农业发展研究 [D]．杨凌：西北农林科技大学，2017．

[25] 魏海岩，宋妍，刘诗萌．中国古代官报入史考 [J]．新闻与传播研究，2017，24（03）：64—83＋127．

[26] 兰芳，顾平．论汉代士阶层的发展与建筑明器的兴起 [J]．艺术设计研究，2017（01）：83—88．

[27] 韩强强．秦汉农业精耕细作问题评述 [J]．农业考古，2017（01）：48—54．

[28] 黄月婷，林焱．忠静冠服制之探论 [J]．吉林艺术学院学报，2017（01）：79—85．

[29] 齐惠．中国古代官制如何选贤任能 [J]．决策探索（下半月），2017（01）：53—54．

[30] 田家溧．汉代冠服体系的发展演变及意义探析 [J]．河南理工大学学报（社会科学版），2016，17（04）：503—508．

[31] 金仁义．南朝官方史职机构建设述论 [J]．安庆师范学院学报（社会科学版），2016，35（05）：65—70．

[32] 王小丽，薛志清．战国时期士阶层社会流动论析——以政治参与为途径 [J]．佳木斯大学社会科学学报，2016，34（03）：129—131．

[33] 韩新．古代官箴的为官理念 [D]．济南：山东师范大学，2016．

[34] 王洋．论秦汉官印形制对日本印章的影响 [J]．艺术教育，2016（06）：53—54．

[35] 苑苑．秦汉部分史职研究 [D]．石家庄：河北师范大学，2016．

[36] 韩新．古代官箴书中的廉政思想 [J]．法制博览，2016（01）：132—133．

[37] 周建波，曹姮．先秦秦汉时期金融市场的发展暨政府对金融市场的管理 [J]．河北经贸大学学报，2016，37（01）：122—129．

[38] 张建锋．秦汉时期沐浴方式考 [J]．考古与文物，2015（06）：42—50．

[39] 徐卫民．秦汉帝陵制度与当时社会 [J]．西北大学学报（哲学社会科学版），2015，45（05）：11—17．

[40] 温乐平．秦汉消费经济史研究的几个理论问题 [J]．江西师范大学学报（哲学社会科学版），2015，48（05）：117—123．

[41] 董涛．秦汉时期的祝官 [J]．史学月刊，2015（07）：5—13．

[42] 孙建，臧莉静，王芳．以覆布精粗及材质变化看冠服中的等级制度 [J]．兰台世界，2015（18）：31—32．

[43] 代国玺．汉代公文形态新探 [J]．中国史研究，2015（02）：23—49．

[44] 刘太祥．简牍所见秦汉国有财物管理制度 [J]．南都学坛，2015，35（03）：1—9．

[45] 侯彬. 秦汉官吏升黜制度研究 [D]. 兰州：兰州大学，2015.

[46] 李力. 秦汉律所见"质钱"考辨 [J]. 法学研究，2015，37（02）：176—191.

[47] 姜生. 汉代列仙图考 [J]. 文史哲，2015（02）：17—33＋165.

[48] 胡大雷. 史书"载文"论 [J]. 学术研究，2015（02）：132—137＋143.

[49] 王刚. 秦汉间的政治转折与相权问题探微 [J]. 人文杂志，2015（02）：91—102.

[50] 黄文杰. 秦汉出土文献中的古体字 [J]. 中山大学学报（社会科学版），2014，54（06）：
45—54.

[51] 张忠炜. 读《汉书·艺文志》札记 [J]. 南都学坛，2014，34（06）：1—10.

[52] 胡鸿. 秦汉帝国扩张的制约因素及突破口 [J]. 中国社会科学，2014（11）：184—203
＋208.

[53] 沈松勤. 宋元之际士阶层分化与文学转型 [J]. 文学评论，2014（04）：62—74.

[54] 聂姣艳. 秦汉"史"职研究 [D]. 云南师范大学，2014.

[55] 慕容浩. 秦汉时期"平贾"新探 [J]. 史学月刊，2014（05）：12—20.

[56] 贺科伟. 秦汉简牍官文书收藏管理制度研究 [J]. 河南科技学院学报，2014（05）：
100—103.

[57] 魏永康. 秦汉"田律"研究 [D]. 长春：东北师范大学，2014.

[58] 杨越. 秦汉迁刑考论 [D]. 长春：东北师范大学，2014.

[59] 王玉喜. 爵制与秦汉社会研究 [D]. 济南：山东大学，2014.

[60] 资中筠. "以史为鉴"的不同出发点 [J]. 国学，2014（02）：6—8.

[61] 马新. 试论汉代的墓祀制度 [J]. 山东大学学报（哲学社会科学版），2014（01）：
20—33.

[62] 苟爱萍. 论秦汉云纹瓦当的艺术特点 [J]. 中央民族大学学报（哲学社会科学版），
2013，40（04）：151—155.

[63] 张信通. 秦汉里治研究 [D]. 开封：河南大学，2013.

[64] 李猛. 魏晋南朝著作郎制度与文学之关系研究 [D]. 上海：上海师范大学，2013.

[65] 高子期. 秦汉阙论 [D]. 西安：西安美术学院，2013.

[66] 徐建委. 战国秦汉间的"公共素材"与周秦汉文学史叙事 [J]. 中山大学学报（社会科
学版），2012，52（06）：1—9.

[67] 李思思. 汉代建筑明器研究 [J]. 中国国家博物馆馆刊，2012（09）：101—121.

[68] 邹之坤，刘成林. 中国古代的"士"阶层与先秦政治哲学 [J]. 吉林师范大学学报（人
文社会科学版），2012，40（04）：18—21.

[69] 李天虹. 秦汉时分纪时制综论 [J]. 考古学报，2012（03）：289—314.

[70] 马元元. 北宋《国史·职官志》的辑佚与校注 [D]. 保定：河北大学，2012.

[71] 张玉翠. 古代官衔称谓词及其泛化 [D]. 呼和浩特：内蒙古大学，2012.

[72] 连宏. 秦汉髡、耐、完刑考 [J]. 古代文明，2012，6（02）：67—73＋113.

[73] 刘晓满. 秦汉令史考 [J]. 南都学坛，2011，31（04）：14—19.

[74] 王子今. 吕思勉和吕著《秦汉史》[J]. 石家庄学院学报，2011，13（01）：5—10.

[75] 王利平. 中国文士阶层与儒家文献的经典化 [J]. 燕山大学学报（哲学社会科学版），2010，11（04）：41—43.

[76] 朱宏斌. 秦汉时期区域农业开发的时空格局及其成因 [J]. 中国农史，2010，29（03）：55—64.

[77] 余承海，程晋宽. 士阶层与智者派教育思想的比较研究 [J]. 河北师范大学学报（教育科学版），2010，12（09）：61—64.

[78] 李国亮，尹春明. 清代冠服制度刍议 [J]. 温州大学学报（社会科学版），2010，23（03）：85—89.

[79] 张小稳. 独树一帜的制度史研究——阎步克先生《品位与职位》《从爵本位到官本位》评介 [J]. 史学月刊，2010（05）：102—111.

[80] 申超. 秦汉长史研究 [D]. 西安：陕西师范大学，2010.

[81] 凌文超. 秦汉魏晋"丁中制"之衍生 [J]. 历史研究，2010（02）：25—45＋189—190.

[82] 杨振红，徐歆毅. 改革开放以来的秦汉史研究 [J]. 文史哲，2010（01）：137—157.

[83] 徐蕊. 汉代女子服饰类型分析 [J]. 中原文物，2009（02）：85—93.

[84] 丁邦友. 秦汉物价研究概述 [J]. 中国史研究动态，2009（03）：9—17.

[85] 李迎春. 20世纪以来秦汉郡县属吏研究综述 [J]. 石家庄学院学报，2009，11（01）：43—51.

[86] 王元林. 秦汉时期南岭交通的开发与南北交流 [J]. 中国历史地理论丛，2008（04）：45—56.

[87] 王勇. 秦汉地方农官建置考述 [J]. 中国农史，2008（03）：16—23.

[88] 王俊梅. 秦汉郡县属吏研究 [D]. 北京：中国人民大学，2008.

[89] 阎步克. 分等分类视角中的汉、唐冠服体制变迁 [J]. 史学月刊，2008（02）：29—41.

[90] 许勇强，李蕊芹. 从史职的变迁解读"班马优劣"论 [J]. 江淮论坛，2008（01）：139—142.

[91] 赵敏俐. 歌诗与诵诗：汉代诗歌的文体流变及功能分化 [J]. 首都师范大学学报（社会科学版），2007（06）：65—74.

[92] 张京华. 史官与史职——古史可信性的内证之路 [J]. 河南科技大学学报（社会科学版），2007（04）：5—11.

[93] 过常宝. 论中国古代史职的产生及其文化意义 [J]. 学术界，2005（03）：69—76.

[94] 齐志家，古怡. 古代冠服制度与"礼"的关系 [J]. 武汉科技学院学报，2005（04）：30—32.

[95] 王双怀. 关于秦汉农业的若干问题 [J]. 西北大学学报（哲学社会科学版），2005（01）：14—22.

[96] 吕丽. 古代冠服礼仪的法律规制 [J]. 法制与社会发展，2004（06）：55—59.

[97] 刘跃进. 秦汉文学史研究的困境与出路 [J]. 文学遗产，2003（06）：33—40＋142.

[98] 樊志民. 战国秦汉农官制度研究 [J]. 史学月刊, 2003 (05): 13—20.

[99] 杨际平. 秦汉农业: 精耕细作抑或粗放耕作 [J]. 历史研究, 2001 (04): 22—32+188.

[100] 许兆昌.《周礼》"大史"职掌记事考 [J]. 大连教育学院学报, 2000 (01): 47—49.

[101] 何宛英. 金代修史制度与史官特点 [J]. 史学史研究, 1996 (03): 24—30.

[102] 王泽民. 春秋时代士阶层的崛起及其社会文化性格 [J]. 西北民族学院学报 (哲学社会科学版. 汉文), 1995 (04): 103—107.

[103] 柳维本. 隋唐以前中国史官建置与沿革述略 [J]. 辽宁师范大学学报, 1992 (06): 67—72.

[104] 李向平. 西周春秋时期士阶层宗法制度研究 [J]. 历史研究, 1986 (05): 154—167.